I Wirtschaftspolitische Entscheidungsfelder 5

Wiederholung und Vertiefung 6

1 Beschäftigung und Einkommen 10
1.1 Strukturelle Ungleichgewichte auf dem Arbeitsmarkt 10
1.2 Tarifpartner und Tariflohn 14
1.3 Wirtschaftspolitische Maßnahmen und Beschäftigung 18
1.4 Grenzen antizyklischer Finanzpolitik 22
M Fishbowl-Diskussionsmethode 24
1.5 Probleme der Staatsverschuldung und Besteuerung 28
1.6 Maßnahmen zur Verbesserung des Arbeitsmarktes 32
1.7 Wirtschaftspolitische Maßnahmen und Prinzipien der sozialen Marktwirtschaft 36
M Pro-Kontra-Diskussion 37

Zusammenfassung 40
Aufgaben 41

2 Geld und Währung 42
2.1 Das Europäische System der Zentralbanken (ESZB) im Überblick 42
2.2 Ziele der Geldpolitik des ESZB 45
2.3 Instrumente der Geldpolitik 50
M Texterschließung und Recherche 60
2.4 Wechselkurssysteme im Überblick 62
2.5 Wirkungen von Wechselkursschwankungen sowie Vor- und Nachteile fester und flexibler Wechselkurse 66

Zusammenfassung 68
Aufgaben 69

3 Außenwirtschaft 70
3.1 Die Bedeutung außenwirtschaftlicher Beziehungen für Deutschland 70
3.2 Die Zahlungsbilanz 74
M Arbeiten mit statistischem Material 77
3.3 Leistungsbilanzausgleich bei freien Wechselkursen 79
3.4 Freihandel und Protektionismus 82
3.5 Maßnahmen der Außenhandelspolitik 86
3.6 Grenzen der nationalen Wirtschaftspolitik in einer globalisierten Welt 89
M Dokumentation 93
M Projekt: Außenwirtschaft im Wandel 94

Zusammenfassung 95
Aufgaben 96

II Recht der Leistungsstörungen 97

Wiederholung und Vertiefung 98

1 Systematik des Rechts der Leistungsstörungen 102
1.1 Grundlegende Tatbestände 103
1.2 Allgemeine Rechtsfolgen 107
1.3 Übersicht über mögliche Leistungsstörungen 111

Zusammenfassung 112
Aufgaben 113

2 Verspätung der Leistung beim Kauf 114
2.1 Verzug als zusätzliche Voraussetzung für Schadensersatz neben der Leistung 114
2.2 Voraussetzungen für die Entbehrlichkeit der Fristsetzung 117
2.3 Rechtsfolgen des Schuldnerverzugs 119

3 Mangelhafte Leistung beim Kauf 122
3.1 Arten des Sachmangels 122
3.2 Rechte des Käufers beim Sachmangel 126

Zusammenfassung 131
Aufgaben 132

4 Verbraucherschutz und Vertragsfreiheit 133
4.1 Soziale Marktwirtschaft und Verbraucherschutz 133
4.2 Vertragsfreiheit und ihre Beschränkungen 134
4.3 Vertragsfreiheit und Allgemeine Geschäftsbedingungen 138
4.4 Verbraucherrecht 140
4.5 Sonderregelungen beim Verbrauchsgüterkauf 143
4.6 Verbraucherschutz bei besonderen Vertriebsformen 145

Zusammenfassung 150
Aufgaben 151

Anhang: Aufgaben zur Vorbereitung auf die Abiturprüfung 152

Glossar 163
Stichwortverzeichnis 167
Bildquellenverzeichnis 168

I Wirtschaftspolitische Entscheidungsfelder

1 Beschäftigung und Einkommen

2 Geld und Währung

3 Außenwirtschaft

Ein Heißluftballon ist vom Kurs abgekommen und treibt orientierungslos über Berge und Täler. Endlich sieht der Ballonfahrer unter sich einen Wanderer. „Wo bin ich?", ruft er hinunter. „Sie sind in einem Ballon!", lautet die Antwort.
Worauf der Ballonfahrer zurückruft: „Ihre Antwort ist präzise, formal korrekt und in sich schlüssig. Sie müssen ein Ökonom sein."

Wiederholung und Vertiefung

Ein Volkswirt kann mit einem Heißluftballonfahrer verglichen werden, der über einer Landschaft schwebt und auf sie herabblickt. Er erkennt dabei nicht die einzelnen Häuser, Bäume und Straßen, sondern seine Vogelperspektive ermöglicht ihm den Blick auf Städte, Wälder und das Straßennetz, d. h., ihn interessiert die Landschaft als Ganzes und nicht einzelne Objekte. Er versucht, in der Landschaft Strukturen zu erkennen, Zusammenhänge zu bilden und Veränderungen zu beschreiben.
Steigt der Ballonfahrer höher auf, so sieht er zwar einen immer größeren Teil der Landschaft, vielleicht das ganze Land, die Objekte werden aber immer kleiner und er erkennt nur das grobe Muster. Sinkt er mit dem Ballon stark nach unten, so sieht er einzelne Teile der Landschaft ganz deutlich, er verliert aber den Überblick. Bleibt er über längere Zeit an derselben Stelle, so kann er Veränderungen in der Landschaft erkennen und Prozesse beschreiben.

Ähnlich dem Ballonfahrer richtet der Volkswirt seinen Blick auf die gesamte Volkswirtschaft oder auf bestimmte Teilbereiche, die sich verändern. Er geht den Fragen nach, wo Güter erzeugt werden, wer sie produziert und wie man sie verteilt. Ihn interessieren neben den Strukturen noch die Prozesse und Vorgänge, die in einer Volkswirtschaft ablaufen. Ob mehr Güter erzeugt werden oder weniger, wie viele davon ins Ausland gehen und wie viele dort eingekauft werden oder wie sich die Geldmenge entwickelt.

Um die Situationen und Prozesse in einer Gesamtwirtschaft zu durchleuchten, benötigt der Ökonom Wissen über theoretische volkswirtschaftliche Modelle, Kenntnisse bezüglich der Zielvorstellungen, die in einer sozialen Marktwirtschaft gelten sollen, und ein Verständnis für sinnvolle wirtschaftspolitische Entscheidungen.

Wirtschaftspolitisches Handeln ist ein sehr komplexer Vorgang, bei dem die Ausgangslage einer Wirtschaft so gründlich analysiert werden muss, dass die zentralen Probleme deutlich zutage treten und man sinnvolle Ziele festlegen kann. Diese Vorüberlegungen ermöglichen es, geeignete Maßnahmen auszuwählen, um das angestrebte Ziel zu erreichen und die Probleme zu lösen. Die Auswirkungen von Maßnahmen können zu veränderten Problemen, erneuten Zielsetzungen und weiteren Maßnahmen führen. Dieser Zusammenhang erfordert ein permanentes Entscheiden auf den verschiedenen wirtschaftlichen Ebenen.

1. Die Ausgangslage analysieren

Die wirtschaftliche Ausgangslage eines Landes wird durch **Indikatoren** beschrieben. Indikatoren sind Messgrößen in Form statistischer Zahlenreihen, die wirtschaftliche Entwicklungsvorgänge aufzeigen. Sie werden von amtlichen Stellen wie dem Statistischen Bundesamt, der Deutschen Bundesbank oder der Bundesagentur für Arbeit ermittelt. Indikatoren können nach ihrer zeitlichen Beziehung zur Wirtschaftssituation in Frühindikatoren (z. B. Index des Geschäftsklimas, Auftragseingang), Präsensindikatoren (z. B. Kapazitätsauslastung, Produktion und Umsätze) und Spätindikatoren (z. B. Bruttoinlandsprodukt und Arbeitslosenquote) unterschieden werden. Weiter werden die Indikatoren in Mengenindikatoren (z. B. Auftragseingang, Lagerhaltung) und Preis- bzw. Kostenindikatoren (z. B. Verbraucherpreisindex, Aktienkurse) eingeteilt.

Ein wichtiger Schlüsselindikator der Volkswirtschaft ist das Bruttoinlandsprodukt. Die Veränderungen der Wachstumsraten des realen Bruttoinlandsprodukts im Zeitablauf bezeichnet man als Konjunkturschwankungen. Konjunkturschwankungen werden in **Konjunkturzyklen** unterteilt, die wiederum in Depression, Aufschwung, Hochkonjunktur und Abschwung (Rezession) untergliedert werden. Neben den mittelfristigen konjunkturellen Schwankungen finden sich in einer Wirtschaft noch kurzfristige (saisonale) und langfristige Schwankungen (Kondratieffzyklen), die in allen marktwirtschaftlich organisierten Volkswirtschaften auftreten.

Die grundlegenden strukturellen Zusammenhänge in einer wirtschaftlichen Ausgangslage beschreibt der **Wirtschaftskreislauf**, bei dem die Gesamtwirtschaft in Sektoren (U, H, St, VV, Ausl.) und Ströme (z. B. Faktoreinkommen, privater Konsum) unterteilt wird. Die meisten Größen des Wirtschaftskreislaufs sind die Grundlage für die volkswirtschaftliche Gesamtrechnung, die ein umfassendes quantitatives Abbild des wirtschaftlichen Geschehens gibt.

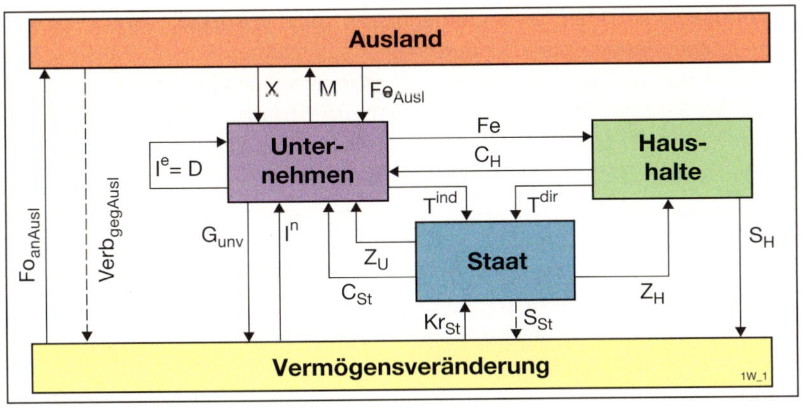

1. a) Stellen Sie zunächst einen Bezug zwischen der Karikatur und den Konjunkturphasen her.
   b) Formulieren Sie eine Grundaussage zur Karikatur.

2. Erläutern Sie folgende gesamtwirtschaftliche Fachbegriffe:
   - gesamtwirtschaftliche Nachfrage,
   - Bruttoinlandsprodukt,
   - Inländerkonzept und Inlandskonzept,
   - Bruttowertschöpfung,
   - Bruttoinvestitionen,
   - gesamtwirtschaftliches Angebot,
   - Außenbeitrag.

2. Probleme erkennen

Die gründliche Diagnose einer Ausgangslage bietet Informationen über die wirtschaftlichen Probleme in einer Volkswirtschaft. In der Bundesrepublik Deutschland haben sich im Laufe der Zeit drei zentrale Problembereiche herausgebildet:

- **hohe Gesamtverschuldung des Staatshaushaltes**
  Die antizyklische Haushaltspolitik ab 1967 in Westdeutschland, die Wiedervereinigung Deutschlands 1990 und die Finanzkrise 2008/2009 sowie eine Vielzahl staatlich mitfinanzierter Sozialleistungen führten zu einer starken Zunahme der Staatsverschuldung.

- **hoher Sockel an Arbeitslosen**
  Die Ölkrisen von 1974 und 1981, der Zusammenbruch vieler Industriezweige nach der Wiedervereinigung und die zunehmende internationale Arbeitsteilung brachten einen Anstieg der Arbeitslosenzahlen.

- **System der sozialen Sicherung und der Generationenkonflikt**
  Der ständige Anstieg der Sozialleistungen, das Umlageverfahren bei der gesetzlichen Rentenversicherung und die Überalterung der Bevölkerung führten zu einer starken Belastung der sozialen Sicherungssysteme.

3. Ziele benennen

Die genaue Kenntnis der Problemlage einer Wirtschaft ermöglicht die Festlegung von Zielen. Im Gesetz zur Förderung der Stabilität und des Wachstums der Wirtschaft von 1967 wurden die vier wichtigsten Ziele der Wirtschaftspolitik beschrieben:

- Von Preisniveaustabilität spricht man, wenn der von Eurostat ermittelte harmonisierte Verbraucherpreisindex 2 % nicht überschreitet.
- Ein hoher Beschäftigungsstand ist gegeben, wenn die Arbeitslosenquote möglichst gering ist.
- Bezüglich des stetigen und angemessenen Wirtschaftswachstums strebt der Bundesfinanzplan für 2014 ein reales Wachstum von 1,6 % und für die Jahre 2015–2017 ein durchschnittliches reales Wachstum von 1,4 % an.
- Außenwirtschaftliches Gleichgewicht ist gegeben, wenn die Devisenbilanz bzw. die Leistungsbilanz ausgeglichen ist.

4. Maßnahmen ergreifen

Ebenso wie im privaten Leben versucht man in einer Volkswirtschaft, die gesetzten Ziele durch geeignete Maßnahmen zu erreichen. Beim Einsatz der gesamtwirtschaftlichen Maßnahmen kann man prinzipiell zwei verschiedene Konzeptionen unterscheiden:

- Man kann eine nachfrageorientierte Wirtschaftspolitik betreiben, bei der die Regierung über den Staatshaushalt die Wirtschaft beeinflusst.
- Bei der angebotsorientierten Wirtschaftspolitik versucht in erster Linie die Zentralbank, über die Steuerung der Geldmenge die Gesamtwirtschaft zu beeinflussen.

Zu den Maßnahmen, mit denen die Wirtschaftspolitik gestaltet werden kann, gehören folgende Bereiche:

- Geldpolitik, von der Europäischen Zentralbank betrieben, kann mit ihren geldpolitischen Instrumenten die Geldmenge in ihrem Währungsgebiet beeinflussen.
- Finanzpolitik des Staates, bei der über die Haushaltseinnahmen und -ausgaben Wirtschaftspolitik betrieben wird.
- Beschäftigungspolitik, die vom Staat, aber auch von den Tarifparteien beeinflusst wird.
- Außenwirtschaftspolitik, bei welcher der Staat und die Europäische Zentralbank die Wirtschaftsbeziehungen zu außereuropäischen Ländern zu beeinflussen versuchen.

Nicht nur in der Volkswirtschaft, sondern auch in der Betriebswirtschaft werden Ziele verfolgt, wobei der angestrebte Erfolg (Umsatz, Gewinn) im Vordergrund steht. Der Gewinn eines Unternehmens wird auch von seiner Kostenstruktur beeinflusst. Wichtige Kostenbegriffe sind Gesamtkosten und Stückkosten, die jeweils in fixe und variable Kosten unterschieden werden und verschiedene Kurvenverläufe zeigen.

Um Gewinne zu erzielen, müssen Unternehmen investieren. Investitionen kann man nach dem Zweck (Gründung, Erweiterung, Ersatz, Rationalisierung), der Art (z. B. Sach- und Finanzierungsinvestitionen), dem Ort (Inland, Ausland) und den Funktionen (Forschung, Fertigung, Absatz) unterscheiden.

!

1. Im Laufe der Zeit wurde das magische Viereck um die Ziele einer gerechten Einkommensverteilung und einer lebenswerten Umwelt erweitert. Wiederholen Sie die Ziele des magischen Sechsecks. Beschreiben Sie für jedes Ziel
   a) die Gründe für die Zielsetzung,
   b) die Methoden der Messung,
   c) die Entwicklung der Zielerreichung in den letzten Jahren.

2. Vergleichen Sie die Konzepte der nachfrage- und der angebotsorientierten Wirtschaftspolitik.

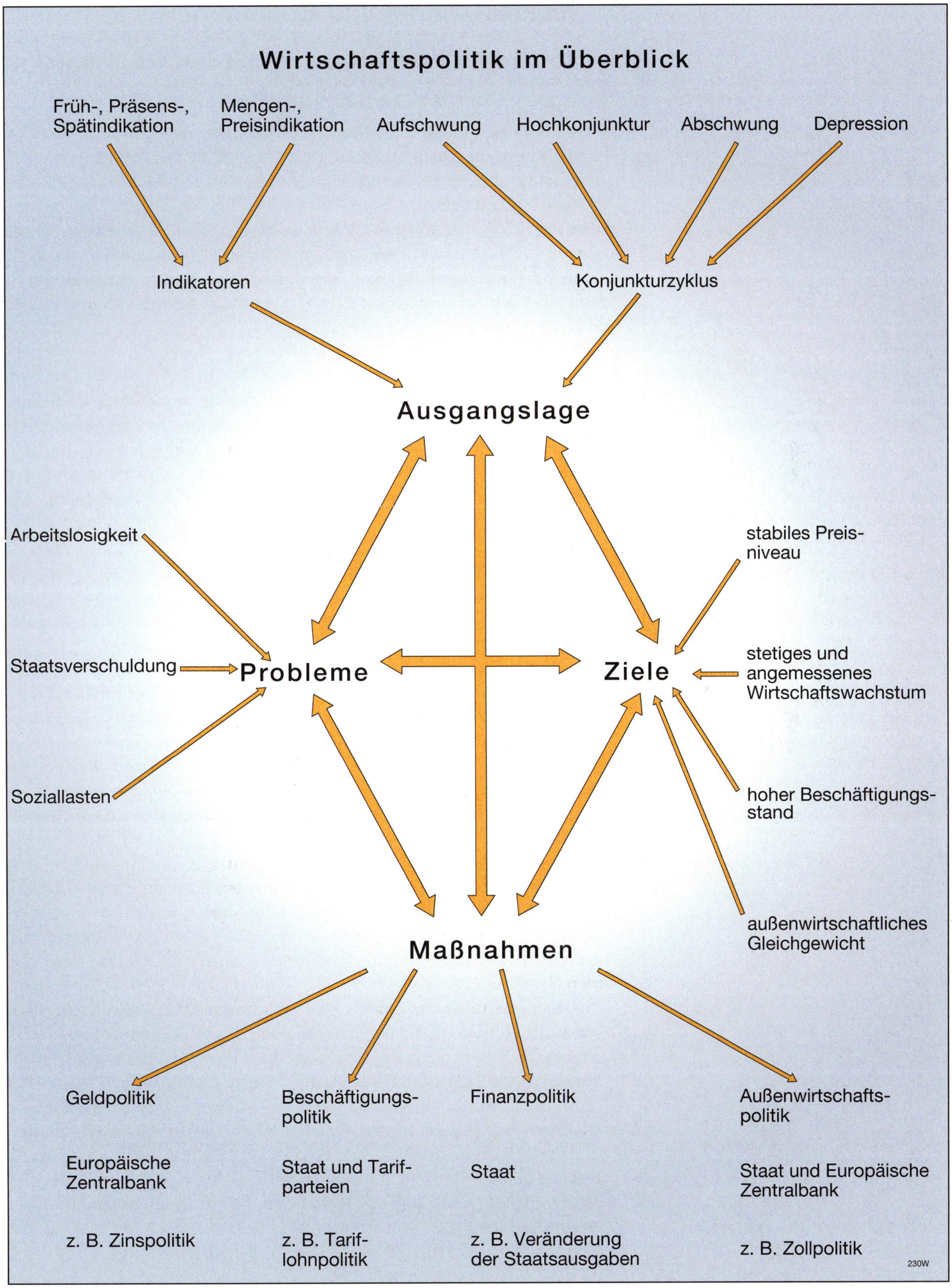
Wirtschaftspolitik im Überblick
Früh-, Präsens-, Spätindikation
Mengen-, Preisindikation
Aufschwung
Hochkonjunktur
Abschwung
Depression
Indikatoren
Konjunkturzyklus
Ausgangslage
Arbeitslosigkeit
Staatsverschuldung
Soziallasten
Probleme
Ziele
stabiles Preisniveau
stetiges und angemessenes Wirtschaftswachstum
hoher Beschäftigungsstand
außenwirtschaftliches Gleichgewicht
Maßnahmen
Geldpolitik
Europäische Zentralbank
z. B. Zinspolitik
Beschäftigungspolitik
Staat und Tarifparteien
z. B. Tariflohnpolitik
Finanzpolitik
Staat
z. B. Veränderung der Staatsausgaben
Außenwirtschaftspolitik
Staat und Europäische Zentralbank
z. B. Zollpolitik
230W

1 Beschäftigung und Einkommen

1.1 Strukturelle Ungleichgewichte auf dem Arbeitsmarkt

Der Arbeitsmarkt ist im Prinzip ein Markt wie jeder andere, nur werden hier nicht Güter, sondern die Arbeitsleistung gegen Entlohnung getauscht. Unternehmen, die Sachgüter und Dienstleistungen herstellen, benötigen neben den Produktionsfaktoren Natur und Kapital auch Arbeitskräfte, d. h., sie fragen Arbeitsleistung nach. Die Arbeitnehmer bieten ihre Arbeitsleistung an. Die Nachfrage nach Arbeitsleistung wird vor allem durch die Konsumnachfrage, die Lohnkosten, die Produktivität der Arbeit und die Gewinnerwartungen beeinflusst. Das Angebot an Arbeitsleistung hängt von demografischen Faktoren, von der Erwerbsneigung der Männer und Frauen und von den Zu- bzw. Abwanderungsraten ab.

Wie auf jedem Markt bilden Angebot und Nachfrage den Preis, der am Arbeitsmarkt als Lohn bezeichnet wird. Eine flexible Lohnbildung ist die Voraussetzung, dass das Arbeitsangebot der Haushalte und die Arbeitsnachfrage der Unternehmen zum Ausgleich gebracht werden. Übersteigt die Nachfrage nach Arbeitsleistung das Angebot, entsteht Voll- bzw. Überbeschäftigung; ist die Nachfrage geringer als das Angebot, tritt Unterbeschäftigung, also Arbeitslosigkeit auf.

1. Entwickeln Sie ein Koordinatensystem für den Arbeitsmarkt mit Lohn (Y-Achse), Arbeitsmenge (X-Achse) und Nachfrage nach Arbeitskräften, Angebot an Arbeitskräften, Gleichgewichtslohn und Gleichgewichtsarbeitsmenge.
   a) Beschreiben Sie die Veränderungen, die sich durch eine sinkende (steigende) Nachfrage nach Arbeitsleistung ergeben.
   b) Nehmen Sie an, der Mindestlohn liegt über dem Gleichgewichtslohn. Erläutern Sie die Auswirkungen.

Ungleichgewichte auf dem Arbeitsmarkt

Entsprechend einem gesellschaftlichen Konsens wird der Arbeitsmarkt nicht dem völlig freien Spiel der Marktkräfte überlassen, sodass er ein unvollkommener Markt ist, der einige Besonderheiten aufweist:

- Die freie Lohnbildung wird in Deutschland durch die **Tarifparteien** beeinflusst. An die Stelle der individuellen Regelung der Arbeitsbedingungen treten die von Gewerkschaften und Arbeitgeberverbänden ausgehandelten kollektiven Arbeitsverträge. Hierbei werden Tariflöhne festgelegt, die über dem Gleichgewichtslohn liegen und zu einem Auseinanderklaffen von höherem Arbeitsangebot und geringerer Nachfrage nach Arbeitskräften führen.

- Darüber hinaus versucht der Staat – meist aus sozialen Zielsetzungen – durch eine Reihe **gesetzlicher Regelungen**, wie z. B. dem Kündigungsschutzgesetz, dem Arbeitszeitgesetz oder Mindestlohnregelungen, in den Arbeitsmarkt einzugreifen.

- Neben dem regulären Arbeitsmarkt gibt es in allen Volkswirtschaften noch den illegalen Markt der Schwarzarbeit. Unter Schwarzarbeit versteht man Arbeitsleistungen, die für andere in erheblichem Umfang erbracht werden, wobei die gesetzliche Anmelde- und Anzeigepflicht umgangen wird. Dazu zählen z. B. die nicht legalen Handwerkerleistungen oder die illegale Beschäftigung von Ausländern. Schwarzarbeit bildet den größten Teil der **Schattenwirtschaft**, deren Aktivitäten nicht ins Bruttoinlandsprodukt eingehen.
  Wie hoch der Umsatz in der Schattenwirtschaft ist, zeigt die Grafik auf der nachfolgenden Seite.

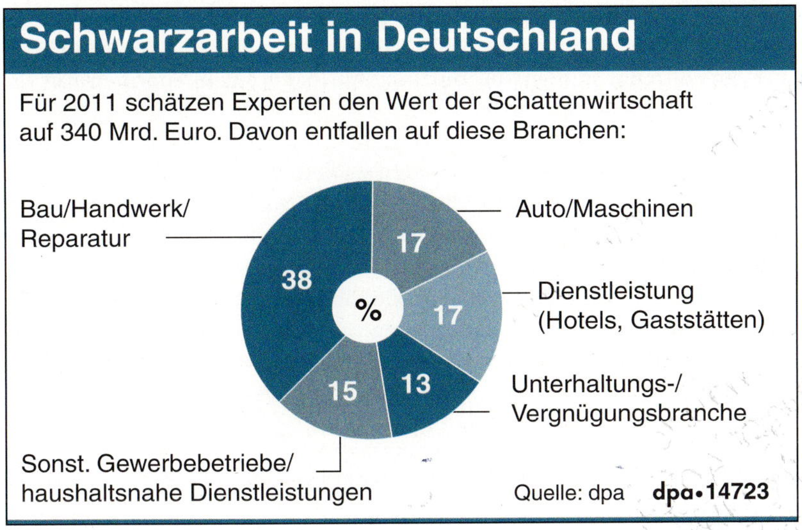

Der Arbeitsmarkt in Deutschland weist neben saisonalen und konjunkturellen Problemen noch gravierende strukturelle Ungleichgewichte auf, die sich in Arbeitslosigkeit äußern. Strukturelle Arbeitslosigkeit ist immer das Ergebnis langfristiger und nachhaltiger Veränderungen der wirtschaftlichen Situation eines Landes. Die strukturellen Ungleichgewichte auf dem deutschen Arbeitsmarkt haben verschiedene Ursachen.

Ein wichtiger Grund für den Strukturwandel am Arbeitsmarkt ist der **technische Fortschritt**. Darunter versteht man die Gesamtheit aller Innovationen in einer Volkswirtschaft, die sich in der Herstellung von neueren oder besseren Produkten und in der Einführung neuer Produktionsverfahren äußert. Durch den technischen Fortschritt kann z. B. die gleiche Produktionsmenge mit einem geringeren Einsatz der Produktionsfaktoren Kapital und Arbeit erzeugt werden. Dadurch steigt die Arbeitsproduktivität (Produktionsergebnis/Arbeitseinsatz) und ermöglicht es, mit der gleichen Anzahl an Arbeitskräften mehr herzustellen oder bei gleicher Produktionsmenge Arbeitskräfte einzusparen.

Der technische Fortschritt führt einerseits zu einer höheren Arbeitslosigkeit in einem Wirtschaftsbereich und andererseits zu einer Zunahme der Beschäftigung in einer anderen Branche. Ein Beispiel aus der westdeutschen Nachkriegszeit war die Substitution der Kohle durch andere Energieträger, die eine höhere Arbeitslosigkeit der Bergleute brachte. Derzeit führt die Mikroelektronik zu einem Strukturwandel z. B. im Maschinenbau, in der Automobilindustrie, aber auch im Dienstleistungsbereich. Die Entwicklung von voll- bzw. teilautomatisierten Produktionsanlagen hat zum Ergebnis, dass dieselben Leistungen mit immer weniger Menschen erbracht werden können.

Technischer Fortschritt muss aber auch positiv beurteilt werden, da er eine effizientere Ressourcennutzung ermöglicht, das Produktionspotenzial steigert, die Wettbewerbssituation auf den Märkten verbessert und den Wohlstand erhöht. Die Entwicklung des Electronic Banking führte einerseits zur Schließung von Bankfilialen und zur Entlassung von Bankangestellten, andererseits wurden aber Arbeitsplätze im Bereich der computergestützten Datenverwaltung geschaffen. Dieses Beispiel belegt, dass der technische Fortschritt zu erhöhten Anforderungen bezüglich der Qualifikation bei den Arbeitskräften führt.

1. Analysieren Sie die Grafik „Schwarzarbeit in Deutschland".

2. Die Erfindung der Webmaschine löste zunächst die Befürchtung der Massenarbeitslosigkeit aus. Begründen Sie, warum diese Entwicklung langfristig nicht aufgetreten ist.

3. Suchen Sie nach Beispielen, in denen der technische Fortschritt zu Arbeitslosigkeit führte.

Ein weiterer Grund für strukturelle Arbeitslosigkeit ist die zunehmende internationale Arbeitsteilung. Die **Globalisierung** führt dazu, dass der Arbeitsmarkt nicht mehr national begrenzt ist und es zu einem enormen Anstieg des Arbeitsangebots kommt.
Ein deutscher Arbeiter steht demnach nicht mehr nur in Konkurrenz zu anderen deutschen Arbeitnehmern, sondern zu den Arbeitskräften, die weltweit ihre Leistungen deutlich billiger anbieten. Diese niedrigen Arbeitskosten im Ausland veranlassen viele deutsche Unternehmer, ihre Produktionstätigkeit in Billiglohnländer wie Ungarn, Polen oder Tschechien aber auch China oder Indien zu verlagern. Als Folge der Produktionsverlagerung ins Ausland werden in Deutschland besonders Personen mit geringer Qualifikation arbeitslos. Minderqualifiziert sind vor allem Personen, die keine berufliche oder schulische Ausbildung haben, sowie Langzeitarbeitslose.

1. Analysieren Sie die nebenstehende Grafik.
2. Erläutern Sie nachfolgende Tabelle zur Arbeitskostensituation in den verschiedenen Ländern, und berücksichtigen Sie dabei deren Produktivität.

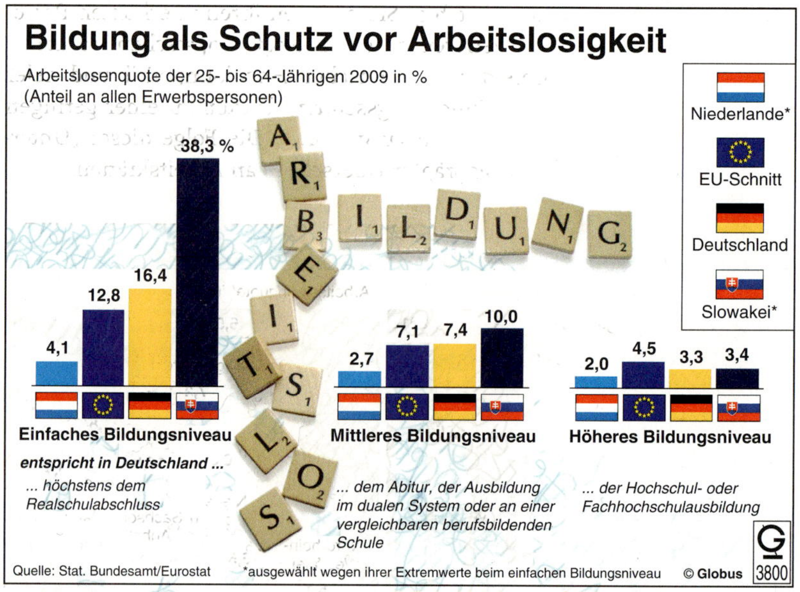

Die internationale Arbeitsteilung bedeutet aber nicht nur die Entlassung von Geringqualifizierten, sondern führt wie der technische Fortschritt zu einer steigenden Nachfrage nach gut qualifizierten, hoch produktiven Arbeitskräften. Die Folge der gestiegenen Qualifikationsanforderungen ist ein Fachkräftemangel in bestimmten Wirtschaftsbereichen. Teilweise wird der Zuzug hoch qualifizierter Ausländer erleichtert, um dem Mangel an Experten entgegenzuwirken.

Arbeitskosten je Stunde in der Industrie
(Direktentgelt + Personalzusatzkosten 2010 in €)

Norwegen	49,54
Dänemark	36,58
Deutschland	34,47
Deutschland (West)	36,28
Deutschland (Ost)	21,76
Griechenland	16,57
Portugal	10,45
Tschechien	9,32
Ungarn	7,02
Polen	6,46

Zu den strukturellen Gründen der Arbeitslosigkeit gehört auch die **Mismatch-Arbeitslosigkeit**. Der Hauptgrund für diese Fehlanpassung sind die Unterschiede zwischen den Merkmalen der Arbeitslosen und den Anforderungen der offenen Stellen. Dabei unterscheidet man den regionalen und den qualifikationsbedingten Mismatch.

Dem regionalen Mismatch liegt eine mangelnde Flexibilität der Bewerber bezüglich der Arbeitszeit, aber vor allem des Arbeitsortes zugrunde. Konkret kann das bedeuten, dass ein norddeutscher Büroangestellter eine freie Stelle in Süddeutschland z. B. wegen familiärer Bindungen nicht antritt.

Ein qualifikationsbedingter Mismatch entsteht, wenn starke Unterschiede zwischen den fachlichen Fähigkeiten der Bewerber und dem Anspruch des Arbeitgebers vorliegen. Hier kann z. B. der arbeitslose Werftarbeiter den freien Arbeitsplatz in der Computerindustrie nicht einnehmen. Wie erwähnt, fördern technischer Fortschritt und Globalisierung die Qualifikationsschere. Während das Arbeitsmarktungleichgewicht aus Sicht der Arbeitsnachfrage der Unternehmer vor allem durch Produktivitätsunterschiede und das Lohnkostengefälle verursacht wird, sind die Ursachen auf Seiten des Arbeitsangebotes der Arbeitnehmer vielfältiger.
Strukturelle Ungleichgewichte am Arbeitsmarkt entwickelten sich auch in Ostdeutschland als Folge der Wiedervereinigung von 1990. Die hohe und lang anhaltende **Arbeitsplatzlücke in Ostdeutschland** hat mehrere Gründe:

- Durch die Umstellung der Planwirtschaft der DDR auf die westdeutsche Marktwirtschaft waren ostdeutsche Betriebe mit ihrer geringen Produktivität nicht mehr konkurrenzfähig. Sie mussten ihren überhöhten Personalbestand abbauen und verloren zudem ihre osteuropäischen Märkte.
- Die schnelle Übernahme der westdeutschen Hochlohnpolitik und vieler Arbeitsmarktregeln (z. B. Kündigungsschutz) führten zu einer geringen Bereitschaft, neue Unternehmen zu gründen. Die Folge dieser „Unternehmenslücke" ist ein ausgeprägter Überschuss an Arbeitskräften.

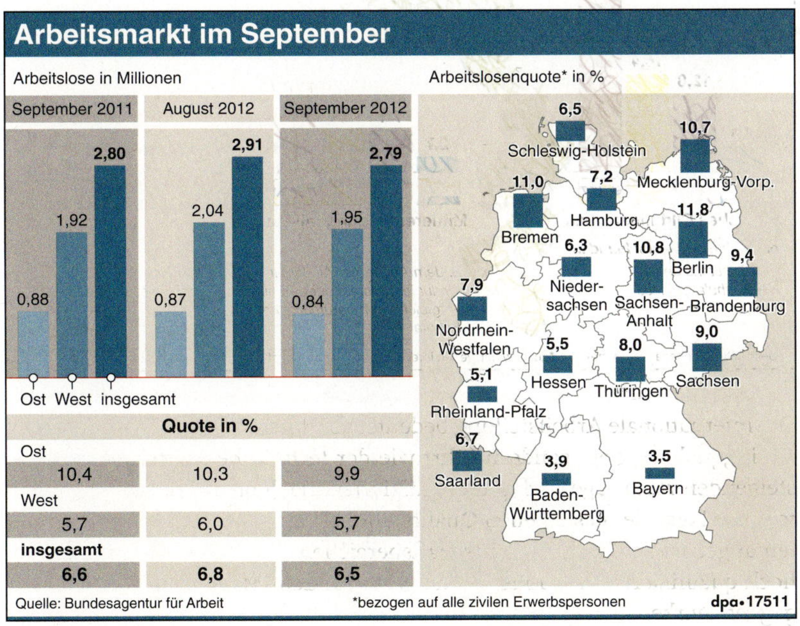

Langfristige Arbeitslosigkeit kann auch aufgrund von arbeits- und sozialrechtlichen Regelungen entstehen und wird als **institutionelle Arbeitslosigkeit** bezeichnet. Für den deutschen Arbeitsmarkt gelten viele Vorschriften, und dadurch werden ggf. Firmengründungen und die Schaffung neuer Arbeitsplätze behindert. Zahlreiche gesetzliche Regelungen wie z. B. das Bundesurlaubsgesetz, das Kündigungsschutzgesetz, das Arbeitszeitgesetz oder das Schwerbehindertengesetz können Einstellungshemmnisse sein.
Darüber hinaus werden im Niedriglohnsektor keine Arbeitsplätze entstehen, wenn die soziale Absicherung für Arbeitnehmer ohne Beschäftigung höher ist als der Lohn aus legaler Erwerbsarbeit.

1. Die westdeutsche Hochlohnpolitik brachte für Ostdeutschland nicht nur Nachteile. Erläutern Sie wichtige Vorteile.
2. Betrachten Sie die nebenstehende Grafik, und diskutieren Sie die Situation des Arbeitsmarktes.

Artikel 9 Grundgesetz
(1) Alle Deutschen haben das Recht, Vereine und Gesellschaften zu bilden.
[...]
(3) Das Recht, zur Wahrung und Förderung der Arbeits- und Wirtschaftsbedingungen Vereinigungen zu bilden, ist für jedermann und für alle Berufe gewährleistet.

Arbeitnehmer/Arbeitgeber: Gleiches für alle!

1. Stellen Sie einen Zusammenhang zwischen der Karikatur und der Tarifpolitik her.

1.2 Tarifpartner und Tariflohn

Eine Besonderheit des deutschen Arbeitsmarktes ist die Tarifautonomie auf der Grundlage des Artikels 9 Absatz 3 Grundgesetz, der es ermöglicht, dass sich Arbeitgeber und Arbeitnehmer zu unabhängigen Vereinigungen (Tarifparteien), den Arbeitgeberverbänden einerseits und den Arbeitnehmerverbänden (Gewerkschaften) andererseits, zusammenschließen.

Die Gewerkschaften und die Arbeitgeberverbände haben das Recht, Tarifverträge abzuschließen. Bei einem Tarifvertrag unterscheidet man
- Manteltarifvertrag, der auf längere Zeit festgelegte Regelungen wie z. B. Grundsätze der Entlohnung, Urlaubsgewährung, Mehr-, Spät-, Sonntagsarbeit enthält,
- den Lohn- und Gehaltstarif, der meist kurzfristig (12 Monate) gilt und die Vergütungsregelungen beinhaltet.

Gewerkschaften sind Interessenverbände der Arbeitnehmer mit dem Ziel der Wahrung und Verbesserung der wirtschaftlichen und sozialen Lage ihrer Mitglieder. In Deutschland gibt es mehrere Gewerkschaften, wobei der Deutsche Gewerkschaftsbund (DGB) mit acht Einzelgewerkschaften die größte Organisation ist. Der DGB wird in die vier Ebenen, nämlich Bund, Bezirke, Regionen und Ortskartelle, eingeteilt und ist nach dem Industrieverbandsprinzip gegliedert, d. h. die Angehörigen eines Betriebes sind nur in einer Gewerkschaft des Gewerkschaftsbundes organisiert.

Eine andere Organisationsform ist das Berufsverbandprinzip, wobei jeder Berufsstand eine eigene Gewerkschaft hat. Neben den Einheitsgewerkschaften des DGB gibt es noch die weniger mitgliederstarken Verbände des Christlichen Gewerkschaftsbundes Deutschlands (CGB), des Deutschen Beamtenbundes (dbb) und der Tarifunion.

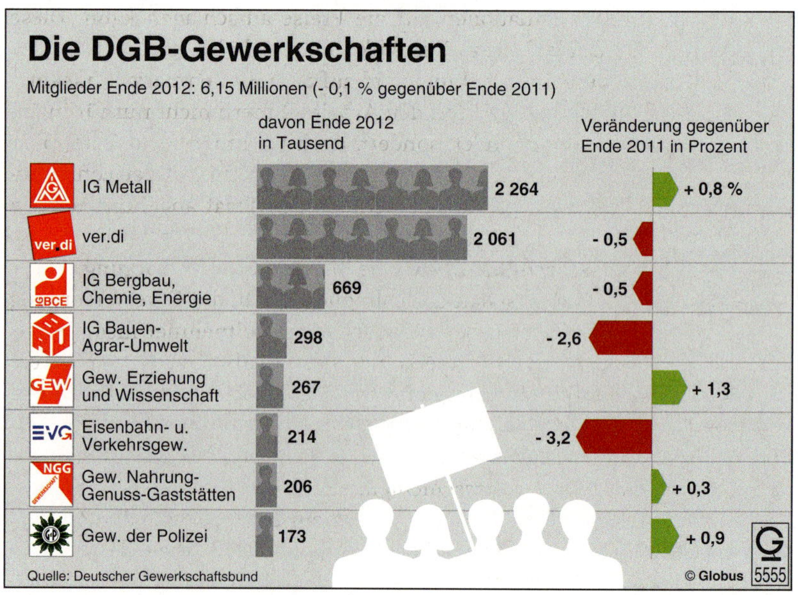

Bei der Festlegung des Tariflohnes stellen die Gewerkschaften folgende Forderungen:

- **Höhere Löhne und Gehälter**
  Die Zielsetzung steigender Bruttolöhne und Gehälter will nicht nur einen Inflationsausgleich erreichen, sondern den Anteil der Beschäftigten am Ertrag der Wirtschaft steigern, also eine Umverteilung zu ihren Gunsten erreichen. Zudem können Lohnsteigerungen zu einer Erhöhung der Massenkaufkraft führen und über Multiplikatorprozesse das Faktoreinkommen erhöhen und damit Arbeitsplätze sichern. Die Gewerkschaften stellen den Einkommenseffekt einer Lohnerhöhung in den Vordergrund.

- **Sicherung des Arbeitsplatzes**
  In der zweiten Hälfte des vorigen Jahrhunderts gehörten kürzere Wochenarbeitszeiten, ein längerer Urlaub und die Reduzierung der Lebensarbeitszeit zu den Standardforderungen der Gewerkschaften. Durch den Prozess der Globalisierung verbunden mit der Konkurrenz der Billiglohnländer kam es zu einer veränderten Situation auf den Arbeitsmärkten. Dadurch rückten Themen wie flexible Arbeitszeiten, z. T. Lohnverzicht, gesetzlicher Mindestlohn und auch die Forderung nach Arbeitsplatzgarantien in den Vordergrund.

- **Gerechte Vermögensverteilung**
  Um soziale Konflikte zu mildern, die Vermögensnachteile der Arbeitnehmer zu beseitigen und den Lebensstandard der Familien zu steigern, versuchen die Gewerkschaften, die betriebliche Vermögensbildung bzw. Betriebsrenten zu fördern.
  Die Gewerkschaften betreiben demnach eine **offensive Lohnpolitik**, deren Ziel die Erhöhung der Lohnquote ist. Bezüglich dieser offensiven Lohnpolitik sind einige kritische Anmerkungen möglich:
  - **Lohnerhöhungen können durch Preissteigerungen neutralisiert werden.**
    In den meisten Fällen führen Lohnerhöhungen zu Preissteigerungen. Löhne sind für den Unternehmer Kosten, die er überwiegend in hochkonjunkturellen Situationen auf die Preise aufschlagen kann. Diese Lohn-Preis-Spirale führt z. T. zu sinkenden Reallöhnen.
  - **Nur ein Teil der Lohnerhöhung wird auf dem Binnenmarkt wirksam.**
    Lohnerhöhungen werden von den Arbeitnehmern nicht nur für inländische Produkte verwendet, sondern auch für importierte Güter oder für den Auslandsurlaub. Darüber hinaus muss ein Teil der Lohnerhöhung in Form von direkten Steuern an den Staat abgeführt werden bzw. fließt in die Sozialabgaben.
  - **Die Lohnquote macht keine Aussage über die Güterversorgung.**
    Ist in einer Volkswirtschaft die Lohnquote hoch, die Güterversorgung aber gering, so ist der Lebensstandard der Arbeitnehmer niedriger als in einer Wirtschaft, in der die Lohnquote verhältnismäßig gering, die Güterversorgung aber sehr hoch ist.
  - **Die Lohnquote ist eine Durchschnittsgröße.**
    Verteilt sich der Lohnanteil am Volkseinkommen auf wenige einkommensstarke Bevölkerungsschichten, wird dies für den Großteil der einkommensschwachen Arbeitnehmer ein unbefriedigender Zustand sein. Die Lohnquote ermöglicht keine Aussagen über die Einkommensunterschiede. Bei gleicher Lohnquote kann die gerechte Umverteilung der Einkommen aus unselbstständiger Tätigkeit eine lohnende Aufgabe für die Tarifpartner sein.

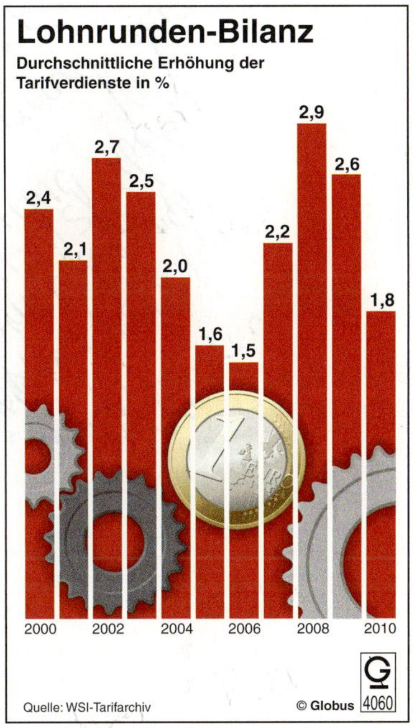

1. Werten Sie die vorstehende Grafik aus.
2. Erklären Sie den Begriff „Multiplikatorprozesse".
3. Informieren Sie sich über die Entwicklung der Lohnquote in Deutschland und anderen europäischen Staaten in den letzten Jahren.

$$\text{Lohnquote} = \frac{\text{Arbeitnehmerentgelte}}{\text{Volkseinkommen}}$$

Die **Arbeitgeberverbände** sind Zusammenschlüsse von Unternehmern bzw. Unternehmen zur Wahrung kollektiver Arbeitgeberinteressen. Der Spitzenverband ist die Bundesvereinigung der Deutschen Arbeitgeberverbände (BDA). Die Bundesvereinigung hat 55 Branchenverbände und mehrere überfachliche Landesverbände als Mitglieder.

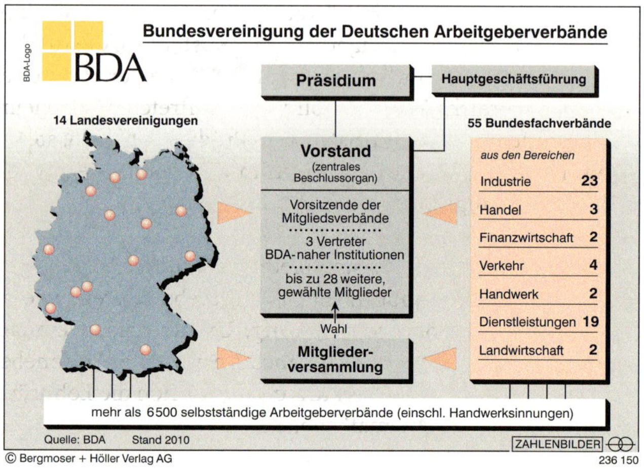

© Bergmoser + Höller Verlag AG 236 150

$$\text{Produktivität} = \frac{\text{Bruttoinlandsprodukt}}{\text{Zahl der Erwerbstätigen}}$$

Bei der Festlegung des Tariflohnes vertreten die Arbeitgeber eine an der Produktivität orientierte Lohnpolitik. Deren Zielsetzung beinhaltet, dass die durchschnittlichen Nominallöhne nicht mehr steigen dürfen als die Zuwachsrate der Produktivität. Diese setzt das reale Bruttoinlandsprodukt zur Zahl der Erwerbstätigen in Beziehung. Die Produktivitätszuwachsrate errechnet sich aus der Zunahme der jährlichen Produktivität.

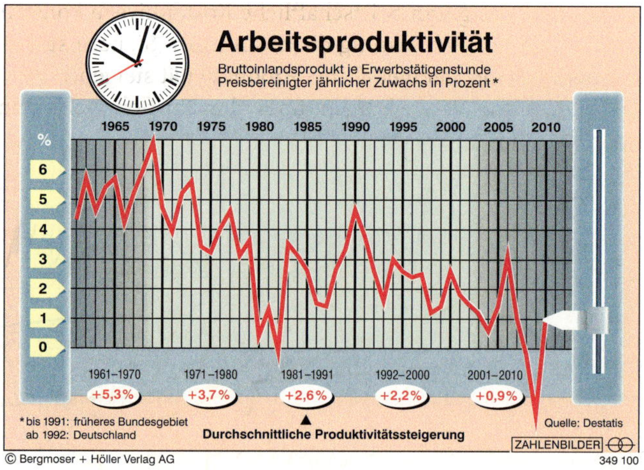

© Bergmoser + Höller Verlag AG 349 100

1. Interpretieren Sie die Karikatur oben.

2. Verfolgen Sie einen zurzeit ablaufenden Tarifkonflikt anhand der Tagespresse. Arbeiten Sie dabei deutlich die Positionen von Gewerkschaften und Arbeitgeberverbänden bezüglich der Lohnhöhe heraus.

3. Analysieren Sie die nebenstehende Grafik „Arbeitsproduktivität".

Bewegen sich die Lohnerhöhungen im Rahmen des volkswirtschaftlichen Produktivitätszuwachses, ergeben sich keine Preiserhöhungen, die nach Ansicht der Arbeitgeberverbände mit Lohnsteigerungen begründet werden können. Halten sich die Gewerkschaften an die produktivitätsorientierte Lohnpolitik, kommt dies einer Beibehaltung der Gewinnquote gleich. Bei der Gewinnquote setzt man das Unternehmens- und Vermögenseinkommen zum Volkseinkommen in Beziehung. Der offensiven Lohnpolitik der Gewerkschaften setzen die Arbeitgeber ihre **defensive Lohnpolitik** entgegen.

Auch das Konzept der produktivitätsorientierten Lohnpolitik weist einige Unzulänglichkeiten auf:

- **Die unterschiedlichen Produktivitätssteigerungen in einzelnen Branchen werden nicht berücksichtigt.**
  Eine Erhöhung der Lohnsätze um die durchschnittliche Produktivitätssteigerung in der Volkswirtschaft bewirkt, dass in Branchen mit überdurchschnittlicher Produktivitätssteigerung die Kosten sinken und in Branchen mit unterdurchschnittlicher Produktivitätssteigerung (vor allem im Dienstleistungsbereich) Kostenerhöhungen auftreten. Unternehmen mit überdurchschnittlich hohem Anstieg der Produktivität müssten die Preise senken. Preissenkungen sind jedoch in der Realität selbst bei beachtlichen Kostensenkungen selten.

- **Der Anstieg weiterer Arbeitskosten bleibt unberücksichtigt.**
  Neben den Lohnkosten gibt es noch Lohnnebenkosten, wie z. B. den Arbeitgeberanteil zur Sozialversicherung, Urlaubsgeld, Weihnachtsgeld. Steigen die Arbeitskosten aufgrund eines Anstiegs der Lohnnebenkosten oder aufgrund von Arbeitszeitverkürzungen, dürften die Lohnsätze nur in entsprechend geringem Ausmaß steigen.

- **Nachfrageorientierte Preissteigerungen sind nicht auszuschließen.**
  Der Konsum der Arbeitnehmer ist nur ein Teil der gesamtwirtschaftlichen Nachfrage. Die übrigen Nachfragekomponenten, wie der Konsum der Selbstständigen, die Investitionen, staatlicher Konsum und Export, werden nicht berücksichtigt.

Der Sachverständigenrat hat das Konzept der **kostenniveauneutralen Lohnpolitik** entwickelt. Dieses Konzept sieht vor, die Löhne gerade so hoch steigen zu lassen, dass das gesamtwirtschaftliche Kostenniveau konstant bleibt. Wenn also z. B. die Kostenbelastung durch indirekte Steuern steigt, dürften die Löhne entsprechend weniger als die Produktivität steigen.
Die unterschiedlichen Vorstellungen über die Tariflohnhöhe führen im Arbeitskampf zu Kompromissen.

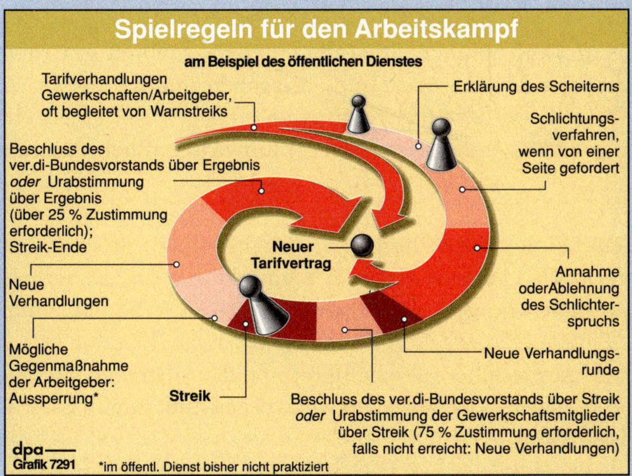

$$G = \frac{U + V}{Y}$$

G = Gewinnquote
U = Unternehmereinkommen
V = Vermögenseinkommen
Y = Volkseinkommen

1. „Die hohe Zahl der Arbeitslosen in Deutschland hat ihre wesentlichen Ursachen in einer falschen (überhöhten) Tariflohnpolitik."
   Nehmen Sie in Form einer Pro- und Kontra-Debatte kritisch zu dieser These Stellung.

1.3 Wirtschaftspolitische Maßnahmen und Beschäftigung

Unter Beschäftigungspolitik fasst man alle wirtschaftspolitischen Maßnahmen zusammen, die darauf zielen, Arbeitslosigkeit zu bekämpfen und den Beschäftigungsstand in einer Volkswirtschaft auf möglichst hohem Niveau zu halten. Wirtschaftspoltische Maßnahmen, die Auswirkungen auf dem Arbeitsmarkt haben, werden vor allem von der öffentlichen Hand in Form der staatlichen Beschäftigungspolitik und von den Tarifparteien über ihre Lohnpolitik ergriffen.

Bei der **staatlichen Beschäftigungspolitik** stehen sich zwei unterschiedliche Konzeptionen gegenüber. Die nachfrageorientierte Wirtschaftspolitik, die erstmals von dem englischen Ökonomen John M. Keynes unter dem Eindruck der Weltwirtschaftskrise von 1929 in seinem Buch „Allgemeine Theorie der Beschäftigung, des Zinses und des Geldes" formuliert wurde, und die angebotsorientierte Wirtschaftspolitik in der Form des Monetarismus, deren Hauptvertreter der amerikanische Nationalökonom und Nobelpreisträger Milton Friedman ist.

Die **nachfrageorientierte Wirtschaftspolitik** baut auf der Erkenntnis auf, dass zur Beseitigung von Arbeitslosigkeit die Marktkräfte nicht ausreichen, sondern der Staat gezielte Maßnahmen zum Abbau der Arbeitslosigkeit ergreifen muss.

Zentraler Ansatzpunkt der keynesianischen Theorie ist die gesamtwirtschaftliche Nachfrage, die sich aus privatem sowie staatlichem Konsum, Bruttoinvestitionen und Exporten zusammensetzt. Da sich Konjunkturschwankungen durch ein Auseinanderklaffen von gesamtwirtschaftlichem Angebot und gesamtwirtschaftlicher Nachfrage ergeben und damit zu Ungleichgewichten auf dem Arbeitsmarkt führen, fällt dem Staat die Aufgabe zu, die Nachfrage so zu steuern, dass sie dem Angebot entspricht.

Ist die gesamtwirtschaftliche Nachfrage wegen eines nicht ausreichenden privaten Konsums zu gering, so muss der Staat diese fehlende Nachfrage durch Erhöhung seiner Haushaltsausgaben ausgleichen. Er kann aber auch versuchen, die private Nachfrage durch Steuererleichterung anzuregen.

Um den Konsum in der Depression zu erhöhen, soll die Regierung ein Haushaltsdefizit in Kauf nehmen. Im Falle einer überhöhten gesamtwirtschaftlichen Nachfrage hat der Staat seine Ausgaben und die der privaten Wirtschaft zu drosseln. In der Hochkonjunktur hingegen soll einen Haushaltsüberschuss gebildet werden, damit die gesamtwirtschaftliche Nachfrage schrumpft.

Der Staat hat sich bei der antizyklischen Haushaltspolitik mit seinen Defiziten bzw. Überschüssen antizyklisch zum Konjunkturverlauf zu verhalten. Der Haushaltsausgleich braucht dabei nicht jährlich zu erfolgen, sondern sollte über die Zeitdauer eines Konjunkturzyklus abgeschlossen sein. Da nach Ansicht der Keynesianer Beschäftigungspolitik überwiegend Haushaltspolitik ist und vom Fiskus betrieben wird, bezeichnet man dieses Konzept auch als **Fiskalismus**.

Q

Aber der Markt ist nicht gerecht. Er entlohnt nach Knappheit, und Knappheit hat mit Gerechtigkeit wenig zu tun, [...]
Quelle: Sinn, Hans-Werner: Ist Deutschland noch zu retten? 3. Aufl., Berlin 2005, S. 149

!

1. Begründen Sie anhand des vorstehenden Zitats die Notwendigkeit der Arbeitsmarktpolitik.

Zu den wichtigen Maßnahmen der Beschäftigungspolitik im Rahmen der antizyklischen Haushaltspolitik gehören:

Hochkonjunktur	Depression
– Senkung der Staatsausgaben – Erhöhung der Einkommen- und Körperschaftsteuer – Aussetzung der steuerlichen Abschreibungsvergünstigungen – Streichung von Investitionszulagen – Beschränkung der staatlichen Kreditvergabe	– Erhöhung der Staatsausgaben – Senkung der Einkommen- und Körperschaftssteuer – Wiedereinführung von steuerlichen Abschreibungsvergünstigungen – Gewährung von Investitionszulagen – Gewährung staatlicher Kredite

Alle diese Maßnahmen sollen in ihrer Wirkung ein möglichst hohes und über längere Zeit konstantes Beschäftigungsniveau bringen.

Während der Fiskalismus unter Beschäftigungspolitik verstärkt die kurz- bzw. mittelfristige Beeinflussung der Teilströme der gesamtwirtschaftlichen Nachfrage verfolgt, will die **angebotsorientierte Wirtschaftspolitik** des Milton Friedman vor allem die langfristigen Rahmenbedingungen für die Güterproduktion günstig gestalten.

Die Theorie des Milton Friedman knüpft an die Überlegungen der klassischen Nationalökonomie an und unterstellt, ebenso wie Adam Smith, dass der Markt ein harmonisches System ist, in dem stets Kräfte wirksam werden, die zum Gleichgewicht hinführen. Dadurch ergibt sich eine Absage an eine aktive Beschäftigungspolitik über den Staatshaushalt. Für die notwendige Steuerung der gesamtwirtschaftlichen Größen soll nicht die Staatsnachfrage eingesetzt werden, sondern die Geldmengensteuerung der Zentralbank. Die Bevorzugung der Geldmenge hat diesem Konzept den Namen **Monetarismus** eingetragen. Es geht davon aus, dass Wachstumsschwächen – und damit Arbeitslosigkeit – ihre Ursachen in Störungen auf der Angebotsseite haben und auf unzureichende Investitionen zurückzuführen sind. Die Veränderung des realen Volkseinkommens und damit der Nachfrageentwicklung hängt in erster Linie von der Veränderung der Geldmenge ab.

Zur staatlichen Beschäftigungspolitik im Rahmen des Monetarismus gehören folgende Maßnahmen:

- Beseitigung von Investitionshemmnissen, vor allem der Bürokratieabbau,
- steuerliche Entlastung und dadurch indirekte Förderung gewerblicher Investitionen,
- Stärkung der Antriebskräfte des Marktes durch Verzicht auf Interventionen, Abbau von Subventionen und leistungshemmenden Steuern,
- Konsolidierung der Staatsfinanzen durch Abbau der Staatsverschuldung und die Bevorzugung investiver statt konsumtiver Ausgaben.

1. Werten Sie die nachfolgende Grafik aus.

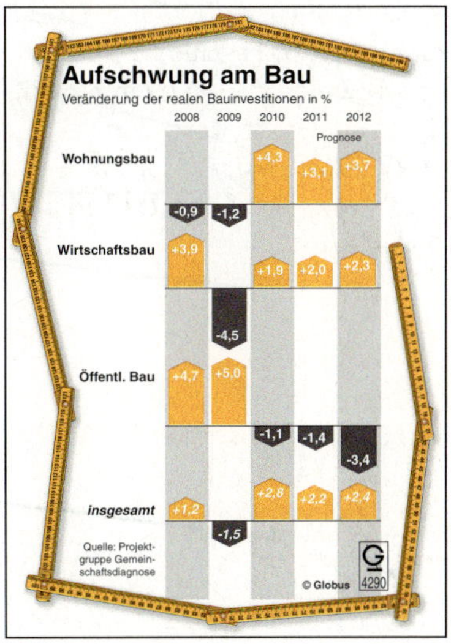

Eine staatliche Beschäftigungspolitik wird auch von der **Bundesagentur für Arbeit** betrieben. Sie hat ihren Sitz in Nürnberg, steht unter der Rechtsaufsicht des Bundesministeriums für Arbeit und Soziales und wird vor allem durch die Sozialversicherungsbeiträge der sozialversicherungspflichtigen Beschäftigten (Arbeitnehmer und Arbeitgeber) bezahlt. Der Bund leistet allerdings finanzielle Hilfen, wenn die Mittel der Bundesagentur nicht für die Erfüllung ihrer Zahlungsverpflichtungen ausreichen.

Zu den zentralen Aufgaben der Bundesagentur für Arbeit im Rahmen der Beschäftigungspolitik gehören:
- Beobachtung des Arbeitsmarktes in Verbindung mit Beratung und Arbeitsvermittlung,
- Zahlungen von Lohnersatzleistungen, wie z. B. Arbeitslosengeld und Insolvenzgeld,
- Förderung der Berufsausbildung, also berufsvorbereitende Bildungsmaßnahmen, ausbildungsbegleitende Hilfen und die Ausbildung in außerbetrieblichen Einrichtungen,
- aktive Arbeitsförderung in Form von Arbeitsbeschaffungs- und Strukturanpassungsmaßnahmen.

Arbeitsbeschaffungsmaßnahmen (ABM) sind in Zeiten hoher Arbeitslosigkeit von der Arbeitsagentur bezuschusste Tätigkeiten, um Arbeitssuchenden bei der Wiedereingliederung in eine Beschäftigung zu helfen oder ein geringes Einkommen zu sichern. Die Arbeitskräfte werden hauptsächlich bei den Kommunen und in Vereinen zu zusätzlichen gemeinnützigen Arbeiten eingesetzt.

Veranlasst durch die hohe Zahl der Arbeitslosen und die Probleme der ehemaligen Bundesanstalt für Arbeit wurde unter der Leitung von Dr. Peter Hartz eine Kommission eingesetzt, deren Vorschläge zu einer deutlichen Reduzierung der Arbeitslosigkeit führen sollten. Das Hartz-Paket enthält eine Reihe von Maßnahmen zur Verbesserung der Beschäftigungssituation. Dazu gehört z. B. die Regelung der sog. **„Arbeitsgelegenheiten"** („Ein-Euro-Jobs"). Hier wird Arbeitlosen die Möglichkeit gegeben, bei einer öffentlichen Einrichtung (z. B. bei der Stadtreinigung oder in der Altenpflege) etwas hinzuzuverdienen und sich wieder in feste Arbeitsabläufe zu integrieren. Ein **Gründerzuschuss** wird den Empfängern von Arbeitslosengeld gewährt, wenn sie sich beruflich selbstständig machen.

Die **Lohnpolitik der Tarifparteien** hat ebenfalls Auswirkungen auf den Arbeitsmarkt in einer Volkswirtschaft. Lohnerhöhungen und ihre Folgen auf die Beschäftigtensituation werden von den Tarifparteien unterschiedlich interpretiert.

Die Gewerkschaften berufen sich auf den **Einkommenseffekt** einer Lohnerhöhung. Für die privaten Haushalte bedeuten Lohnerhöhungen steigende Einkommen, und damit wird zunächst die Möglichkeit eines verstärkten Konsums eröffnet. Eine höhere private Nachfrage der Arbeitnehmer führt bei den Unternehmen zu einem Anstieg der Umsätze. Bei ausgelasteten Kapazitäten hat dies wiederum zur Folge, dass zusätzliche Investitionen getätigt und neue Arbeitsplätze geschaffen werden.

!

1. In der Öffentlichkeit wird die Forderung nach Einführung eines staatlich festgelegten Mindestlohnes kontrovers diskutiert.
   a) Informieren Sie sich über das Wesen des gesetzlichen Mindestlohnes.
   b) Erörtern Sie im Rahmen einer Pro-Kontra-Diskussion die Auswirkungen eines gesetzlichen Mindestlohnes auf den Arbeitsmarkt.

2. Konzipieren Sie ein Referat über Aufgaben und Leistungen der Bundesagentur für Arbeit.

Die Arbeitgeber stellen bei Lohnerhöhungen den **Kosteneffekt** in den Vordergrund. Höhere Löhne bedeuten für ein Unternehmen steigende Kosten. Kann diese Kostenzunahme nicht über Preiserhöhungen an die Märkte weitergegeben werden, wird unter sonst gleich bleibenden Bedingungen der Gewinn geschmälert. Da der Gewinn wiederum die Grundlage für Investitionen ist, kommt es langfristig zu einem Rückgang der Investitionstätigkeit und damit zu einem Verlust von Arbeitsplätzen und steigender Arbeitslosigkeit.

Wirkungen der Lohnerhöhungen in Haushalt und Unternehmen

höhere Löhne

Haushalten	**Unternehmen**
↓	↓
höherer Konsum	höhere Lohnkosten
↓	↓
höhere Steuern	geringerer Gewinn
↓	↓
evtl höhere Ersparnisse	evtl. höhere Preise
↓	↓
Einkommenseffekt	**Kosteneffekt**

Die von den Gewerkschaften und Arbeitgeberverbänden jeweils bevorzugten Wirkungsketten einer Lohnerhöhung auf die Beschäftigtensituation können kritisch betrachtet werden:

- Beim **Einkommenseffekt** kann man berücksichtigen, dass von der Bruttolohnerhöhung die Lohnsteuer und die Sozialabgaben abgezogen werden. Vom restlichen Einkommenszuwachs fließt nur ein Teil in den privaten heimischen Konsum, da das verbleibende Nettoeinkommen zunächst teils gespart, teils für ausländische Güter (Warenimporte, Auslandsurlaub) verwendet wird. Steuern, Sozialabgaben und Sparguthaben stehen erst langfristig dem inländischen Wirtschaftskreislauf zur Verfügung. Der Kaufkrafteffekt wirkt nicht unmittelbar und in voller Höhe auf die private Nachfrage und damit auf die Beschäftigtensituation.
- Der **Kosteneffekt** einer Lohnerhöhung beeinflusst die Unternehmen direkt und fällt für die Betriebe wegen der Arbeitgeberbeiträge zur Sozialversicherung etwas höher aus als die eigentliche Lohnerhöhung. Andererseits haben die Arbeitgeber die Möglichkeit, gestiegene Lohnkosten über höhere Preise an die privaten Haushalte weiterzureichen. Die Nominallohnerhöhung bei den privaten Haushalten führt bei Preissteigerungen zu sinkenden Reallöhnen. Darüber hinaus können die Unternehmen durch Rationalisierungsinvestitionen Lohnkostenerhöhungen abfangen, wobei jedoch Arbeitsplätze vernichtet werden.
- Auch die umfangreichen **außenwirtschaftlichen Beziehungen** haben eine große Bedeutung für die Sicherung der Arbeitsplätze in der Bundesrepublik Deutschland (siehe S. 70 ff.). Deutschland ist eine Exportnation, die auf den Weltmärkten überwiegend Rohstoffe und Halbfertigerzeugnisse einkauft, diese im Inland zu Fertigprodukten verarbeitet und anschließend ins Ausland verkauft. Sie hat sich dabei auf hochwertige Produkte wie Autos, Maschinen und chemische Erzeugnisse spezialisiert. Demzufolge sichert der Export vor allem in diesen Branchen mit ihrem hohen Anteil an Zulieferbetrieben eine Vielzahl von Arbeitsplätzen.

!

1. Humorvoll wird behauptet, dass die Volkswirtschaftslehre die einzige Wissenschaft ist, in der zwei Professoren den Nobelpreis bekommen, weil sie das genaue Gegenteil wissenschaftlich begründet haben.
   Erläutern Sie unter Berücksichtigung der obigen Anmerkung den Doppelcharakter des Lohnes.

2. Entwickeln Sie in sich schlüssige Kausalketten zum Einkommens- und Kosteneffekt einer Lohnerhöhung.

3. Hinter dem Einkommenseffekt einer Lohnerhöhung steht das Motto: „Je höher die Löhne, desto wettbewerbsfähiger die Unternehmen.“
   Nehmen Sie zu dieser These kritisch Stellung.

1.4 Grenzen antizyklischer Finanzpolitik

1. Wiederholen Sie unter Zuhilfenahme des nebenstehenden Textes die Konzeption der klassischen Theorie (Liberalismus) und die der keynesianischen Theorie.

2. Im Alten Testament wird erzählt, dass Josef den Traum des Pharao von den sieben fetten Kühen, die von den sieben mageren Kühen verschlungen werden, folgendermaßen deutete:
Auf sieben Jahre wirtschaftlichen Wohlstands werden sieben Jahre wirtschaftlicher Not folgen.
Auf Josefs Rat speicherte der Pharao in den fetten Jahren Korn, um in den mageren Jahren die Not zu lindern.
Erläutern Sie in diesem Zusammenhang die antizyklische Finanzpolitk.

3. Erklären Sie die Begriffe „deficit spending" und „surplas saving".

Das Neue an Keynes' Gedankengang war dabei, dass er es verstand, die bis auf J. B. Say zurückgehende Vorstellung zu überwinden, als ob Angebot und Nachfrage, auf längere Sicht betrachtet, stets ganz von selbst über die Preisbildung zum Ausgleich kommen müssten, sodass es niemals zu einem länger dauernden Auseinanderfallen von Produktion und wirksamer Nachfrage kommen könne; die klassische Harmonielehre hatte ja angenommen, dass alle etwa vorübergehend auftretenden Störungen binnen Kurzem durch die der Wirtschaft innewohnenden Selbstheilungskräfte beseitigt würden.
Keynes' Leistung bestand demgegenüber in dem Nachweis, dass die Tendenz zur Bildung eines Gleichgewichts in der Volkswirtschaft es nicht ausschließt, dass das Gleichgewicht sich in ganz verschiedene Lagen, nicht zuletzt auch als Gleichgewicht bei Unterbeschäftigung, herausbilden kann; dieses Gleichgewicht bei Unterbeschäftigung ergebe sich insbesondere dann, wenn einzelne Kostenfaktoren, wie z. B. der Arbeitslohn, infolge der kollektiven Lohnregelungen und der sozialen Umweltbedingungen ihre Flexibilität nach unten weitgehend eingebüßt hätten, sodass die von den Klassikern angenommene Anpassung entweder gar nicht oder nur in Zeiträumen eintrete, die zu lang seien, als dass die lebende Generation darauf warten könne: auf lange Sicht sind wir alle tot.
Schmölders, Günter: Geschichte der Volkswirtschaftslehre, Hamburg 1966, S. 110 f.

Nach der Ansicht von Keynes reicht die Kraft des Marktmechanismus nicht aus, um in einer Volkswirtschaft die Ziele des magischen Vierecks zu erreichen. Es ist ein Gleichgewicht von Güterangebot und Güternachfrage denkbar, bei dem gleichzeitig eine erhebliche Arbeitslosigkeit vorliegt (siehe Kap. 1.3). Hier muss die Regierung die Konjunktursteuerung übernehmen. Diese antizyklische Finanzpolitik wurde in Westdeutschland in der Zeit von 1969 bis 1979 durchgeführt.
Mit Beginn der Depression in den Jahren 1974/75 erkannte man, dass die antizyklische Finanzpolitik keine befriedigenden Lösungen für die Arbeitsmarktprobleme brachte und an ihre Grenzen stieß. Wichtige Gründe dafür waren:

- **Einseitiger Einsatz und Staatsverschuldung**
  Die antizyklische Haushaltspolitik lässt sich in der breiten Öffentlichkeit während der Rezessionsphase einfacher durchsetzen als in der Hochkonjunktur. Bei steigender Arbeitslosigkeit ist die Notwendigkeit von Konjunkturprogrammen mit einer Verbesserung z. B. der Infrastruktur, aber auch von Steuersenkungen zur Ankurbelung des Konsums leicht zu vermitteln.
  In Zeiten voller Kassen können die Politiker jedoch Sparprogramme nur schwer durchsetzen. Die antizyklische Finanzpolitik wurde demnach nur zur Ankurbelung eingesetzt und die Rücklagenbildung in der Hochkonjunktur vernachlässigt. Die Folge war eine zunehmende Staatsverschuldung, die nicht nur den Schuldendienst erhöhte, sondern den Spielraum für staatliche Investitionen und damit für Arbeitsplätze einengte.

- **Fehlende „Schubladenprojekte" und prozyklische Wirkungen**
  Um einer drohenden hohen Arbeitslosigkeit zu entgehen, muss die Regierung finanzielle Mittel für Konjunkturprogramme bereitstellen. Stehen jedoch – in der Kürze der Zeit – keine geeigneten und vorher geplanten Projekte („Schubladenprojekte") zur Verfügung, so können keine Arbeitsplätze und kein Einkommen geschaffen werden. Konjunkturprogramme sollten zu Beginn der Abschwungsphase aufgelegt werden, um möglichst bald Arbeitplätze zu erhalten bzw. zu schaffen. Die arbeitsplatz- und einkommensschaffende Wirkung eines Konjunkturprogramms erfordert Zeit. Bei ungünstiger Wirkungsverzögerung kann es zu prozyklischen Wirkungen kommen, d. h., die Hochkonjunktur wird verstärkt.

- **Kurzfristiges Instrument der Konjunktursteuerung**
  Das Ziel der antizyklischen Haushaltspolitik besteht vor allem darin, durch steuernde Eingriffe über Staatskonsum und Steuerpolitik den Konjunkturverlauf zu glätten. Sie will durch den kurzfristigen Einsatz wirtschaftspolitischer Instrumente den Arbeitsmarkt stetig weiterentwickeln. Für mittel- und langfristige Problemlösungen auf dem Arbeitsmarkt, wie sie durch strukturelle Veränderungen entstehen, ist sie ungeeignet.

- **Öffentliche Investitionen auf Kosten privater Investitionen**
  Werden über mehrere Konjunkturzyklen hinweg nur die öffentlichen Investitionen gefördert und die privaten vernachlässigt, so entwickelt sich die Wirtschaftsstruktur einseitig. Man spricht von Verdrängungseffekt oder crowding out. Im ungünstigen Fall fahren die Bürger mit alten und klapprigen Autos auf neuen und großzügig ausgebauten Straßen.

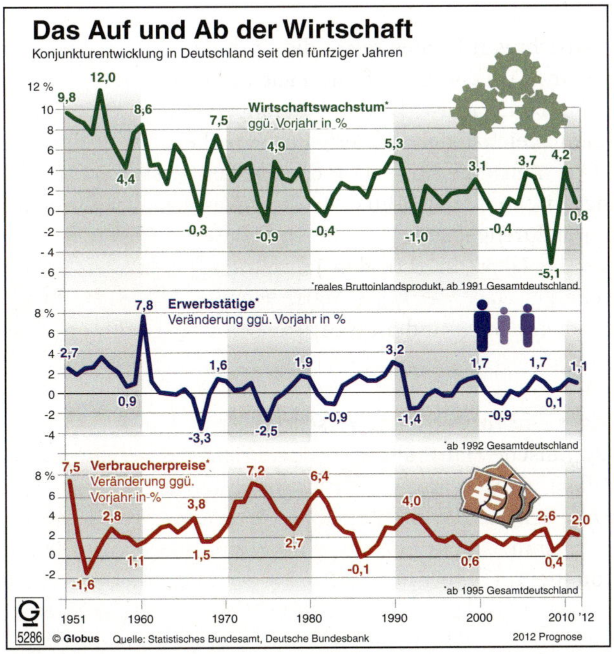

1. Erläutern Sie den Begriff „crowding out".
2. Stellen Sie in der nebenstehenden Grafik fest, in welchen Zeitabschnitten eine Stagflation aufgetreten ist.

Die in Westdeutschland praktizierte antizyklische Haushaltspolitik brachte nicht das gewünschte Ergebnis eines hohen andauernden Beschäftigungsniveaus, sondern führte Anfang der 1970er-Jahre zur Stagflation, d. h. zu einer (Wachstums-)Stagnation bei gleichzeitig hoher Inflation.

Bei der **Fishbowl-Diskussionsmethode** wird die Klasse in zwei Teile geteilt, in einen „Inneren Kreis" von vier bis fünf Teilnehmern, welche die Probleme und Fragen diskutieren, und einen „Äußeren Kreis" der aus dem Rest der Klasse besteht. Der „Äußere Kreis" soll die Diskussion und die Ergebnisse des „Inneren Kreises" bewerten.

Ablauf:

1. Formulierung der Schlüsselfragen
Versuchen Sie zunächst, zum Thema Arbeitsmarkt möglichst offene Fragen zu formulieren, die so gestellt sind, dass es weder richtige noch falsche Antworten gibt.

2. Vorbereitung
Bearbeiten Sie gründlich die Quellentexte von Seite 24 bis 27. Sie sollen Ihnen in der Diskussion als Argumentationshilfen dienen. Beziehen Sie auch die Grafiken auf den Seiten 26 und 27 mit ein.

3. Diskussionsrunde
Die Teilnehmer des ersten „Inneren Kreises" werden bestimmt und diskutieren das Problem bzw. die Fragen. Die anderen Teilnehmer beobachten die Diskussion, ohne sich einzumischen und machen sich Aufzeichnungen.

4. Auswertung
Äußern Sie sich zur Diskussion, und stellen Sie gezielte Fragen zum Ergebnis.

Arbeitsmarkt im Würgegriff der Gewerkschaften
Die unmittelbare Verantwortung dafür, dass die Lohnpolitik der letzten 30 Jahre so sehr aus dem Ruder gelaufen ist, tragen die Gewerkschaften, denn sie waren es, die in erbitterten Tarifauseinandersetzungen die Lohnerhöhungen durchsetzten, die Deutschland heute zu schaffen machen und die Wettbewerbsfähigkeit der deutschen Arbeitnehmer unterminiert haben. Die Gewerkschaftsbewegung ist seit ihren Anfängen im 19. Jahrhundert eng mit der Entwicklung des deutschen Staatswesens verbunden, ja ist ein durch das Grundgesetz abgesicherter, integraler Bestandteil der sozialen Marktwirtschaft an sich. Heute müssen sich die Gewerkschaften jedoch die Frage gefallen lassen, warum sie nicht einsehen wollen, dass sie mit ihrer Hochlohnpolitik Gefahr laufen, unser Land zugrunde zu richten.

Als Ferdinand Lassalle, Wilhelm Liebknecht und August Bebel in der zweiten Hälfte des 19. Jahrhunderts die Arbeiterschaft organisierten, ging es darum, das entrechtete Proletariat an den Segnungen der Industriegesellschaft teilhaben zu lassen. Die Industrielle Revolution hatte zwar eine gewaltige Entfesselung der Produktivkräfte bewirkt, der selbst Karl Marx Achtung zollte, doch hatten die Arbeitnehmer daran lange Zeit keinen Anteil. [...] Trotz einer raschen Industrialisierung war es nicht möglich, das wachsende Angebot an Arbeitskräften in den Städten aufzunehmen. Die Lohnsätze konnten deshalb nicht zunehmen und verharrten lange Zeit in der Nähe des Existenzminimums. [...] Das Tempo der Kapitalakkumulation war bereits seit Mitte des Jahrhunderts so hoch, dass der Zuwachs an Arbeitskräften, der durch die Bevölkerungsvermehrung und die Landflucht gespeist war, damit nicht mehr Schritt halten konnte. Verknappungstendenzen mit einem entsprechenden Anstieg der realen Lohnsätze waren die Folge. [...]

Es gelang den Arbeiterorganisationen im Laufe der Zeit, beachtliche Lohnerhöhungen zu reklamieren, die den Lebensstandard der Arbeiter erheblich verbesserten. Wenngleich die Lohnerhöhungen großenteils durch die Marktkräfte selbst induziert worden waren, trugen die vermeintlichen Erfolge zum weiteren Erstarken der Arbeiterbewegung bei.

Diese Zeiten sind lange vorbei. Die Wirtschaft der Bundesrepublik Deutschland ist seit 30 Jahren ganz anderen Kräften ausgesetzt als jenen, die die sozialdemokratische Partei und die Gewerkschaftsbewegung hervorbrachten. Die Kapitalakkumulation hat sich stark verlangsamt, und die Arbeitslosigkeit ist fortwährend gestiegen. Eine wachsende industrielle Reservearmee wartet vergebens vor den Werktoren und bittet um Einlass. Dennoch haben die Gewerkschaften die Politik der schnellen Lohnsteigerung unbeirrt fortgeführt und den weiteren Ausbau des Sozialstaates durch einen entsprechenden politischen Druck auf die Parteien forciert. Was früher segensreich war und eine Entwicklung unterstützte, die großenteils von den Marktkräften selbst hervorgebracht wurde, läuft diesen Kräften heute zuwider.
Quelle: Sinn, Hans-Werner: Ist Deutschland noch zu retten? 3. Aufl., Berlin 2005, S. 143 f.

Arbeitsgruppe Alternative Wirtschaftspolitik
Memorandum 2008 Wege zur Vollbeschäftigung
Die Arbeitsgruppe Alternative Wirtschaftspolitik hat immer wieder betont, dass die anhaltende Arbeitslosigkeit das zentrale Problem der wirtschaftlichen und sozialen Entwicklung in Deutschland ist. [...] Entsprechend ist eine wirksame Beschäftigungspolitik mit dem Ziel der Vollbeschäftigung der Ansatzpunkt für die Lösung dieses Problems. Dabei geht es nicht einfach darum, mit allen Mitteln möglichst viele Arbeitsplätze ohne Rücksicht auf deren Qualität zu schaffen. Vollbeschäftigung erfordert mehr und bessere Arbeitsplätze oder „gute Arbeit" für alle, die arbeiten wollen und können. [...] Was wäre notwendig, um in Deutschland das Vollbeschäftigungsziel wieder zu erreichen? Im Wesentlichen sind drei Ansatzpunkte zu nennen:

a) **Öffentliche Investitions- und Beschäftigungsprogramme.** Die binnenwirtschaftliche Nachfrage muss eine anhaltende Stärkung erfahren. Dazu ist neben kräftigen Steigerungen der Masseneinkommen vor allem die Ausweitung der staatlichen Zukunftsinvestitionen erforderlich. Die „Sanierung" der öffentlichen Haushalte muss den bisherigen Weg verlassen und auf Gegenkurs steuern. Die Steigerung, nicht die Absenkung der Staatsquote ist geboten. [...]
Die Arbeitsgruppe Alternative Wirtschaftspolitik fordert seit Langem ein öffentliches Investitions- und Beschäftigungsprogramm, das im Laufe von drei Jahren die Höhe von 75 Milliarden Euro erreichen soll. Trotz der hohen absoluten Beträge handelt es sich um ein Programm, mit dem die öffentlichen Investitionen lediglich wieder europäisches Maß erreichen, aber immer noch hinter skandinavischen Standards zurückbleiben würden. [...]

b) **Arbeitszeitverkürzungen.** Der nachhaltige Anstieg der Massenkaufkraft und die Ausweitung der öffentlichen Investitionen würden das Wirtschaftswachstum auf Dauer erhöhen. Dies ist eine notwendige, aber noch keine hinreichende Bedingung für die Rückkehr zur Vollbeschäftigung. Dazu wären Wachstumsraten erforderlich, die weder machbar sind, noch sich ökologisch verantworten ließen. Die Rückkehr zur Vollbeschäftigung erfordert zusätzlich, den langfristigen Trend der Arbeitszeitverkürzung zu fördern und aktiv zu gestalten. [...]

c) **Ausweitung öffentlicher Beschäftigung.** Im Laufe der Jahrzehnte anhaltenden Massenarbeitslosigkeit sind Gruppen arbeitsmarktferner Arbeitnehmerinnen und Arbeitnehmer herausgebildet worden, die auch dann auf absehbare Zeit keine Chancen auf dem regulären Arbeitsmarkt hätten, wenn die Arbeitslosigkeit insgesamt deutlich sänke. Um diesen Gruppen zu einer gesellschaftlich anerkannten und bezahlten Beschäftigung zu verhelfen, fordert die Arbeitsgruppe Alternative Wirtschaftspolitik seit langem den Ausbau öffentlich geförderter Beschäftigung in längerfristigen Beschäftigungsverhältnissen.

Quelle:www.memo.uni-bremen.de/docs/memo08-kurz.pdf S. 13ff. (02.11.2008)

Das Kapital – Ein Plädoyer für den Menschen, Reinhard Marx
(Erzbischof von München und Freising)
Bereits Oswald von Nell-Breuning, der Nestor der katholischen Sozialwissenschaften des zwanzigsten Jahrhunderts, hat einmal festgestellt: „Dass einzelne neoliberale nationalökonomische Theoretiker dahin neigen, gleichfalls den Arbeitsmarkt rundweg anderen Märkten gleichzusetzen, die Lohnbildung einfachhin den angeblich zwingenden Marktgesetzen zu unterwerfen, ist vielleicht ein Punkt, in dem am allerschärfsten – jedenfalls für den einfachen Mann am ersichtlichsten – die Unvereinbarkeit eines solchen Neoliberalismus mit katholischer Soziallehre zum Vorschein kommt“ (Nell-Breuning 1960, 79 f.). Im Grunde genommen, so Nell-Breuning, sei schon das Wort Arbeitsmarkt ein Unbegriff, denn menschliche Arbeit ist keine Ware, und weil sie keine Ware ist, kann sie auch nicht wie eine Ware vermarktet werden.

Aber wir müssen die Gesetze des Marktes natürlich beachten, wenn wir darüber diskutieren, wie das Ziel eines Mindesteinkommens für alle erreicht werden kann. Neben Mindestlöhnen werden auch verschiedene Modelle für Kombilöhne und neue Initiativen im Hinblick auf den sogenannten „Dritten Arbeitsmarkt“ diskutiert. An dieser Stelle möchte ich aber auch noch einmal ausdrücklich die Bedeutung der Tarifpartnerschaft hervorheben: Die Tarifautonomie hat sich bewährt. Und ich appelliere an die Tarifparteien, dieses bewährte Instrument durch eine beiderseitige Bereitschaft zum Kompromiss am Leben zu erhalten. Wer versucht, eine vorübergehende Schwäche des Tarifpartners bis zum Äußersten auszunutzen, mag einem kurzfristigen Kalkül entsprechend schlau handeln, aber er schadet dem Gemeinwohl und mittel- bis langfristig auch sich selbst. [...]

Das gemeinsame Ziel aller wirtschaftlichen, politischen und gesellschaftlichen Akteure muss es sein, soziale Ausgrenzungen in allen Erscheinungsformen zu überwinden. Das ist nicht nur moralisch geboten, sondern durchaus auch im ökonomischen Interesse aller. Denn dass diejenigen, die aus dem wirtschaftlichen System und aus der Wohlstandsgesellschaft ausgeschlossen werden, irgendwann auch dem politischen System den Rücken kehren oder diesem gar offen feindselig gegenübertreten könnten, ist wohl kein allzu abwegiger Gedanke. [...]

Als Christ fordere ich diese wirtschaftliche Teilhabe aber nicht aus Klugheitserwägungen, sondern weil ich hier ein ethisches Gebot sehe, das Gebot der sozialen Gerechtigkeit. Und ich bin der festen Überzeugung, dass die gesellschaftliche Ausrichtung auf die soziale Gerechtigkeit langfristig auch ökonomisch vernünftig ist, was die deutsche Erfolgsgeschichte der sozialen Marktwirtschaft ja auch exemplarisch gezeigt hat. Es wäre ein gewaltiger Rückschritt, wenn wir uns von diesem Konzept, das uns Jahrzehnte gesellschaftlichen Wohlstand und sozialen Frieden beschert hat, verabschieden würden.
Quelle: Marx, Reinhard: Das Kapital – ein Plädoyer für den Menschen, 1. Aufl., München 2008, S. 122 ff.

Jobcenter: Viel Geld verbrannt

Die Jobcenter haben im Jahr 2007 rund 5,5 Milliarden Euro in die Förderung von ALG-II-Empfänger gesteckt. Ein Großteil floss in Arbeitsbeschaffungsmaßnahmen (ABM) und 1-Euro-Jobs. Doch der damit erzielte Effekt war äußerst bescheiden. Nur 12 beziehungsweise 11 Prozent der Teilnehmer hatten sechs Monate nach dem Ende der Maßnahmen einen regulären Arbeitsplatz.

Die Jobcenter, die von Arbeitsagenturen und Gemeinden gemeinsam betrieben werden, haben für ABM und 1-Euro-Jobs 2007 insgesamt 1,7 Milliarden Euro ausgegeben. Damit wurden rund 750.000 Arbeitslose gefördert. Darüber hinaus gibt es rein kommunale Jobcenter, die ebenfalls Stellen für Arbeitslose subventionieren. Solche öffentlich geförderten Beschäftigungsverhältnisse sind eigentlich nur in eng abgegrenzten Fällen sinnvoll – etwa wenn die Teilnehmer wieder lernen müssen, regelmäßig zur Arbeit zu gehen, oder wenn man ihre Arbeitsbereitschaft testen möchte.

Die Jobcenter aber setzen 1-Euro-Jobs offenkundig in großem Maßstab ein. Die Resultate sind ernüchternd. Nur ein gutes Zehntel der so oder durch ABM Geförderten findet eine sozialversicherungspflichtige Beschäftigung im ersten Arbeitsmarkt – allerdings nicht wegen, sondern trotz der Maßnahme. Denn Untersuchungen haben ergeben, dass Ersatzjobs die Eingliederungschancen sogar noch verschlechtern, weil währenddessen kaum die Zeit für die Suche nach einer regulären Beschäftigung bleibt.

Quelle: © 2009 IW Medien – iwd 6

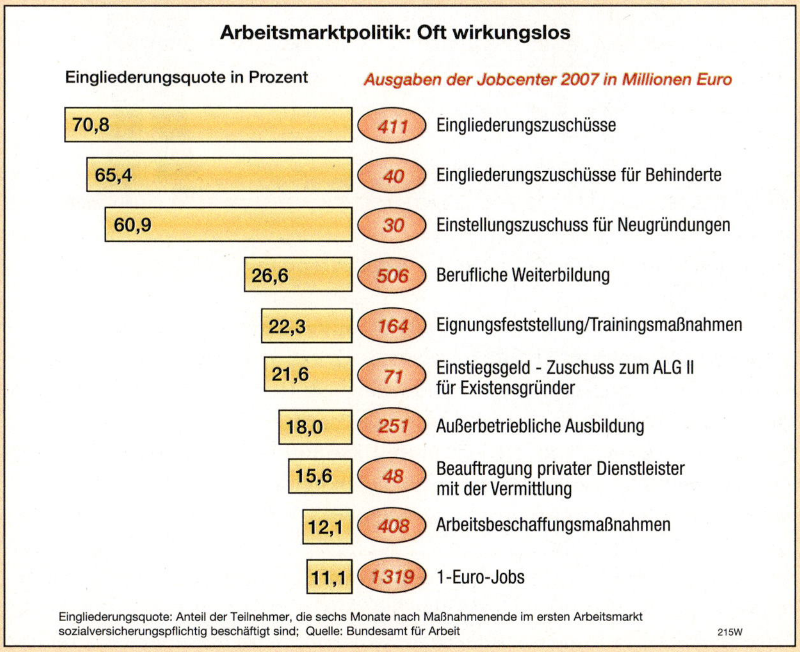

Artikel 115 GG
(Kredite des Bundes)
(1) [...] Die Einnahmen aus Krediten dürfen die Summe der im Haushaltsplan veranschlagten Ausgaben für Investitionen nicht überschreiten; Ausnahmen sind nur zulässig zu Abwehr einer Störung des gesamtwirtschaftlichen Gleichgewichts. [...]

1. Werten Sie die nebenstehende Grafik aus.

1.5 Probleme der Staatsverschuldung und Besteuerung

Unter **Staatsverschuldung** versteht man die Aufnahme von Krediten durch die Gebietskörperschaften zur Deckung der öffentlichen Ausgaben. Die Verschuldung eines Landes muss hierbei aus zwei unterschiedlichen Perspektiven betrachtet werden:

Die **Netto(neu)verschuldung** ist der Betrag, den ein Staat in einem Haushaltsjahr neu aufnehmen muss, um sein Budget (Haushaltsdefizit) auszugleichen. Nach den Maastricht-Kriterien sollte die jährliche Neuverschuldung nicht höher als 3 % des Bruttoinlandsprodukts betragen. Entsprechend dem deutschen Haushaltsrecht sind Neuverschuldungen so lange hinnehmbar, wie mit ihnen Investitionen finanziert werden, die Erträge abwerfen und späteren Generationen zugute kommen.

Die **Gesamtverschuldung** ist der Schuldenstand, den die Gebietskörperschaften in Deutschland seit ihrem Bestehen angehäuft haben. Laut Maastricht-Kriterien sollte die Gesamtverschuldung der einzelnen Länder den Wert von höchstens 60 % des Bruttoinlandsprodukts nicht überschreiten.

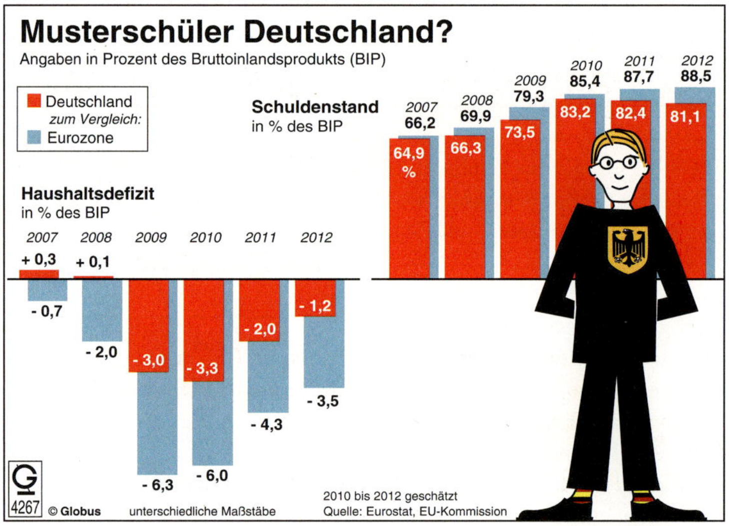

Die hohe Staatsverschuldung in der Bundesrepublik Deutschland hat mehrere Ursachen:
Die erste Schuldenwelle wurde durch die **antizyklische Fiskalpolitik**, wie sie nach Inkrafttreten des Stabilitätsgesetztes von 1967 in Westdeutschland verfolgt wurde, ausgelöst. Diese konjunkturell bedingte Verschuldung hatte ihre Gründe in einer falschen Handhabung des nachfrageorientierten Konzepts.
Ein weiterer Grund war die strukturell bedingte **Verschuldung durch die Wiedervereinigung** Deutschlands, die in den neuen Bundesländern umfangreiche Investitionen erforderte.
Darüber hinaus hat sich die Bundesrepublik zu einem Sozialstaat entwickelt, wobei eine Vielzahl von **Sozialleistungen** und Teile des Gesundheitssystems teilweise über **Kredite** finanziert wurden. Ausgelöst durch eine Immobilienkrise in den Vereinigten Staaten kam es 2008/2009 zu einer **Finanz- und Wirtschaftskrise**, die zu einer außergewöhnlich hohen Staatsverschuldung in den meisten europäischen Ländern und auch in Deutschland führte.

Die Wirkungen einer zunehmenden Staatsverschuldung auf die Beschäftigung werden unterschiedlich bewertet und kontrovers diskutiert:

- Negative Folgen einer hohen Verschuldung können sich ergeben, wenn die Kreditnachfrage des Staates den inländischen Kapitalmarkt so stark beansprucht, dass es zu steigenden Zinsen kommt. Hohe Zinsen verringern die private Investitionstätigkeit und vernichten Arbeitsplätze.
- Da sich durch die Aufnahme von Schulden die staatlichen Investitionen auf Kosten der privaten Investitionen entwickeln, kommt es zu einem crowding out und damit zu einer langfristigen Verschlechterung der Wachstumsaussichten.

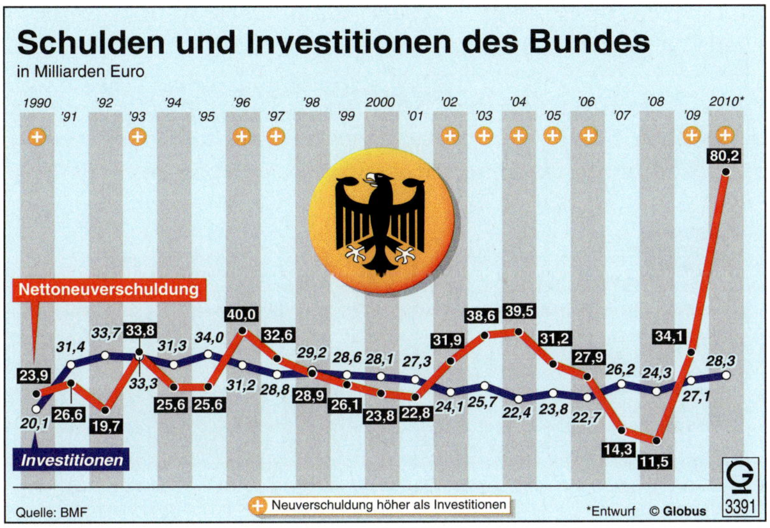

- Hohe Schuldenstände können außerdem die Preisniveaustabilität gefährden, da die Geldmenge stärker wächst als die Gütermenge. Dies tritt vor allem ein, wenn die Politiker die Durchführung einer stabilitätsorientierten Geldpolitik der Zentralbank erschweren.
- Eine zunehmende Staatsverschuldung bedeutet auch, dass ein ständig wachsender Anteil der Staatseinnahmen für den Schuldendienst, also für die Begleichung von Zinsen und Tilgung, reserviert werden muss. Dies engt den finanzpolitischen Spielraum der öffentlichen Hände ein und verringert die Möglichkeit, Arbeitsplätze zu schaffen.
- Vor allem führt eine hohe und lang anhaltende Staatsverschuldung zu einer Belastung kommender Generationen, die diese Schuldenlast abbauen müssen. Darüber hinaus besteht auch noch die Gefahr, dass es zu einem Vertrauensverlust der Bürger in die Kapitalmärkte kommt, dessen Konsequenzen schwer absehbar sind.

Unter bestimmten Voraussetzungen kann eine zunehmende Staatsverschuldung sinnvoll sein und positive Wirkungen zeigen. Kommt es in einer Volkswirtschaft bei nicht zu hohen Reallöhnen bzw. Realzinsen zu unausgelasteten Kapazitäten und steigender Arbeitslosigkeit, deren Ursache ein allgemeiner Nachfragemangel ist, so kann eine kreditfinanzierte Erhöhung der Staatsausgaben zu einer Steigerung von Produktion und Beschäftigung führen.

1. Überprüfen Sie anhand der nebenstehenden Grafik, ob die Vorschriften des Artikels 115 GG immer eingehalten wurden.
2. Definieren Sie folgende Fachbegriffe: „Schuldenfalle", „Haushaltsnotstand", „Schuldenquote".
3. Interpretieren Sie die folgende Karikatur in Bezug auf die Finanzkrise 2008/2009.

Die jährlichen Ausgaben des Staates werden nur zum Teil durch eine zusätzliche Kreditaufnahme finanziert; der größte Teil resultiert aus Steuern. Der Anteil der erhobenen Steuern im Verhältnis zum Bruttoinlandsprodukt wird als **Steuerquote** bezeichnet. Sie wird von der Höhe der Steuersätze, der vorhandenen Steuerbefreiungen, aber auch von Steuerschlupflöchern und der Schwarzarbeit beeinflusst. Da die arbeitende Bevölkerung neben den Steuern noch Sozialabgaben für Kranken-, Pflege-, Renten- und Arbeitslosenversicherung zu leisten hat, drückt die Abgabenquote die tatsächliche Belastung der Wirtschaftssubjekte in Deutschland besser aus.

Die **Abgabenquote** ist der Anteil von Steuern und Sozialabgaben an der Wirtschaftsleistung eines Landes in Prozent.

1. Recherchieren Sie im Internet, und informieren Sie sich über Wesen und Entwicklung der Staatsquote.
2. Grenzen Sie die Begriffe Staatsquote, Steuerquote und Abgabenquote gegeneinander ab.
3. Analysieren Sie nebenstehende Grafik, und nennen Sie Gründe für die unterschiedlichen Werte in den genannten Ländern.

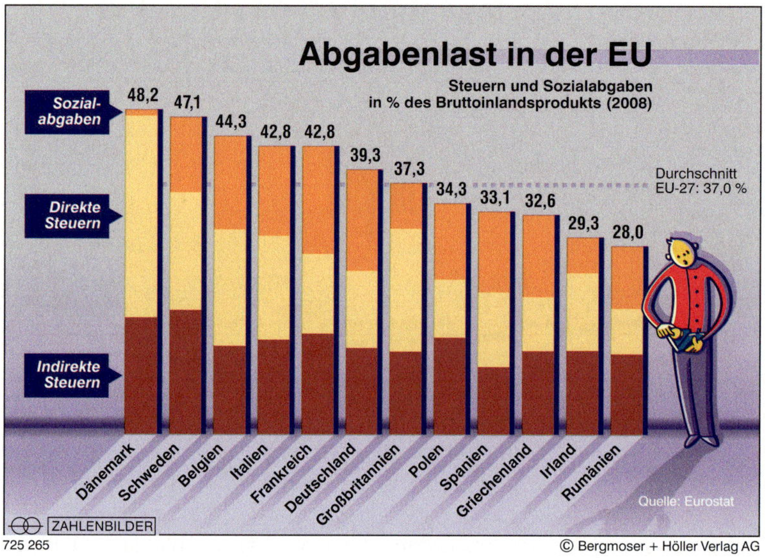

Die Abgabenquote in einer Volkswirtschaft sollte sich normalerweise nicht hemmend auf die Wirtschaftstätigkeit eines Landes auswirken. Ist die Abgabenquote jedoch zu hoch, so hat sie entscheidenden Einfluss auf die Leistungsfähigkeit und -bereitschaft des Produktionsfaktors Arbeit. Hierbei kann man zwischen den Auswirkungen auf die privaten Haushalte und die Unternehmen bzw. Unternehmer unterscheiden.

Der **Sektor Haushalt** wird vor allem durch die direkten Steuern der Lohn- und Einkommensteuer, aber auch durch indirekte Steuern und Sozialabgaben belastet. Bei hohen Abgaben bleibt den Familien relativ wenig für ihren privaten Konsum übrig. Dieser bildet aber die tragende Säule der gesamtwirtschaftlichen Nachfrage in einer Volkswirtschaft, und die wiederum bildet die Grundlage für die Umsätze der Unternehmen, wodurch Arbeitsplätze gesichert werden.

Steigende Steuersätze können dazu führen, dass die Steuerpflichtigen möglicherweise nicht mehr bereit sind, für mehr Geld auch mehr zu arbeiten. Wenn ein Mehrverdienst durch zu hohe Abgaben gemindert wird, so verliert der Arbeitnehmer das Interesse an einer zusätzlichen Arbeitsleistung. Zu hohe Steuern schmäleren demzufolge die Leistungsbereitschaft in einem Land.

Beim **Sektor Unternehmen** erhebt der Staat neben den Kostensteuern vor allem die Körperschaftsteuer bei den Kapitalgesellschaften und die Einkommensteuer bei den Einzel- und Personenunternehmen. Hohe Steuern bedeuten unter sonst gleich bleibenden Bedingungen, dass der Gewinn als Restgröße geringer wird. Da der Gewinn die Grundlage für zukünftige Investitionen ist, können hohe Steuern die Investitionsneigung schmälern und Arbeitsplätze vernichten.

Der Unternehmer kann eine hohe Steuer- und Abgabenlast umgehen, wenn er in die Schattenwirtschaft abtaucht und der Schwarzarbeit nachgeht. Bei der Schwarzarbeit wird vom Arbeitnehmer eine Arbeitsleistung erbracht, ohne die erforderlichen staatlichen Abgaben abzuführen oder die notwendigen gewerbe- und handwerksrechtlichen Voraussetzungen zu erfüllen.

Schwarzarbeit
Nach dem Schwarzarbeiterbekämpfungsgesetz liegt „Schwarzarbeit" u. a. vor, wenn
- ein Arbeitgeber Arbeitnehmer unter Missachtung steuerlich und/oder sozialversicherungsrechtlicher Pflichten beschäftigt,
- ein Bezieher von Sozialleistungen eine Beschäftigung aufnimmt, ohne dies dem zuständigen Leistungsträger mitzuteilen,
- ein Gewerbe ohne Gewerbeanmeldung ausgeübt wird,
- ein Handwerk ohne Eintrag in die Handwerksrolle ausgeübt wird.

Neben einem starken Lohngefälle zum Ausland können auch hohe Gewinnsteuern und Abgaben im Inland die Unternehmer veranlassen, den Standort ihres Unternehmens oder Teile der Produktion ins Ausland zu verlagern. Dies bedeutet für das Unternehmen nicht nur Kostenvorteile und damit höhere Gewinne, sondern auch den Abbau von Arbeitsplätzen im Inland. Hohe Abgaben fördern nicht nur die Abwanderung von Industriebetrieben, sondern halten auch ausländische Investoren davon ab, im Inland ihre Produktionsstätten aufzubauen. Hierbei werden mögliche Arbeitsplätze im Inland nicht geschaffen. Hohe Abgaben verschlechtern demnach die internationale Wettbewerbsfähigkeit eines Landes.

1. Interpretieren Sie die Karikatur.

1.6 Maßnahmen zur Verbesserung des Arbeitsmarktes

Neben der konjunkturell bedingten Unterbeschäftigung entwickelte sich in Deutschland vor allem eine strukturell bedingte Arbeitslosigkeit, die eine Deregulierung erfordert. Unter **Deregulierung** des Arbeitsmarktes versteht man den Abbau bzw. die Änderung einer Vielzahl von staatlichen Gesetzen und Verordnungen, um den Arbeitsmarkt flexibler zu gestalten, die internationale Wettbewerbsfähigkeit zu verbessern und den Wohlstand zu mehren. Wichtige strukturelle Maßnahmen der Arbeitsmarktpolitik sind:

- **Verringerung der Lohnnebenkosten**
  Zu den Lohnnebenkosten zählen alle gesetzlich vorgeschriebenen, tariflich vereinbarten oder freiwillig vereinbarten Leistungen der Arbeitgeber, die zusätzlich zu den Bruttolöhnen den Arbeitnehmern zugute kommen. Der Gesamtlohn zerfällt demnach in das Entgelt für geleistete Arbeit – auch „erster Lohn“ genannt – und in die Personalzusatzkosten als „zweitem Lohn“. Zu den Zusatzkosten gehören z. B. die Vergütung der arbeitsfreien Tage, die Entgeltfortzahlung im Krankheitsfall, aber auch das Weihnachts- bzw. Urlaubsgeld. Der Anteil der Lohnnebenkosten ist in Deutschland sehr hoch, sodass der Produzentenlohn und der Konsumentenlohn sehr stark auseinanderklaffen.
  Versucht der Staat über seine Gesetzgebung den Anteil der Lohnnebenkosten zu reduzieren, so bedeutet das unter ansonsten unveränderten Bedingungen für die Unternehmen sinkende Lohnkosten und damit steigenden Gewinn. Für die privaten Haushalte bleibt vom Bruttolohn netto mehr übrig, was einen zunehmenden Konsum begünstigt. Mögliche Maßnahmen des Staates sind z. B. die Senkung der Sozialversicherungsbeiträge vor allem durch die Streichung von Leistungen der Krankenversicherung, die Reduzierung der Arbeitslosenversicherung, den Abbau von Feiertagen oder die Kürzung von Sozialleistungen wie dem Arbeitslosengeld II.
  Für den Arbeitsmarkt ist es nicht nur wichtig, den „Keil“ zwischen Produzentenlohn und Konsumentenlohn zu verringern, sondern auch Steuern und die Abgabenquote zu reduzieren. Durch eine geringere Abgabelast ist es möglich, dass Schwarzarbeit abgebaut wird und damit Arbeitsplätze von der Illegalität in die legale Wirtschaft übergeführt werden können.

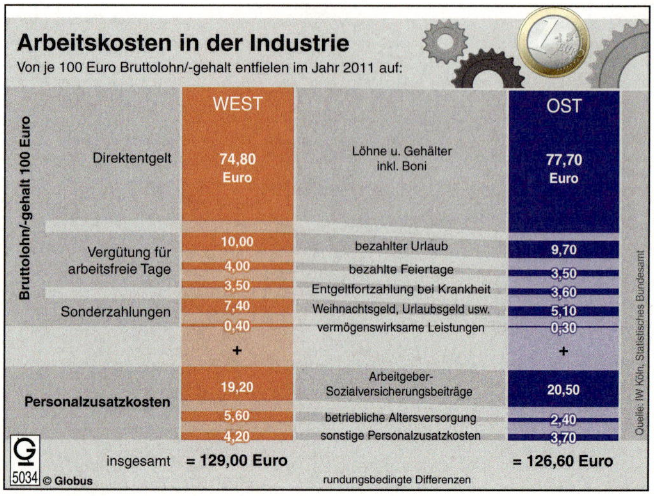

1. Begründen Sie nachfolgenden Satz: „Führt eine Senkung der Lohnnebenkosten zu einer Senkung der Sozialleistungen, so sinkt die gesamtwirtschaftliche Nachfrage.“

– **Änderung des gesetzlichen Kündigungsschutzes**
Durch die Arbeitsschutzgesetze, insbesondere durch das Kündigungsschutzgesetz, wird der Arbeitnehmer vor einem unbegründeten oder willkürlichen Verlust des Arbeitsplatzes geschützt. In der öffentlichen Diskussion wird das Kündigungsschutzgesetz in seiner Auswirkung auf den Arbeitsmarkt jedoch kontrovers diskutiert.

Kündigungsschutzgesetz

pro	**kontra**
– schützt vor schneller Kündigung („hire and fire")	– erschwert die Einstellung neuer Arbeitskräfte
– ermöglicht die längerfristige Planbarkeit des Arbeitsverhältnisses	– reduziert die Kostenflexibilität bei Absatzschwankungen
– verlängert die Lohneinkommen	– erhöht die Arbeitskosten
– bietet Zusatzeinkommen aus Überstunden	– statt Neueinstellungen werden Überstunden gemacht
– begünstigt Arbeitnehmer mit Arbeitsplatz	– benachteiligt arbeitswillige Arbeitlose
↓ schützt vor Arbeitslosigkeit	↓ verursacht Arbeitslosigkeit

– **Erhöhung der Lohnflexibilität**
Gewerkschaften und Arbeitgeberverbänden wird in Deutschland die Tarifautonomie gewährt, die es ihnen ermöglicht, Flächentarifverträge auszuhandeln, die für die Mitglieder in der jeweiligen Region verbindlich sind. Innerhalb eines Tarifbezirks gibt es jedoch Unternehmen mit unterschiedlich hoher Produktivität. Hochproduktive Unternehmen verkraften Tariflohnerhöhungen relativ leicht, während wenig produktive Betriebe in finanzielle Schwierigkeiten kommen und gezwungen sind, Arbeitsplätze zu reduzieren oder die Produktion stillzulegen.

– **Höherqualifizierung der Arbeitnehmer**
Deutschland hat sich im Laufe der Zeit zu einem Hochlohnland entwickelt, in dem die Qualifikation der Arbeitnehmer eine bedeutende Rolle spielt. Vor allem gering qualifizierte Arbeitskräfte sind von der Arbeitslosigkeit besonders stark betroffen. Unternehmen, die gering qualifizierte Arbeitskräfte benötigen, verlagern aufgrund des Lohngefälles ihre Produktion ins Ausland.

Eine wichtige strukturelle Maßnahme der Arbeitsmarktpolitik ist darum nicht nur die Förderung der Aus- und Weiterbildung vor allem von Langzeitarbeitslosen oder Arbeitsuchenden ohne Ausbildung, sondern auch die Höherqualifizierung der Gesamtbevölkerung.

„Als was möchten Sie denn später arbeitslos sein?"

!

1. a) Beschreiben Sie zunächst die Karikatur (Personen, Situation).
   b) Diskutieren Sie die Kernaussage der Karikatur.

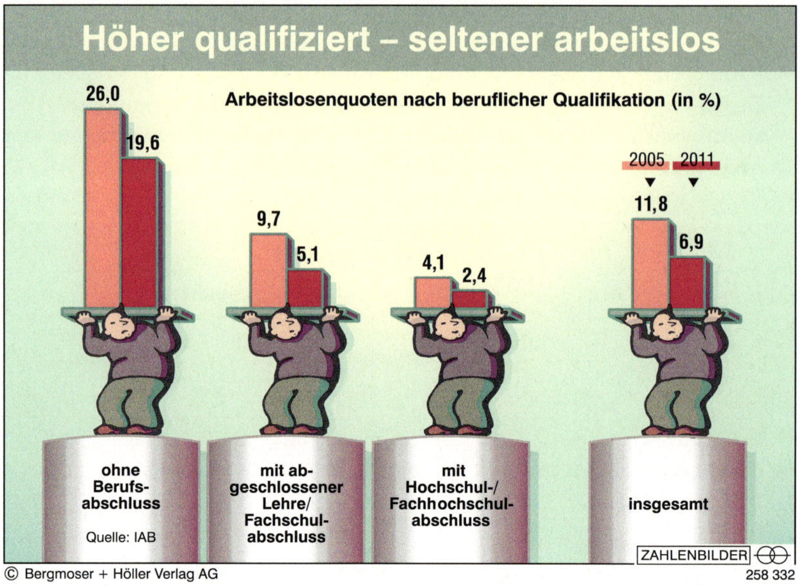

- **Abbau der Bürokratie**
  Umfangreiche bürokratische Vorschriften behindern den Arbeitsmarkt. Komplizierte Genehmigungsverfahren, detaillierte Meldepflichten, eine schwerfällige Vermittlung von Arbeitlosen behindern Neueinstellungen. Änderungen der Organisationsstrukturen z. B. bei der Bundesagentur für Arbeit können dazu führen, dass die Arbeitsvermittlung effizienter und schneller erfolgt. 2003 ging die Online-Job-Plattform ans Netz, die es den Nutzern erlaubt, sich über Stellenangebote zu informieren sowie eigenständig Stellengesuche zu veröffentlichen.
  Weitere mögliche Maßnahmen zur Entbürokratisierung des Arbeitsmarktes sind z. B. vor allem die Reduzierung und Vereinfachung von Gesetzen und Verordnungen, aber auch die Verkürzung der Bearbeitungsfristen und Genehmigungsdauer von Anträgen ebenso wie die Minderung des Umfangs der statistischen Angaben zum Arbeitsmarkt.

- **Erhöhung des Anreizes zur Beschäftigungsaufnahme**
  Bei der Zahlung von Arbeitslosengeld wird darauf geachtet, dass der Arbeitslose noch mehr Mühe darauf verwendet, einen Arbeitsplatz zu finden. Hierzu werden Zumutbarkeitsregeln angewendet, die den Arbeitslosen zwingen, auch eine Beschäftigung anzunehmen, die nicht seiner Qualifikation entspricht oder mit einem Ortswechsel verbunden ist. Empfänger von Arbeitslosengeld II müssen jedes zumutbare Job-Angebot annehmen. Eine Bezahlung unter Tarif oder dem ortsüblichen Niveau gilt nicht mehr als Grund, eine Arbeit abzulehnen. Allerdings dürfen die Arbeitsbedingungen und das Lohnangebot nicht sittenwidrig sein.

Zu den strukturellen Maßnahmen zur Verbesserung des Absatzmarktes gehört auch die angebotsorientierte Wirtschaftspolitik (siehe S. 19). Sie versucht, vor allem die Investitionshemmnisse zu beseitigen und damit langfristig Arbeitsplätze zu schaffen. Mögliche Maßnahmen sind steuerliche Entlastungen, um die Investitionen zu fördern, aber auch der Verzicht auf staatliche Interventionen, der Abbau von Subventionen sowie leistungshemmender Steuern.

1. Entnehmen Sie der Website der Bundesagentur für Arbeit die aktuellen Zahlen für den Arbeitsmarkt, und diskutieren Sie diese.

Aktive und passive Arbeitsmarktpolitik
Ein hoher Beschäftigungsstand, wenn möglich Vollbeschäftigung, gehört zu den Zielen des magischen Sechsecks. Dieses Ziel versucht man mit Instrumenten der **Arbeitsmarktpolitik** zu erreichen, um vor allem die zahlreichen negativen Auswirkungen der Arbeitslosigkeit, wie Einkommensverluste, nachlassendes Selbstwertgefühl und die hohen Aufwendungen der öffentlichen Hand, zu mindern. Träger der Arbeitsmarktpolitik sind neben der Bundesagentur für Arbeit auch der Bund und die Länder mit ihrer Gesetzgebung, die Tarifpartner und in zunehmendem Maße auch die Europäische Union.
Die Arbeitsmarktpolitik setzt die Rahmenbedingungen für alle Maßnahmen der öffentlichen Hand, die auf das Zusammenspiel von Arbeitsangebot und Arbeitsnachfrage einwirken. Sie kann in die aktive und in die passive Arbeitsmarktpolitik unterteilt werden.

Die **aktive Arbeitsmarktpolitik** will vor allem die Arbeitslosigkeit vermindern und Arbeitslose in den Arbeitsprozess wieder eingliedern. Im Laufe der Zeit hat sich eine Vielzahl von Instrumenten herausgebildet.

Aktive Arbeitsmarktpolitik

- Arbeitsvermittlung und Arbeitsbeschaffungsmaßnahmen (ABM)
- Fördermaßnahmen bezüglich der Qualifikation und der Mobilität
- Förderung von Existenzgründungen
- Maßnahmen der beruflichen Aus- und Fortbildung
- regionale und sektorale Strukturpolitik
- berufliche Rehabilitationsmaßnahmen
- Gewährung von Kurzarbeitergeld, Winterausfallgeld

Die **passive Arbeitsmarktpolitik** regelt den finanziellen Ausgleich bei Einkommensausfällen infolge der Arbeitslosigkeit.

Passive Arbeitsmarktpolitik

- Lohnersatzleistungen bei kurz- und mittelfristiger Arbeitslosigkeit (Arbeitslosengeld)
- Hilfe zum Lebensunterhalt bei Langzeitarbeitslosigkeit (Sozialhilfe)
- Insolvenzgeld als Lohnersatzleistung bei Insolvenz des Arbeitgebers
- Zahlung von Vorruhestandsgeld und Altersentgelt

Seit Beginn der sozialen Marktwirtschaft wurde der deutsche Arbeitsmarkt durch immer mehr Gesetze reguliert. Unter Regulierung versteht man die Beeinflussung der Wirtschaftssubjekte durch staatliche Vorschriften, deren Zielsetzung ursprünglich die Verbesserung der Lebensqualität der Arbeitnehmer war. Als Folge dieser Überregulierung kam es zu steigenden Verfestigungstendenzen, und die Wiedereingliederung von Arbeitslosen wurde zur zentralen Herausforderung der Arbeitsmarktpolitik.

!

1. Informieren Sie sich ausführlich über jeweils eine Maßnahme der aktiven bzw. passiven Arbeitsmarktpolitik, und halten Sie ein Kurzreferat.

1.7 Wirtschaftspolitische Maßnahmen und Prinzipien der sozialen Marktwirtschaft

Der deutsche Arbeitsmarkt war am Ende des vorigen Jahrhunderts verglichen mit anderen Ländern vor allem durch drei Merkmale gekennzeichnet:

- durch einen hohen Grad an Beschäftigungssicherheit z. B. durch Kündigungsschutz oder Beschäftigungssicherungsabkommen,
- durch ein hohes Maß an kollektivvertraglichen Regelungen, vor allem durch Gewerkschaften und Arbeitgeber ausgehandelt, und
- durch umfangreiche wohlfahrtstaatliche Regelungen wie z. B. Leistungen bei Krankheit oder Arbeitslosigkeit.

Die Folge dieser Entwicklung war nicht nur eine Wohlstandsgesellschaft mit hohem Lebensstandard, sondern brachte auch eine steigende Arbeitslosigkeit. Um das Ziel eines hohen Beschäftigungsstandes zu erreichen, wurden in Deutschland ab 2002 umfangreiche Arbeitsmarktreformen eingeleitet. Dazu gehören die vier „Gesetze für moderne Dienstleistungen am Arbeitsmarkt" (Hartz-Reform) verbunden mit den Regelungen der „Gesetze für Reformen am Arbeitsmarkt" (Agenda 2010).

Wichtige arbeitsmarktpolitische Maßnahmen der Hartz-Reformen sind:
- Neuregelung der Leiharbeit,
- Verschärfung der Zumutbarkeitsregelungen,
- Neuregelung der Mini-Jobs,
- Einführung von „Ich-AGs",
- Umbau der Bundesanstalt für Arbeit in die Bundesagentur für Arbeit,
- Zusammenlegung von Arbeitslosenhilfe und Sozialhilfe.

Hauptziel dieser Maßnahmen war es, die Effizienz und Flexibilität des Arbeitsmarktes zu erhöhen, da leistungsfähige Volkswirtschaften ein hohes Maß an Produktivität und Anpassungsfähigkeit an die gegebene Marktsituation erfordern.

Jede Maßnahme, die in den Arbeitsmarkt eingreift, hat jedoch erwünschte und weniger erwünschte Auswirkungen. Die Lockerung des Kündigungsschutzes erhöht einerseits die Neigung der Arbeitgeber, mehr Arbeitskräfte einzustellen, andererseits reduziert es die Arbeitsplatzsicherheit der Arbeitnehmer.

Die Einführung von Zumutbarkeitsregelungen beschleunigt einerseits die rasche Wiedereingliederung arbeitsloser Menschen, andererseits führt sie zu Arbeitsplatzunsicherheit und Ausbeutung.
Eine produktivitätsorientierte Lohnpolitik schafft zwar Arbeitsplätze, sie bedeutet aber auch einen geringeren Lohn und eine Benachteiligung von Arbeitnehmern in Betrieben mit geringer Produktivität.
Allgemein gilt demnach der Zusammenhang: Je effizienter und flexibler arbeitsmarktpolitische Maßnahmen sind, desto mehr verliert der Arbeitnehmer seinen Schutz und desto weniger soziale Gerechtigkeit entsteht.

Am Beispiel der Leiharbeit, auch als Zeitarbeit bezeichnet, wird die Widersprüchlichkeit einer arbeitsmarktpolitischen Maßnahme genauer belegt.

!

1. Informieren Sie sich ausführlich über die gesetzlichen Regelungen zur Zumutbarkeit und zu den Mini-Jobs.

2. a) Erklären Sie den Begriff „Prekarität".
   b) Stellen Sie eine Beziehung zwischen der Prekarität und Effizienz bzw. Gerechtigkeit her.

Die **Pro-Kontra-Diskussion** ist Ihnen bereits seit der 10. Jahrgangsstufe bekannt. Im Rahmen dieser Methode sollen Sie sich mit dem Thema „Leiharbeit im Zielkonflikt zwischen Flexibilität und den Schutz des Individuums" auseinandersetzen. Die beiden nachfolgenden Quellentext sollen Ihnen als Einstieg in das Thema dienen.

Bilden Sie zwei Gruppen, informieren Sie sich zur weiteren Vorbereitung im Internet, in der Tagespresse etc., und sammeln Sie Argumente für Ihre jeweilige Position.

Die nun folgende Diskussion wird von einem Moderator geleitet, der in das Thema einführt und auf Einhaltung der Regeln (Zeitvorgaben, Worterteilung) achtet.

Im Anschluss hält je ein gewählter Gruppensprecher das Plädoyer, in dem die vertretene Position deutlich dargelegt wird.

Ein abschließendes Auswertungsgespräch und eine kurze schriftliche Zusammenfassung der Ergebnisse sollen zeigen, ob sich Ihre Meinung verändert hat.

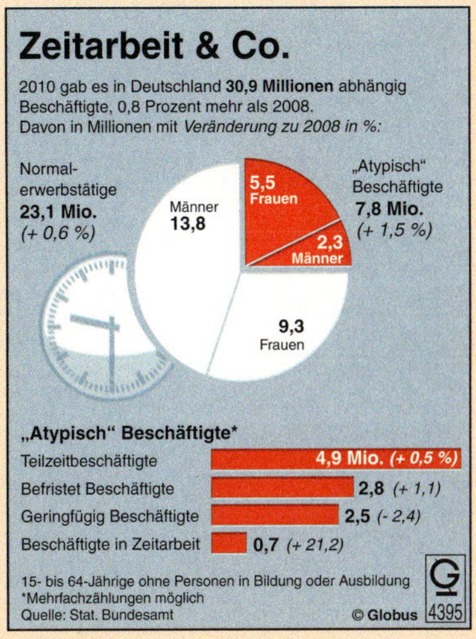

Q

Was ist Zeitarbeit???

Zeitarbeit bedeutet, dass ein fest angestellter Mitarbeiter eines Zeitarbeitsunternehmens gegen Entgelt und in der Regel befristet an andere Unternehmen „verliehen" wird. Deshalb spricht man bei der Branche Zeitarbeit auch von Leiharbeit und bei den darin Beschäftigten von Leiharbeitnehmern. Zeitarbeitnehmer schließen hierzu mit einem Zeitarbeitsunternehmen einen regulären Arbeitsvertrag, meist wird hier ein unbefristetes Vollzeitarbeitsverhältnis vereinbart. [...]

Arbeitgeber ist die Zeitarbeitsfirma

Arbeitgeber ist stets das Zeitarbeitsunternehmen; dieses hat somit alle üblichen Arbeitgeberpflichten zu erfüllen: Lohnzahlung, Abführung von Lohnsteuern, Entrichtung von Sozialabgaben, also Beiträge zur Kranken-, Pflege-, Arbeitslosen- und Rentenversicherung; es sorgt für den gesetzlichen Unfallschutz, es gewährt dem Arbeitnehmer bezahlten Urlaub, leistet Entgeltfortzahlungen im Krankheitsfalle oder bei Feiertagen, ist verantwortlich für die Einhaltung von Unfallverhütungsvorschriften und sonstigen Schutzgesetzen zugunsten des Arbeitnehmers.

Viele Vorteile für Arbeitgeber

Für Unternehmen bietet der Einsatz von Zeitarbeitskräften viele Vorteile; diese können so flexibel und schnell auf Personalengpässe reagieren und Auftragsspitzen „just in time" abfedern. Unsicherheitsfaktoren, wie Urlaub, Krankheit und Schwangerschaft, machen es Firmen häufig schwer, ihren Personalbedarf genau zu kalkulieren – solche Engpässe können durch „Leiharbeitnehmer" überbrückt werden, ohne dass eigene Personalreserven gebildet werden müssen. Die entleihenden Firmen können auch die Kosten

genau abschätzen, sie müssen nur das (meist nach Stunden oder Tagen) vereinbarte Entgelt an die Zeitarbeitsfirma bezahlen und gehen ansonsten keine weiteren (Arbeitgeber-)Verpflichtungen ein.
Das ausleihende Unternehmen zahlt auch nur die tatsächlich von dem Mitarbeiter erbrachte Leistung. Die Lohnnebenkosten wie Urlaubsgeld, Lohnfortzahlung im Krankheitsfall oder Sozialversicherungsbeiträge tragen die Zeitarbeitsunternehmen. Viele Unternehmen sehen die Arbeitnehmerüberlassung schließlich auch als Möglichkeit, einen neuen Mitarbeiter ausführlich zu testen, ohne hierbei bereits endgültig gebunden zu sein. Überzeugt dieser, so steht einer Übernahme nichts im Wege.

Vorteile für Arbeitnehmer
Gerade für Arbeitssuchende bietet Zeitarbeit eine gute Chance, Erfahrungen in vielen Unternehmen zu sammeln, sich zu bewähren und so auf einen „festen" Arbeitgeber zu stoßen. Vor allem wer den Berufseinstieg sucht, kann so unverbindlich Unternehmen kennenlernen und sich letztendlich vergewissern, ob der gewählte Beruf tatsächlich der „Traumberuf" ist bzw. ob das Unternehmen, bei dem man sich schon immer mal bewerben wollte, auch wirklich den eigenen Vorstellungen entspricht. Somit ist für viele die Zeitarbeit schon zum „Sprungbrett" in ein erfolgreiches Berufsleben geworden. Zeitarbeit bedeutet für viele Unternehmen in der heutigen Zeit ein flexibles und wirtschaftliches und somit unverzichtbares Personalsteuerungsinstrument. Für viele Arbeitnehmer bedeutet die Zeitarbeit eine ideale moderne Form der Arbeit sowie in vielen Fällen das Sprungbrett in ein erfolgreiches Berufsleben.
Quelle: www.profipersonal.de/de/downloads/Was_ist_Zeitarbeit.pdf (06.12.2008)

Q

DGB Bundesvorstand
Zehn Thesen zur Leiharbeit

- **Leiharbeit ist mitbestimmungsfreie Zone**
  Für das Entleihunternehmen ist nicht nur die niedrige Bezahlung von Leiharbeitern lukrativ. Vielmehr wird Leiharbeit auch eingesetzt, um die betriebliche Mitbestimmung auszuhebeln. Nur die wenigsten Verleihfirmen haben einen Betriebsrat. [...]
- **Leiharbeit hat in den letzten Jahren dramatisch zugenommen**
  Früher wurde Leiharbeit in erster Linie eingesetzt, um Auftragsspitzen zu bewältigen. Inzwischen dient sie immer mehr dazu, Stammbeschäftigte dauerhaft zu ersetzen. Seitdem die gesetzlichen Beschränkungen für Leiharbeit aufgehoben wurden, hat sich die Zahl der Leiharbeiter verdoppelt. [...]
- **Leiharbeit ist keine „sichere" Arbeit**
  Leiharbeitnehmer haben in mehrfacher Hinsicht einen unsicheren Arbeitsplatz. Für Leiharbeitnehmer ist das Risiko deutlich höher, vom Arbeitgeber gekündigt zu werden. Laut Institut für Arbeitsmarkt- und Berufsforschung (IAB) endet jedes dritte Arbeitsverhältnis, weil der

Arbeitgeber kündigt. In der übrigen Wirtschaft ist es nur jedes siebte. Die Fluktuation – also Jobwechsel und Jobverlust – ist extrem hoch: 60 % der Leiharbeiter sind nicht länger als drei Monate in der Branche beschäftigt, jeder zehnte Leiharbeiter nicht länger als eine Woche. [...]

– **Leiharbeit wird intensiv genutzt**
  Leiharbeit wird besonders in größeren Betrieben eingesetzt. Bedenklich ist der Anteil derjenigen Betriebe gestiegen, in denen mehr als 20 % Leiharbeiter beschäftigt sind (Intensivnutzer). [...]
– **Leiharbeit etabliert das Minimum als Maßstab**
  Leiharbeit wurde 2004 dereguliert, sodass heute Leiharbeitskräfte unbegrenzt im Entleihbetrieb eingesetzt werden dürfen. Außerdem darf Leiharbeit auf die Dauer der Arbeit in einem bestimmten Einsatzbetrieb befristet (synchronisiert) werden. Als Ausgleich wurden Leiharbeitnehmer den Beschäftigten im Entleihbetrieb zwar formell gleichgestellt. Dieser Gleichstellungsgrundsatz ist jedoch eingeschränkt: Wenn im Arbeitsvertrag auf einen Flächentarifvertrag Bezug genommen wird, gelten dessen Regelungen – auch wenn sie schlechter ausfallen. [...]
– **Leiharbeit verdrängt reguläre Jobs**
  Leiharbeit schafft keine neuen Jobs. Leiharbeiter erledigen Arbeit, die in den Unternehmen ohnehin anfällt. Das IAB hat belegt, dass in rund einem Viertel aller Entleihbetriebe Leiharbeit reguläre Beschäftigung verdrängt. [...]
– **Leiharbeit ist nicht weniger produktiv**
  Das Statistische Bundesamt hat festgestellt, dass vor allem Personen mit abgeschlossener Berufsausbildung als Leiharbeiter eingesetzt werden (64 %). In der Regel arbeiten Leiharbeitnehmer und Festangestellte miteinander verzahnt. Beispiel Automobilindustrie: Wenn der eine die rechte Autotür montiert und der andere die linke, müsste das Band ständig anhalten, sofern die Leiharbeitnehmer unproduktiver wären. [...]
– **Leiharbeit ist keine „Brücke in den Beruf“**
  Nur ein kleiner Teil der Leiharbeitnehmer wird vom Entleihbetrieb übernommen. Das IAB schätzt den sogenannten Klebeeffekt auf lediglich 15 %, ein höherer Anteil sei „utopisch“. Die Verbände der Verleihfirmen unterschlagen gern, dass Leiharbeitnehmer mitunter zwar einen neuen Job finden – aber bei einem anderen Verleiher und nicht in Stammbeschäftigung. [...]
– **Leiharbeit ist schlecht(er) bezahlt**
  Leiharbeiter verdienen deutlich weniger als die Stammbelegschaft. Einer Studie der Technischen Universität Darmstadt zufolge erhalten sie 30 bis 50 % weniger Entgelt. [...]
– **Leiharbeit ist keine Arbeit wie jede andere**
  Leiharbeiter müssen sich ständig auf neue Situationen einstellen: neue Einsatzorte, neue Aufgaben, neue Kollegen. Laut einer Studie der Technischen Universität Darmstadt leidet auch das Privatleben der Betroffenen unter Leiharbeit. Die meisten sehen ihre Situation als extrem belastend an. Ein weiteres Fazit der Studie: Leiharbeit bietet kaum eine Zukunftsperspektive. Denn wegen fehlender Qualifikationsangebote gibt es kaum berufliche Aufstiegsmöglichkeiten.

Quelle: www.dgb.de/themen/tarifpolitik/zeitarbeit/index.htm (07.12.2008)

Am Arbeitsmarkt werden Arbeitsleistungen getauscht, d. h., es treffen das Arbeitsangebot der Arbeitnehmer und die Nachfrage der Arbeitgeber aufeinander. Es handelt sich um einen unvollkommenen Markt, der durch die Tarifparteien, gesetzliche Regelungen, Schwarzarbeit, aber auch die Globalisierung und die Mismatch-Situation beeinflusst wird.

Auf dem deutschen Arbeitsmarkt herrscht Tarifautonomie, d. h., die Gewerkschaften und die Arbeitgeberverbände haben das Recht, Tarifverträge abzuschließen. Die Gewerkschaften wollen für ihre Mitglieder vor allem höhere Löhne, sichere Arbeitsplätze und eine gerechte Einkommens- und Vermögensverteilung. Dieser offensiven Lohnpolitik stellen die Arbeitgeberverbände die defensive Lohnpolitik entgegen, die sich an der Produktivitätszuwachsrate orientiert.

Bei der staatlichen Beschäftigungspolitik stehen sich zwei unterschiedliche Konzeptionen gegenüber.

	nachfrageorientiert	**angebotsorientiert**
Vertreter	John Maynard Keynes	Milton Friedman
Träger	Regierung (Fiskalismus)	Zentralbank (Montarismus)
Maßnahmen	Variation der Staatsnachfrage	Verstetigung der Geldmenge

Beschäftigungspolitik wird auch noch von der Bundesagentur für Arbeit (z. B. Arbeitsbeschaffungsmaßnahmen oder „Ein-Euro-Jobs") betrieben.

Die antizyklische Finanzpolitik will durch eine Reduzierung der Staatsausgaben in der Hochkonjunktur und eine kredit- bzw. rücklagenfinanzierte Steigerung in der Depression eine Verstetigung des Konjunkturverlaufs erreichen. Die antizyklische Haushaltspolitik stößt auf folgende Probleme: einseitiger Einsatz und zunehmende Staatsverschuldung, fehlende Schubladenprojekte und prozyklische Wirkungen sowie das crowding out.
Bei der Staatsverschuldung muss zwischen der jährlichen Neuverschuldung und der Gesamtverschuldung unterschieden werden. Ursachen für die hohe Gesamtverschuldung in Deutschland sind Fehler beim Einsatz der antizyklischen Finanzpolitik, die Wiedervereinigungsverschuldung, die Schulden durch Sozialleistungen und durch die Finanzkrise 2008/2009.

Mögliche strukturelle Maßnahmen zur Verbesserung des deutschen Arbeitsmarktes sind:
- Verringerung der Lohnnebenkosten und Änderung des gesetzlichen Kündigungsschutzes,
- höhere Lohnflexibilität und Höherqualifizierung der Arbeitnehmer,
- Bürokratieabbau und höhere Anreize zur Beschäftigungsaufnahme.

Um die in Deutschland verfestigte hohe Langzeitarbeitslosigkeit zu mindern, wurden ab 2002 umfangreiche Arbeitsmarktreformen (Hartz-Reformen) durchgeführt, die vor allem eine Neuregelung der Leiharbeit, Verschärfung der Zumutbarkeitsregelungen, Mini-Jobs und „Ich-AGs" brachten.

Wichtige Begriffe
antizyklische Haushaltspolitik
Arbeitgeberverbände
Deregulierung
Einkommenseffekt
Fiskalismus
Gewerkschaften
Kosteneffekt
Lohnnebenkosten
Lohnpolitik
Mismatch-Arbeitslosigkeit
Monetarismus
Neuverschuldung
Schwarzarbeit

1. Begründen Sie ausführlich, warum es sich beim Arbeitsmarkt um einen unvollkommenen Markt handelt.
2. a) Beschreiben Sie Organisation und Zielsetzung der Gewerkschaften.
   b) Stellen Sie die Vor- bzw. Nachteile des Industrieverbandsprinzips bzw. Berufsverbandsprinzips einander gegenüber.
   c) Nehmen Sie zur offensiven Lohnpolitik der Gewerkschaften kritisch Stellung.
3. a) Erläutern Sie Organisation und Zielsetzung der Arbeitgeberverbände.
   b) Nehmen Sie zur defensiven Lohnpolitik der Arbeitgeberverbände kritisch Stellung.
4. a) Beschreiben Sie die Ziele der Beschäftigungspolitik.
   b) Geben Sie die Maßnahmen der nachfrage- bzw. angebotsorientierten Beschäftigungspolitik wieder.
   c) Entwickeln Sie ein Schema zur Unterscheidung von Fiskalismus und Monetarismus.
5. Beschreiben Sie am Beispiel der Josef-Geschichte des Alten Testaments (siehe S. 22) das Wesen der antizyklischen Finanzpolitik.

Q

Das Wagnersche Gesetz

[...] Vergleiche zeigen, daß bei fortschreitenden Culturvölkern [...] regelmäßig eine Ausdehnung der Staatstätigkeit [...] erfolgt. Der Staat hört immer mehr auf, einseitig Rechtsstaat, im Sinne der möglichst alleinigen Verwirklichung des Rechts- und Machtzwecks, zu sein und wird immer mehr Cultur- und Wohlfahrtsstaat [...]

Quelle: Wagner, Adolph: Grundlegung der politischen Ökonomie (1876), Leipzig 1892 (3. Aufl.), S. 893

6. a) Welche zwei Tätigkeitsschwerpunkte des Staates spricht Wagner an?
   b) Begründen Sie die zunehmende Staatsverschuldung anhand des Wagnerschen Gesetzes.
   c) Nennen Sie weitere Gründe für die hohe Gesamtverschuldung in Deutschland.
7. Erläutern Sie mögliche negative Auswirkungen einer hohen Staatsverschuldung.
8. Welche der folgenden Vorschläge eignen sich zur Beschäftigungsförderung in einer Rezession? (kurze Begründung)
   - Kürzung öffentlicher Ausgaben
   - Herabsetzung der Einkommensteuer
   - Abbau von Subventionen
   - steuerliche Abschreibungssätze erhöhen
   - Abbau staatlicher Investitionen
   - Streichung von Stellen im öffentlichen Dienst
   - Förderung von energiesparenden Baumaßnahmen
   - Erhöhung der Verteidigungsausgaben
   - Sparförderung ausweiten
   - Senkung der Sozialversicherungsbeiträge
   - Erhöhung der Mehrwertsteuer

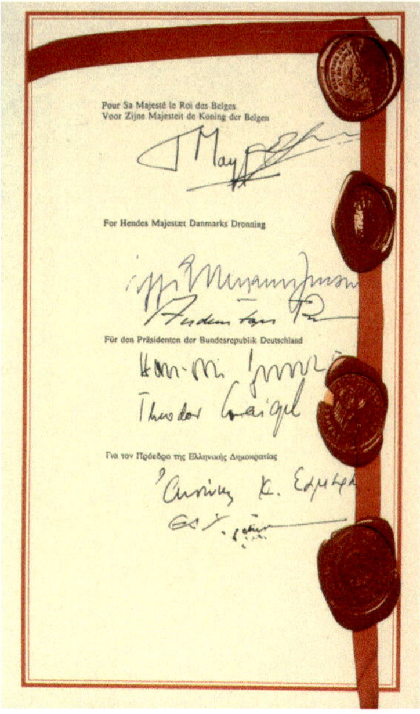

Unterschriftenseite des Vertrages von Maastricht über die Europäische Union, unterzeichnet von den Vertretern der EU-Mitgliedstaaten, Maastricht, 7. Februar 1992

1. Beschreiben Sie den Weg zur Wirtschafts- und Währungsunion in Europa.

2 Geld und Währung

2.1 Das Europäische System der Zentralbanken (ESZB) im Überblick

Der am 7. Februar 1992 vom Europäischen Rat unterzeichnete Vertrag von Maastricht stellt einen wesentlichen Meilenstein auf dem Weg zu einem einheitlichen Europa dar. Kern des Vertrages ist die Gründung einer Europäischen Gemeinschaft mit einer einheitlichen Außen- und Sicherheitspolitik sowie polizeilicher und juristischer Zusammenarbeit.

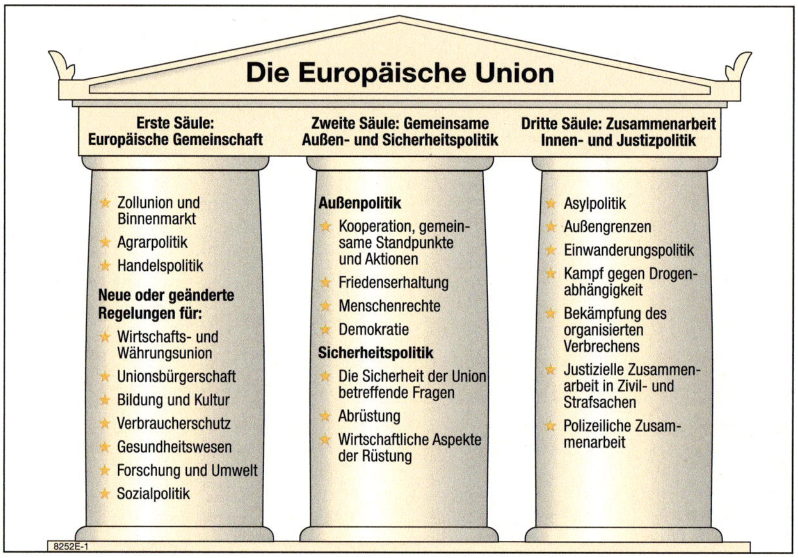

Der Vertrag begründete die zweite von drei Stufen auf dem Weg zu einer europäischen Wirtschafts- und Währungsunion, die von einer gemeinsamen Europäischen Zentralbank und einem System nationaler Zentralbanken getragen werden sollte. Nach mehrjähriger Vorbereitung wurde die Europäische Zentralbank am 1. Juni 1998 gegründet und damit das System der Europäischen Zentralbanken (ESZB) aus der Taufe gehoben.

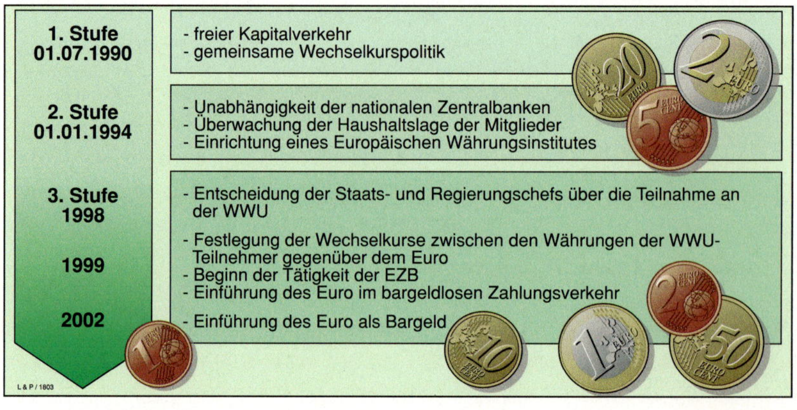

Aufbau der Europäischen Zentralbank

Den rechtlichen Rahmen für das System der Europäischen Zentralbanken schafft das Protokoll über die Satzung des **E**uropäischen **S**ystems der **Z**entral**b**anken und der Europäischen Zentralbank. Gemäß Artikel 107 I dieses Vertrages besteht das **ESZB** aus der Europäischen Zentralbank und den nationalen Zentralbanken der Mitgliedsstaaten der Europäischen Union.

Die Europäische Zentralbank verfügt über zwei Entscheidungsorgane: Direktorium und EZB-Rat. Das **Direktorium** besteht aus dem Präsidenten, dem Vizepräsidenten und vier weiteren Mitgliedern. Sie werden von den Staatsregierungen der beteiligten Länder nach Beratung im Europäischen Parlament für eine Amtszeit von acht Jahren ernannt. Eine Wiederernennung ist ausgeschlossen. Auf diese Weise wird die personelle Unabhängigkeit der Zentralbank gesichert. Um zu verhindern, dass das Direktorium acht Jahre nach Gründung vollständig erneuert hätte werden müssen, wurden die Amtszeiten innerhalb des ersten Direktoriums gestaffelt.

Eurotower in Frankfurt/Main

Mitglieder des Direktoriums – Amtszeiten

1998 1999 2000 2001 2002 2003 2004 2005 2006 2007 2008 2009 2010 2011 2012 2013 2014

Präsident	Wim Duisenberg 1. Juni 1998 – 31.Oktober 2003	Jean-Claude Trichet 1. November 2003 – 31. Oktober 2011	Mario Draghi seit 1. November 2011
Vize-präsident	Christian Noyer 1. Juni 1998 – 31. Mai 2002	Lucas Papademos 1. Juni 2002 – 31. Mai 2010	Vítor Constâncio seit 1. Juni 2010
Mitglied des Direktoriums	Sirkka Hämäläinen 1. Juni 1998 – 31. Mai 2003	Gertrude Tumpel-Gugerell 1. Juni 2003 – 31. Mai 2011	Jörg Asmussen seit 1. Januar 2012
Mitglied des Direktoriums	Eugenio Domingo Solans 1. Juni 1998 – 31. Mai 2004	José Manuel González-Páramo 1. Juni 2004 – 31. Mai 2012	Yves Mersch seit 15. Dez. 2012
Mitglied des Direktoriums	Tommaso Padoa-Schioppa 1. Juni 1998 – 31. Mai 2005	Lorenzo Bini Smaghi 1. Juni 2005 – 2011 (Rücktritt)	Benoît Cœré seit 2012
Mitglied des Direktoriums	Otmar Issing 1. Juni 1998 – 31. Mai 2006	Jürgen Stark 1. Juni 2006 – 2011 (Rücktritt)	Peter Praet seit 2012

1998 1999 2000 2001 2002 2003 2004 2005 2006 2007 2008 2009 2010 2011 2012 2013 2014

Das Direktorium leitet die Europäische Zentralbank, führt die laufenden Geschäfte und tagt üblicherweise einmal wöchentlich. Dies erfordert die ständige Präsenz der Mitglieder, die daher verpflichtet sind, ihre Tätigkeit hauptamtlich auszuüben. Das Direktorium ist dafür verantwortlich, die Geldpolitik im Eurowährungsraum gemäß der Leitlinien des ESZB und der Beschlüsse des EZB-Rates durchzuführen. Hierzu kann es den nationalen Zentralbanken der beteiligten Staaten die erforderlichen Anweisungen erteilen. Daneben obliegt es dem Direktorium, die Sitzungen des EZB-Rates vorzubereiten und die Befugnisse, die es vom EZB-Rat übertragen bekommt, auszuüben.

1. Begründen Sie, warum
   a) die Wiederwahl der Mitglieder des Direktoriums ausgeschlossen ist,
   b) für das erste Direktorium eine gestaffelte Amtszeit festgelegt wurde.

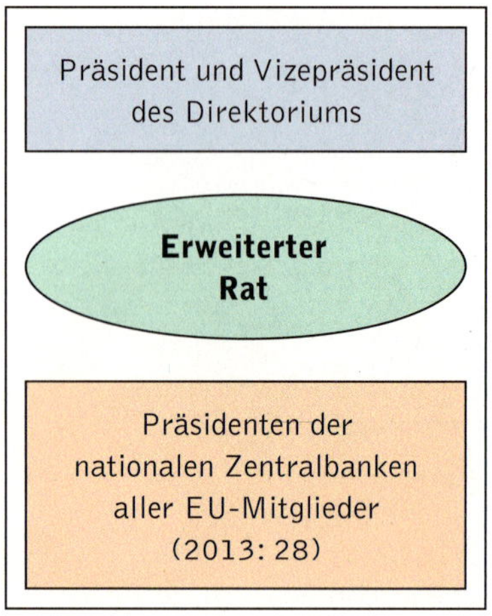

Der **EZB-Rat** setzt sich aus den Mitgliedern des Direktoriums und den Präsidenten der nationalen Zentralbanken, die den Euro als Währung eingeführt haben, zusammen.

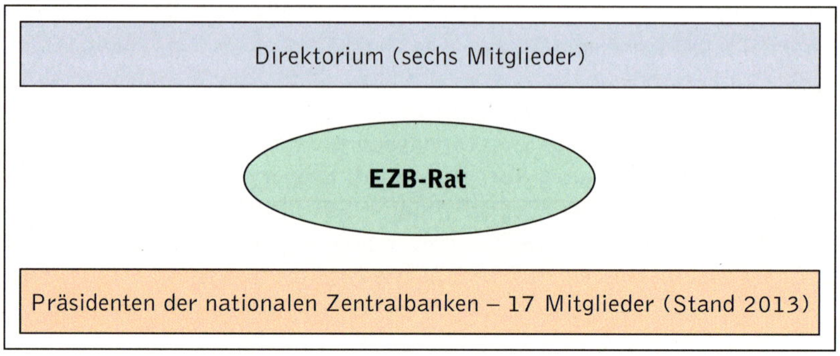

2013 umfasste die Eurozone 17 Mitgliedstaaten: Belgien, Deutschland, Estland, Finnland, Frankreich, Griechenland, Irland, Italien, Luxemburg, Malta, Niederlande, Österreich, Portugal, Slowakei, Slowenien, Spanien und Zypern.

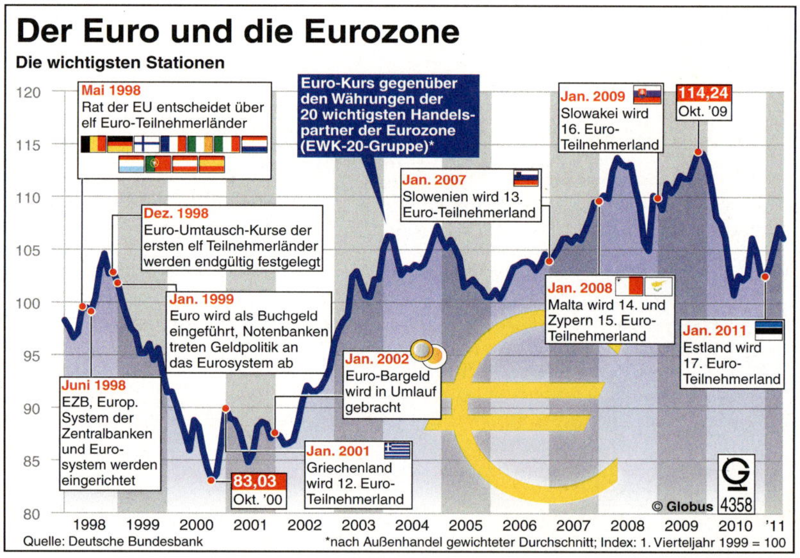

Der EZB-Rat erlässt die Leitlinien und trifft die Entscheidungen, anhand derer gewährleistet wird, dass die Aufgaben des ESZB erfüllt werden können. Ferner bestimmt der Rat über die Geldpolitik der Gemeinschaft. In diesem Zusammenhang können geldpolitische Zwischenziele formuliert, die Variation der Leitzinsen beschlossen oder Zentralbankgeld bereitgestellt werden. Ferner fällt der EZB-Rat Entscheidungen hinsichtlich internationaler Zusammenarbeit, die das ESZB betrifft.

Ein Übergangsgremium stellt der **erweiterte Rat** dar, der sich aus dem Präsidenten, dem Vizepräsidenten und allen Präsidenten der nationalen Zentralbanken der Länder der Europäischen Union zusammensetzt. Hauptsächliches Ziel dieses Gremiums ist es, die EU-Staaten, die den Euro als Währung bisher noch nicht eingeführt haben, auf die monetäre Eingliederung vorzubereiten.

1. Recherchieren Sie im Internet,
   a) welche Staaten aktuell der EU angehören,
   b) ob weitere EU-Mitglieder der Eurozone beigetreten sind.

2.2 Ziele der Geldpolitik des ESZB

Artikel 105 [EGV-Vertrag zur Gründung der Europäischen Gemeinschaft] Absatz I
Das vorrangige Ziel des ESZB ist es, die Preisstabilität zu gewährleisten. Soweit dies ohne Beeinträchtigung des Zieles der Preisstabilität möglich ist, unterstützt das ESZB die allgemeine Wirtschaftspolitik in der Gemeinschaft, um zur Verwirklichung der in Artikel 2 festgelegten Ziele der Gemeinschaft beizutragen. Das ESZB handelt im Einklang mit dem Grundsatz einer offenen Marktwirtschaft mit freiem Wettbewerb, wodurch ein effizienter Einsatz der Ressourcen gefördert wird, und hält sich dabei an die in Artikel 4 genannten Grundsätze.

Der Vertrag zur Gründung der Europäischen Gemeinschaft beinhaltet Regelungen zur Wirtschafts- und Währungspolitik. Artikel 105 legt das vorrangige Ziel der Europäischen Zentralbank fest, die **Preisstabilität** zu gewährleisten. Alle Aufgaben des ESZB sollen vor allem diesem Ziel dienen. Erst nachrangig wird mithilfe der Geldpolitik die Wirtschaftspolitik der Europäischen Union unterstützt, soweit die Preisstabilität dadurch nicht beeinträchtigt wird. Vor dem Hintergrund dieser Zielsetzung wurden die Aufgaben des ESZB formuliert.

Artikel 105 Absatz 2 EGV
(2) Die grundlegenden Aufgaben des ESZB bestehen darin,
- die Geldpolitik der Gemeinschaft festzulegen und auszuführen,
- Devisengeschäfte im Einklang mit Artikel 111 durchzuführen,
- die offiziellen Währungsreserven der Mitgliedstaaten zu halten und zu verwalten,
- das reibungslose Funktionieren der Zahlungssysteme zu fördern.

Um ihrer Zielsetzung gerecht werden zu können, wurde das ausschließliche Recht, Banknoten ausgeben zu dürfen, der Europäischen Zentralbank und den nationalen Zentralbanken der Eurozone übertragen. Das Münzrecht liegt bei den Mitgliedstaaten. Der Umfang der Ausgabe bedarf jedoch der Zustimmung der Europäischen Zentralbank.

Wesentliche Voraussetzung, dass das ESZB seine Aufgaben erfüllen kann, ist die Sicherstellung der Unabhängigkeit. Diese wird in vierfacher Weise gewährleistet. Die EZB und die nationalen Zentralbanken sind **institutionell** unabhängig. Das bedeutet, dass die Beschlussorgane keinerlei Weisungen von Regierungen der Mitgliedstaaten entgegennehmen müssen und dürfen. Darüber hinaus gilt die **finanzielle** Unabhängigkeit. Die EZB hat einen eigenen Haushalt, über den sie unabhängig entscheidet. Ferner gilt eine **personelle** Unabhängigkeit. Die Mitglieder des Direktoriums und des EZB-Rates können jeweils nur für eine Amtsperiode eingesetzt werden, eine Wiederernennung ist ausgeschlossen. Außerdem dürfen die Mitglieder neben der Tätigkeit im ESZB keine entgeltlichen Nebentätigkeiten ausüben. Schließlich gibt es noch eine **operative** Unabhängigkeit. Die EZB kann festlegen, wie sie die Ziele verfolgt, nicht jedoch das Ziel der Preisniveaustabilität verändern.

In Deutschland werden seit dem Jahr 2006 jährlich 2-Euro-Gedenkmünzen ausgegeben. Das Motiv ist jeweils einem Bundesland gewidmet. Die Ausgabereihenfolge wird danach festgelegt, welches Bundesland den Vorsitz im Bundesrat innehat. Im Jahr 2006 war dies das Land Schleswig-Holstein – das Bundesland, welches die erste Gedenkmünze auflegte. Die Rückseite der Münze zeigt das Holstentor in Lübeck.

1. a) Erarbeiten Sie aus dem Text, inwiefern die Unabhängigkeit der EZB gewährleistet ist.
   b) Begründen Sie, warum die Unabhängigkeit der EZB eine so große Bedeutung hat.

transmittere (lat.): hinüberschicken

Geldpolitische Strategie zur Erreichung der Preisstabilität

Unter Geldpolitik versteht man alle Maßnahmen, die die Träger der Geldpolitik ergreifen, um ihre Ziele zu erreichen. Vorrangiges Ziel des Europäischen Systems der Zentralbanken ist die Wahrung der Preisstabilität. Geldpolitische Entscheidungen der EZB beeinflussen Güterangebot und -nachfrage, die Einkommens- und Vermögensverteilung in der Bevölkerung u. v. m. Der Prozess, wie die geldpolitischen Entscheidungen der EZB sich auf die Volkswirtschaft im Allgemeinen und speziell auf das Preisniveau auswirken, wird **Transmissionsmechanismus** genannt.

Im Rahmen eines kredittheoretischen Transmissionsmechanismus wird durch Variieren der Zinssätze oder Änderung der Geldmenge auf das Investitionsvolumen eingewirkt. Steigen die Zinsen, verteuern sich die Kredite, was zu einer Reduzierung der kreditfinanzierten Investitionen führt.

Der vermögenstheoretische Transmissionsmechanismus basiert auf der Annahme, dass die Teilnehmer in der Wirtschaft ihr Vermögen anlegen, hier jedoch verschiedene Anlageformen wählen, wie etwa Anlage in Wertpapieren, auf Sparbüchern o. Ä. Eine Variation der Zinsen beeinflusst das Anlageverhalten, sodass durch Zinsänderungen Umschichtungen im Rahmen von Geldanlagen erreicht werden können. Hohe Zinserträge erhöhen die Bereitschaft, Geld anzulegen, während geringe Erträge eher dazu führen, dass in Sachkapital, wie z. B. Immobilien, investiert wird.

Die geldpolitische Strategie der EZB muss so ausgerichtet sein, dass die Geldwertstabilität erreicht ist, nachdem die beschlossenen Maßnahmen in der Wirtschaft gewirkt haben, d. h., nachdem der Transmissionsmechanismus durchlaufen wurde. Sie basiert auf zwei Elementen: Zum einen wurde eine Zieldefinition für den Begriff der Preisstabilität festgelegt. Unter Preisstabilität versteht man den Anstieg des **harmonisierten Verbraucherpreisindex** (HVPI) für das Euro-Währungsgebiet von unter 2 % gegenüber dem Vorjahr. Das Ziel ist eine mittelfristige Gewährleistung der Preisstabilität.

1. a) Erklären Sie den Begriff „Transmissionsmechanismus".
   b) Zeigen Sie anhand des Transmissionsmechanismus auf, dass das Ergreifen der richtigen geldpolitischen Maßnahmen mit Schwierigkeiten verbunden ist.
2. Erläutern Sie das Schaubild „Die geldpolitische Strategie der Europäischen Zentralbank".

715 570

Zum anderen wurde eine Zwei-Säulen-Strategie entwickelt. Diese beinhaltet eine wirtschaftliche und eine monetäre Analyse.

Die **wirtschaftliche Analyse** verfolgt das Ziel, wirtschaftliche Risiken aufzuspüren, die auf kurze oder mittelfristige Sicht das Ziel der Preisstabilität gefährden könnten. In diesem Zusammenhang spielt die Beobachtung der Konjunkturlage im Währungsraum des Euro eine besondere Rolle. Daher werden regelmäßig eine Reihe von Konjunkturindikatoren beobachtet. Besondere Beachtung finden hier – neben der Beobachtung der Inflationsrate – Preisindikatoren, wie Löhne und Gehälter, Zinssätze und die Entwicklung von Wechselkursen. Es werden aber auch Mengenindikatoren, wie das Bruttoinlandsprodukt, Exporttätigkeit und Produktion beobachtet. Nicht zuletzt beinhaltet die wirtschaftliche Analyse auch Umfragen von Verbrauchern und Unternehmen zur Einschätzung der gesamtwirtschaftlichen Lage.

Die zweite Säule der geldpolitischen Strategie der EZB ist die **monetäre Analyse.** Basis dieser Säule ist die Beobachtung der Entwicklung der Geldmenge und des Kreditvolumens.

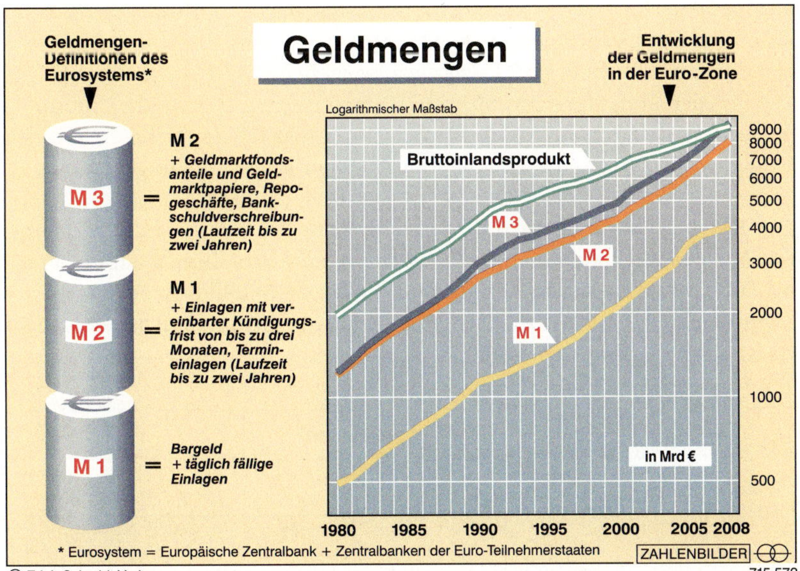

Der Begriff der Geldmenge ist dreigeteilt. Die **Geldmenge M1** enthält das umlaufende Bargeld sowie alle täglich fälligen Einlagen, d. h. Geld auf Giro- und Kontokorrentkonten. Die **Geldmenge M2** enthält zusätzlich zu M1 alle Einlagen mit einer vereinbarten Kündigungsfrist von bis zu drei Monaten sowie solche Termineinlagen, die auf maximal zwei Jahre befristet sind. Die **Geldmenge M3** beinhaltet M2 sowie Geldmarktpapiere, Repogeschäfte und Schuldverschreibungen bis zu zwei Jahren.
Für die monetäre Analyse der EZB wird die Geldmenge M3 zugrunde gelegt. Für das Geldmengenwachstum wurde ein Referenzwert von 4,5 % festgelegt, d. h., nach Auffassung der EZB soll die Geldmenge M3 um maximal 4,5 % jährlich wachsen, um ein Inflationsrisiko jenseits 2 % zu vermeiden. Jedoch wurde bei der Festlegung des Referenzwertes seitens der EZB von vornherein festgelegt, dass eine Überschreitung des Wertes nicht zwingend zu geldpolitischem Handeln führen würde.

i

Repogeschäfte sind Pensionsgeschäfte, d. h., das Kreditinstitut als Pensionsgeber überträgt ein ihm gehörendes Wertpapier oder einen sonstigen Vermögensgegenstand an den Pensionsnehmer. Der Pensionsnehmer zahlt im Gegenzug einen bestimmten Geldbetrag. Von vornherein wird vereinbart, dass nach einer festgelegten Zeit gegen Rückzahlung die Pensionsgegenstände rückübertragen werden.

Schuldverschreibungen sind Anleihen öffentlicher oder privater Schuldner, mit denen der Schuldner die Verpflichtung eingeht, bei Fälligkeit der Papiere einen festgelegten Geldbetrag zu zahlen und nach einem vorher bestimmten Modus Zinszahlungen zu leisten. Schuldverschreibungen verfolgen üblicherweise den Zweck, hohe Geldbeträge aufzubringen. Sie werden von der öffentlichen Hand (öffentliche Anleihen), Industrieunternehmen (Industrieobligationen) oder Banken (Bankschuldverschreibungen) ausgegeben.

!

1. Definieren Sie den Begriff „Geldmenge M3".
2. Begründen Sie, warum für die monetäre Analyse die Geldmenge M3 zugrunde gelegt wird.

Irving Fisher, 1867–1947, amerikanischer Ökonom

Zur Erreichung der Preisstabilität ist es erforderlich, dass die zur Verfügung stehende Geldmenge dem Wert der Sachgüter und Dienstleistungen, die in einer Volkswirtschaft produziert werden, entspricht. Werden z. B. in einer Volkswirtschaft 10.000 gleichartige Güter hergestellt, und die Zentralbank stellt zugleich 10.000 Geldeinheiten bereit, ergibt sich ein Preis von einer Geldeinheit pro Gut. Wird in der folgenden Wirtschaftsperiode die Produktion gesteigert, sodass 11.000 Güter bereitstehen, muss die Zentralbank die Geldmenge auf 11.000 Geldeinheiten erhöhen, um Preisstabilität zu erreichen. Für den Fall, dass sich die Geldmenge in dieser Wirtschaftsperiode nicht ausweitet, steht einer konstanten Geldmenge eine erhöhte Gütermenge gegenüber. Für 10.000 Geldeinheiten können 11.000 Güter erworben werden. Der Preis der Güter fällt auf ca. 0,91 Geldeinheiten. Erhöht die Zentralbank die Geldmenge jedoch auf 12.000 Einheiten, steht dieser Geldmenge eine Gütermenge von 11.000 Stück gegenüber, sodass der Preis der Güter auf 1,09 Geldeinheiten steigt.

In der Realität kommt in einer Volkswirtschaft jede Geldeinheit mehrmals zum Einsatz, sodass für die Betrachtung der Geldmenge auch die Umlaufgeschwindigkeit des Geldes berücksichtigt werden muss. Wenn die 10.000 Geldeinheiten, die die Zentralbank ausgegeben hat, fünfmal zum Einsatz kommen, ergibt sich eine reale Geldmenge von 50.000 Einheiten. Um Preisstabilität zu erreichen, muss also die ausgegebene Geldmenge (G) multipliziert mit der Umlaufgeschwindigkeit (U) genauso groß sein wie die Gütermenge der Volkswirtschaft, also das Handelsvolumen (H) multipliziert mit den Güterpreisen (P). Diese Gleichung heißt **Fisher'sche Verkehrsgleichung.**

Fisher'sche Verkehrsgleichung:
G x U = H x P

Die Fisher'sche Verkehrsgleichung zeigt, dass bei steigender Gütermenge ein Ansteigen der Geldmenge im gleichen Maße erforderlich ist, um Preisniveaustabilität zu gewährleisten. Eine steigende Geldmenge bei konstanter Gütermenge führt zur Inflation, eine konstante Geldmenge bei steigender Gütermenge entsprechend zur Deflation.

1. Erklären Sie die Fisher'sche Verkehrsgleichung.
2. Beschreiben Sie anhand der nebenstehenden Grafik die Entwicklung des Bargeldumlaufs im dargestellten Zeitraum.
3. Recherchieren Sie, welches Geldmengenwachstum die EZB für das laufende Kalenderjahr anstrebt.

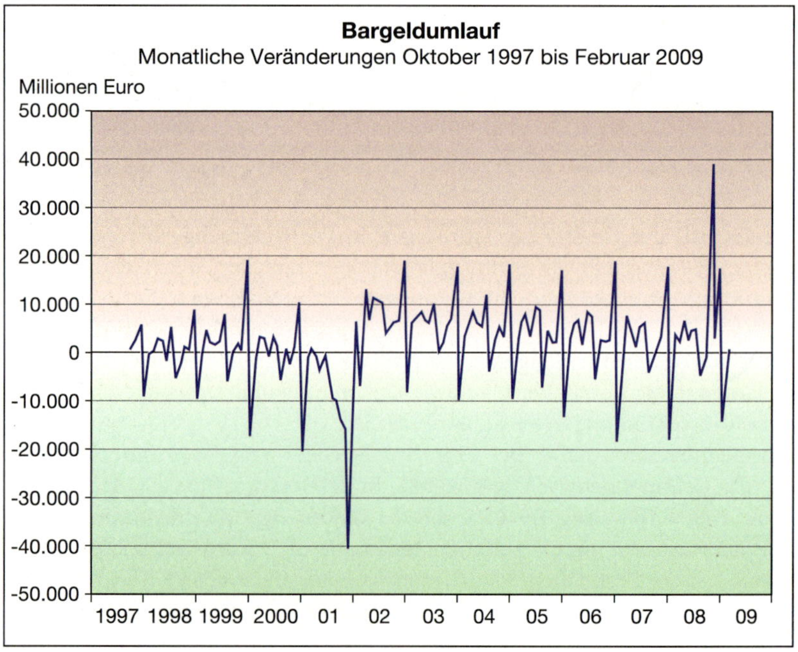

Geldschöpfung der Banken

Die Europäische Zentralbank – mit den nachgeordneten nationalen Zentralbanken – ist die Institution, die das Recht hat, Banknoten in Umlauf zu bringen und damit die Geldmenge unmittelbar zu steuern. Ein zunehmend großer Teil der Geldgeschäfte wird jedoch bargeldlos abgewickelt.

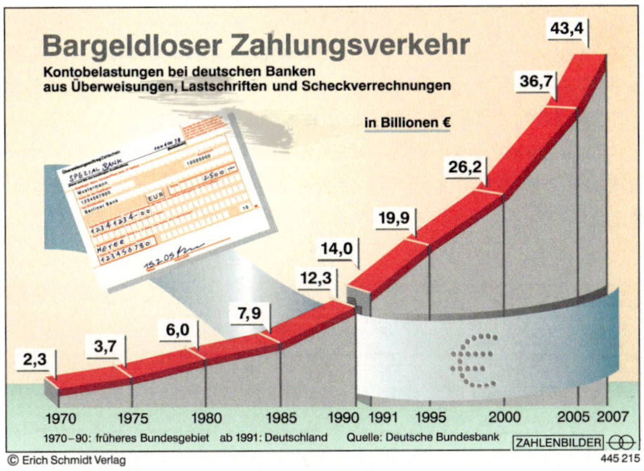

Die wachsende Bedeutung des bargeldlosen Zahlungsverkehrs ermöglicht den Geschäftsbanken, die Geldmenge zu beeinflussen, d.h. zu vergrößern oder zu verringern. Den Umfang der Geldschöpfungsmöglichkeit zeigt nachfolgendes Beispiel:

Bank A leiht sich von der Europäischen Zentralbank 10.000,00 €. Die Bank ist verpflichtet, 2 % der Guthaben als Reserve zu halten, in diesem Falle 200,00 €. Damit verbleiben als Überschussreserve 9.800,00 € zum Arbeiten. Die Bank verleiht die 9.800,00 € an einen Kunden. Dieser zahlt das Geld bei Bank B auf das Girokonto ein. Bank B muss ebenfalls eine Mindestreserve von 2 % halten, hier 196,00 €. Verbleiben für Bank B 9.604,00 € als Überschussreserve. Wenn Bank B dieses Geld an einen Kunden verleiht, der seinerseits das Geld auf ein Konto bei der Bank C einzahlt, entsteht bei Bank C eine Überschussreserve in Höhe von 9.412,00 €, weil die Bank eine Mindestreserve von 192,00 € halten muss. Über diesen Weg kann innerhalb des Bankensektors Geld entstehen, d.h. **Geld geschöpft** werden. Der Prozess der Geldschöpfung kann so lange fortgeführt werden, bis der komplette Geldbetrag von 10.000,00 € als Mindestreserve festgelegt ist. In diesem Beispiel ist dies der Fall, wenn eine Geldmenge von 500.000,00 € entstanden ist. Die Geldschöpfung (GS) ergibt sich also als Verhältnis der Überschussreserve (ÜR), die die erste beteiligte Bank hat, zum Mindestreservesatz (MR). Im vorliegenden Beispiel werden 490.000,00 € geschöpft; insgesamt sind unter der Annahme, dass ein sich vollständiger Bargeldrückfluss ergibt, 500.000,00 € im Umlauf.

1. Beschreiben Sie die Entwicklung des bargeldlosen Zahlungsverkehrs.
2. Erläutern Sie die Auswirkungen des zunehmenden bargeldlosen Zahlungsverkehrs auf die Geldschöpfungsmöglichkeiten der Geschäftsbanken.
3. Erklären Sie den Begriff „Überschussreserve".

In der Realität ist nicht anzunehmen, dass die Geldschöpfung den gezeigten Umfang annimmt, da abweichend von der dargestellten Modellrechnung ein Teil des Geldes im Bankensektor über die Mindestreserve als Barreserve gehalten wird. Ferner ist nicht davon auszugehen. dass ein vollständiger Bargeldrückfluss an die Banken erfolgt.

Mindestreserve

Im hier verwendeten Sinne sind es Guthaben der Geschäftsbanken bei der EZB, die diese verpflichtend hinterlegen müssen (siehe auch S. 56 f.).

Refinanzierung
Die Refinanzierung entspricht der Gegenfinanzierung: Geschäftsbanken, die z. B. Unternehmen Kredite gewähren, können sich bei der Deutschen Bundesbank oder bei der EZB die hierfür aufgewendeten Mittel durch eigene Kreditaufnahme oder Verpfändung (wieder-) beschaffen.

1. Vergleichen Sie die geldpolitischen Instrumente des Haupt- und Basistenders miteinander.
2. Recherchieren Sie im Internet, welches Zuteilungsvolumen zuletzt für Haupt- und Basistender erfolgte.
3. Erläutern Sie, inwiefern der Basistender zur Verstetigung des Geldmarktes beiträgt.

2.3 Instrumente der Geldpolitik

Als Handlungsrahmen stehen der EZB eine Reihe geldpolitischer Instrumente zur Verfügung, die dem Ziel der Preisniveaustabilität dienlich sind. Einerseits gibt es geldpolitische Mittel, die initiativ von der Zentralbank durchgeführt werden. Dazu zählen die Offenmarktgeschäfte und die Mindestreservepolitik. Andererseits gibt es geldpolitische Instrumente, die auf Initiative der Geschäftspartner, also der Geschäftsbanken, erfolgen. Dies sind die ständigen Fazilitäten (siehe hierzu S. 55). Hauptsächlich agiert die EZB im Rahmen des Instrumentariums über die Steuerung von Zinsen, die die Geschäftsbanken zahlen müssen, wenn sie sich bei der EZB refinanzieren. Dies findet auch Anwendung, wenn die Geschäftsbanken Geld bei der EZB einlegen.

Offenmarktgeschäfte bezeichneten ursprünglich den Kauf und Verkauf von Wertpapieren am offenen Markt, d. h. am Markt ohne Zutrittsbeschränkungen. Jeder konnte als Anbieter oder Nachfrager auftreten. Mittlerweile wird der Begriff verwendet, um eine Gruppe wesentlicher geldpolitischer Instrumente der EZB zu beschreiben, welche diese mit den Geschäftsbanken abwickelt. Im Rahmen der Offenmarktgeschäfte stehen der EZB vier Instrumente zur Auswahl: Hauptrefinanzierungsinstrument, längerfristiges Refinanzierungsgeschäft, Feinsteuerungsoperation und strukturelle Operation.

Der größte Teil der geldpolitischen Aktionen wird über das **Hauptrefinanzierungsinstrument**, auch **Haupttender** genannt, abgewickelt. Gegen Hinterlegung entsprechender Sicherheiten in Form von Wertpapieren stellt die EZB den Geschäftsbanken einen auf eine Woche befristeten Kredit zur Verfügung. Die Geschäfte werden einmal wöchentlich, in der Regel montags, durchgeführt. Die Termine, zu denen die Geschäfte abgewickelt werden, werden mindestens drei Monate vor Beginn des Kalenderjahres für ein ganzes Jahr im Tenderkalender bekannt gegeben. Die Durchführung der Geschäfte erfolgt nicht unmittelbar über die EZB, sondern dezentral über die nationalen Zentralbanken. Das Zuteilungsverfahren ist der **Standardtender**. Dieses Verfahren beschreibt das Zeitfenster von der Ankündigung des Geschäftes bis zur endgültigen Zuteilung des Geldes. Im Standardtender abgewickelte Geschäfte benötigen von der Ankündigung bis zur Zuteilung drei Tage. Neben dem Standardtender gibt es auch das Schnelltenderverfahren. Hier vergeht von der Ankündigung bis zur Zuteilung des Geldes eine Stunde. Schnelltender kommen im Rahmen der Hauptrefinanzierungsgeschäfte jedoch nicht zur Anwendung. Mit dem Haupttender werden ca. 75 % des von den Geschäftsbanken benötigten Zentralbankgeldes zur Verfügung gestellt.

Im Rahmen der Offenmarktgeschäfte werden ferner **längerfristige Refinanzierungsgeschäfte**, auch **Basistender** genannt, durchgeführt. Über dieses Instrument werden den Geschäftsbanken Kredite für eine Laufzeit von drei Monaten gewährt. Die Ankündigung des längerfristigen Refinanzierungsgeschäfts erfolgt üblicherweise am letzten Dienstag eines jeden Kalendermonats. Die Basistender tragen durch ihre relativ lange Laufzeit zur Verstetigung des Geldmarktes bei. Dieses Instrument eignet sich insbesondere auch für die Refinanzierung kleinerer Banken.

Haupt- und Basistender können in zwei verschiedenen Zuteilungsverfahren durchgeführt werden, im Mengentender oder im Zinstender. Die Entscheidung über das Zuteilungsverfahren trifft die EZB.
Im **Mengentenderverfahren** nennt die EZB bei der Ankündigung des Geschäfts den Zinssatz, zu dem sich die Geschäftsbanken refinanzieren können. Das Geldvolumen, das die EZB bereitstellen will, ist den Geschäftsbanken nicht bekannt. Die interessierten Banken geben dann jeweils ihre Gebote ab. Entspricht die von allen Banken zusammen gebotene Summe höchstens dem von der EZB bereitgestellten Geldvolumen, erhalten alle Geschäftspartner den jeweils gewünschten Betrag. Übersteigt die Summe der Gebote jedoch das Geldvolumen, das die EZB bereitstellt, erhalten alle Banken eine entsprechende prozentuale Quote des Gebotenen.

EZB: Ankündigung eines Haupttenders zu 3 %

Gebot Bank 1:	Gebot Bank 2:	Gebot Bank 3:	Gebot Bank 4:
2.000.000,– €	2.000.000,– €	5.000.000,– €	8.000.000,– €

Variante 1:
Die EZB teilt 20 Millionen Euro zu. Alle Banken erhalten den gebotenen Betrag. 3 Millionen Euro werden nicht zugeteilt.

Variante 2:
Die EZB teilt 8,5 Millionen Euro zu. Die Banken haben 17 Millionen Euro geboten. Jede Bank erhält eine Quote von 50 %.

Zuteilung
Liquiditätsbereitstellung über Offenmarktkredite (Beträge in Mio. Euro)
Hauptrefinanzierungsoperation, Tender-ID: 20150081
Durchführung: Standardtender (Mengentender)
Gebotsfrist: 04.08.2015, 09:30 Uhr, Zuteilungstag: 04.08.2015
Valutierungstag: 05.08.2015, Verfalltag: 12.08.2015, Laufzeit: 7 Tage
Festzinssatz: 0,05 % , Mindestzuteilungsbetrag: –
Mindestbietungsbetrag: 1,00, Höchstbietungsbetrag: –
Mindestzuteilungsquote: –
Gesamtes Bietungsvolumen: 71.007
Anzahl der Bieter: 107
Gesamter Zuteilungsbetrag: 71.007
Repartierungsquote: 100,0000 %
Gemäß Schätzung vom 04.08.2015 betragen die durchschnittlichen autonomen Faktoren für die Zeit
vom 03.08.2015 bis 11.08.2015: 492,9 Mrd. Euro.
Die daraus resultierende Benchmark-Zuteilung beträgt: –184,0 Mrd. Euro.
Quelle: www.bundesbank.de/Redaktion/DE/Downloads/Aufgaben/Geldpolitik/2015_08_04_mro.pdf?__blob=publicationFile (04.08.2015)

Zeitrahmen im Standardtender:

Tag 1
Schritt 1: 15:30 Uhr: Tenderankündigung durch Wirtschaftsinformationsdienste, ggf. direkt durch die nationalen Zentralbanken

Schritt 2: ab 15:30 Uhr: Vorbereitung der Abgabe der Gebote durch die Geschäftspartner

Tag 2
Schritt 3: 9:30 Uhr: Frist für die Abgabe der Gebote durch die Geschäftspartner

Schritt 4: ab 9:30 Uhr: Zuteilungsentscheidung der EZB

Schritt 5: 11:15 Uhr: Bekanntgabe der Ergebnisse des Tenders

Schritt 6: ab 12:00 Uhr: Abwicklung des Tenders

Im **Zinstenderverfahren** kündigt die EZB einen Haupt- oder Basistender an. Die Geschäftsbanken geben ihrerseits Gebote mit dem gewünschten Geldbetrag und einen passenden Zinssatz an. Die Zuteilung erfolgt in absteigender Reihenfolge nach Zinsgebot, d. h., die Bank, die den höchsten Zinssatz geboten hat, wird zuerst bedient. Wird damit das Zuteilungsvolumen der EZB noch nicht erreicht, erhält nachfolgend die Bank mit dem zweithöchsten Zinsgebot einen Kredit. Die Zuteilung erfolgt in dieser Form solange, bis das von der EZB bereitgestellte Geld verteilt ist.

EZB:
Ankündigung eines Haupttenders

Gebot Bank 1:	Gebot Bank 2:	Gebot Bank 3:	Gebot Bank 4:
2.000.000,– € zu 3,1 %	2.000.000,– € zu 3,2 %	5.000.000,– € zu 3,3 %	8.000.000,– € zu 3,0 %

Variante 1: Zuteilungsvolumen 20 Millionen Euro
Alle Banken erhalten den gewünschten Betrag:
Bank 1 zahlt 3,1 %, Bank 2 zahlt 3,2 %, Bank 3 zahlt 3,3 % und Bank 4 zahlt 3,0 % Zinsen für den Kredit.

Variante 2: Zuteilungsvolumen 8 Millionen Euro
Bank 3 erhält 5 Millionen Euro zu 3,3 %, Bank 2 erhält 2 Millionen Euro zu 3,2 %, Bank 1 erhält 1 Million Euro zu 3,1 %.
Damit ist das Zuteilungsvolumen ausgeschöpft. Bank 1 erhält nur 50 % des gebotenen Betrages, Bank 4 geht leer aus.

Häufig splitten die Banken ihre Gebote, sodass sie je nach Dringlichkeit des Geldbedarfs für ein Gebot einen höheren Zins bieten, für ein anderes Gebot einen niedrigeren Zins, z. B.: Bank 1 gibt ein Gebot über 2 Millionen Euro zum Zins von 3,1 % ab, ein weiteres über 1 Million Euro zum Zinssatz von 3,2 %.

Den Zinssatz, zu dem zuletzt eine Zuteilung erfolgte, nennt man **marginalen Zinssatz.** Im dargestellten Beispiel beträgt der marginale Zinssatz 3,1 %. Die Zinsgebote der Geschäftsbanken müssen sich an dem von der EZB vorgegebenen Zinssatz für Hauptrefinanzierungsgeschäfte orientieren. Unterschreitet eine Bank diesen Zinssatz, wird ihr Gebot bei der Zuteilung der Kredite nicht berücksichtigt.

Die Hauptrefinanzierungsgeschäfte wurden von 1999 bis zum 28. Juni 2000 im Mengentender durchgeführt. Dann wechselte die EZB auf das Zinstenderverfahren. Seit dem 15. Oktober 2008 werden die Geschäfte bis auf Weiteres wieder im Mengentender durchgeführt.

1. Definieren Sie die Ihnen bekannten Tenderbegriffe.
2. Vergleichen Sie den Mengentender mit dem Zinstender.
3. Werten Sie die oben genannte Tenderankündigung aus, und beschreiben Sie, welches Instrument zu welchen Bedingungen angekündigt wird.

Im Rahmen der Offenmarktgeschäfte steht der EZB auch das Instrument der **Feinsteuerungsoperationen** zu. Diese Geschäfte eignen sich, um unerwarteten Liquiditätsschwankungen kurzfristig begegnen zu können. Mithilfe von Feinsteuerungsoperationen kann man dem Markt sowohl Liquidität zuführen als auch abschöpfen. Liquiditätsbereitstellung erfolgt entweder über befristete Transaktionen, Devisenswapgeschäfte oder definitive Käufe.

Im Gegensatz zum Haupttender und Basistender werden im Rahmen von Feinsteuerungsoperationen **befristete Transaktionen** nur mit einem ausgewählten Teilnehmerkreis durchgeführt. Der Teilnehmerkreis kann auch auf einen Geschäftspartner beschränkt werden, sodass ein sogenanntes bilaterales Geschäft durchgeführt wird. Der von der EZB ausgewählte Teilnehmerkreis kann je nach Vorgabe der EZB ein Gebot abgeben. Dies kann sowohl nach Mengen- als auch nach Zinstender erfolgen. Die Zuteilung des Geldes erfolgt dann über den Schnelltender, d. h., von der Abgabe des Gebots bis zur Zuteilung vergeht eine Stunde.

Eine weitere Möglichkeit der EZB ist die Durchführung von **Devisenswapgeschäften**. Hier kauft die EZB von Banken Devisen und stellt dafür Zentralbankgeld zur Verfügung. Zu einem von vornherein festgelegten Termin verkauft die EZB die Devisen wieder an die Bank. Für den Zeitraum, in dem das Devisenswapgeschäft läuft, stellt die EZB Liquidität bereit. Der Devisenswapsatz, d. h. die Differenz zwischen dem tagesaktuellen Devisenkurs und dem Terminkurs, zu dem das Devisengeschäft abläuft, wird zwischen der EZB und den jeweiligen Geschäftspartnern individuell vereinbart.

Das Instrument der Geldmengensteuerung mittels definitiver Käufe oder Verkäufe wurde mittlerweile aus dem geldpolitischen Instrumentarium gestrichen.

Liquiditätsabschöpfend kann die EZB befristete Transaktionen oder Devisenswapgeschäfte durchführen oder Termineinlagen hereinnehmen. Für die Termineinlagen wird eine feste Laufzeit mit einem fixen Zinssatz vereinbart.

Im Gegensatz zu den Haupt- und Basistendern erfolgen Feinsteuerungsoperationen in einem unregelmäßigen Rhythmus immer dann, wenn die EZB einen entsprechenden Handlungsbedarf erkennt. Um flexibel reagieren zu können, wird dieses Instrument nur mit einem begrenzten Teilnehmerkreis, gegebenenfalls auch als bilaterales Geschäft, durchgeführt. Die Bedingungen der Geschäfte sind ebenfalls nicht standardisiert. Sie werden jeweils individuell ausgehandelt oder seitens der EZB festgelegt. Üblicherweise führen die nationalen Zentralbanken diese Geschäfte durch.

Schließlich steht der EZB im Rahmen der Offenmarktgeschäfte das Instrument der **strukturellen Operationen** zur Verfügung.

Hier wird über befristete Transaktionen, die im Standardtender abgewickelt werden, Liquidität bereitgestellt.

Zeitrahmen im Schnelltender:

Tag 1
10:00 Uhr: Tenderankündigung

10:35 Uhr: Frist für die Abgabe der Gebote seitens der Geschäftspartner

ab 10:35 Uhr: Zusammenstellen der Gebote seitens der EZB

11:25 Uhr: Bekanntmachung der Zuteilung

ab 11:25 Uhr: Abwicklung der Transaktionen

Devisenswapgeschäfte
Ankauf (oder Verkauf) einer Währung mit sofortiger Vereinbarung des Verkaufs (bzw. Kaufs) der Währung zu einem späteren, aber bereits festgesetzten Zeitpunkt.

Sicherheiten
Refinanzieren sich Geschäftsbanken bei der Europäischen Zentralbank, müssen sie, wie bei Kreditgeschäften üblich, Sicherheiten zur Kreditabsicherung erbringen. Welche Sicherheiten zentralbankfähig sind, d.h. zur Kreditabsicherung herangezogen werden können, entscheidet die Europäische Zentralbank. Anerkannte Sicherheiten sind Wertpapiere, die vom ESZB oder von der öffentlichen Hand ausgegeben wurden. Unter bestimmten Bedingungen werden auch Wertpapiere akzeptiert, die aus dem Privatsektor oder von internationalen Institutionen kommen. Seit Januar 2007 existiert ein einheitliches Sicherheitenverzeichnis, welches marktfähige und nichtmarktfähige Titel enthält, die zur Kreditabsicherung verwendet werden können. Das Verzeichnis wird täglich aktualisiert und auf der Homepage der Europäischen Zentralbank veröffentlicht.

Wesentliche Kriterien zur Zulassung eines Wertpapiers sind, dass das Papier im europäischen Währungsraum emittiert wurde und in Euro oder einer ehemaligen Währung der Wirtschafts- und Währungsunion ausgestellt ist. Weiterhin spielt die Bonität des Schuldners eine erhebliche Rolle. Die Bewertung der Sicherheiten erfolgt nach Kriterien, wie z. B. Restlaufzeit und Verzinsung der Wertpapiere. Je höher die Restlaufzeit und der Zinssatz sind, desto höher ist die Sicherheit einzuordnen.

Nichtmarktfähige zugelassene Sicherheiten können Kreditforderungen gegenüber Handel oder Industrie sein. Dabei müssen diese Forderungen jedoch EZB-Mindeststandards erfüllen, sodass Kreditausfälle quasi ausgeschlossen sind. Die Sicherheiten, die die Geschäftsbanken hinterlegen, werden bei den nationalen Zentralbanken verwaltet. Nehmen die Geschäftsbanken bei der EZB Kredite in Anspruch, werden diese nicht einzeln besichert. Vielmehr legen die Geschäftsbanken ihre Sicherheiten in einen Sicherheitenpool ein. Dieser dient dann zur Absicherung der bei der EZB genommenen Kredite. Eine einzelne Zuordnung der Kredite zu bestimmten Wertpapieren erfolgt nicht.

Die Europäische Zentralbank (EZB) gibt heute weitere Einzelheiten zu den für die Kreditgeschäfte des Eurosystems zugelassenen Sicherheiten bekannt.
Infolge des Inkrafttretens des einheitlichen Sicherheitenrahmens am 1. Januar 2007 hat das Eurosystem festgelegt, dass – mit Ausnahme internationaler und supranationaler Institutionen – Emittenten marktfähiger, für die Kreditgeschäfte des Eurosystems zugelassener Sicherheiten entweder im Europäischen Wirtschaftsraum (EWR) oder in einem der vier nicht dem EWR angehörenden G-10-Länder niedergelassen sein müssen. Somit sind Sicherheiten, die von Stellen mit Sitz außerhalb des EWR oder der nicht zum EWR gehörenden G-10-Länder begeben werden, nicht notenbankfähig, unabhängig davon, ob eine Garantie einer im EWR ansässigen Stelle vorliegt oder nicht.
Quelle: Internet: http://www.ecb.europa.eu (25.05.2007)

1. Begründen Sie, warum es sinnvoll ist, die Sicherheiten nicht einzelnen Geschäften zuzuordnen, sondern als Sicherheitenpool zu gestalten.
2. Werten Sie die Textquelle der Europäischen Zentralbank aus, und erläutern Sie die Regelungen zum Sicherheitenrahmen.

Ständige Fazilitäten
Im Rahmen von Fazilitäten bieten Banken ihren Kunden die Möglichkeit, innerhalb eines kurzen Zeitrahmens Guthaben verzinslich anzulegen oder Kredite kurzfristig zu erhalten. Auch der EZB steht das Instrument der Fazilitäten zur Verfügung. Hier gewährt die EZB den Geschäftsbanken in Form von **Spitzenrefinanzierungsfazilitäten** „über Nacht", d. h. kurzfristig, Kredite, um einen kurzfristigen Liquiditätsengpass zu überbrücken, bzw. sie bietet die Möglichkeit, überschüssige Liquidität über Nacht verzinslich bei der EZB anzulegen. Die Liquiditätsbereitstellung soll nicht der allgemeinen Bereitstellung von Zentralbankgeld dienen, sondern nur als letzte Möglichkeit der Liquiditätsbeschaffung zur Verfügung stehen. Daher wird der Zinssatz für diese Geschäfte so hoch gesetzt, dass er allgemein als Obergrenze des Zinskanals gilt. Die **Einlagefazilitäten** sind in der Regel gering verzinst und bilden die Untergrenze des Zinskanals. Dennoch lohnt sich für die Geschäftsbanken die Anlage, wenn die Alternative eine unverzinsliche Bargeldhaltung im eigenen Banktresor ist.

Die ständigen Fazilitäten werden auf Initiative der Geschäftsbanken betrieben, die EZB kann nur durch Variation der Zinssätze eine Motivation für diese Geschäfte schaffen. In der Regel liegt der Zinssatz für die Spitzenrefinanzierungsfazilität 1% über dem Zinssatz für Offenmarktgeschäfte, der Zinssatz für Einlagefazilitäten 1% unter diesem, sodass die Zinssätze als Leitzins fungieren.

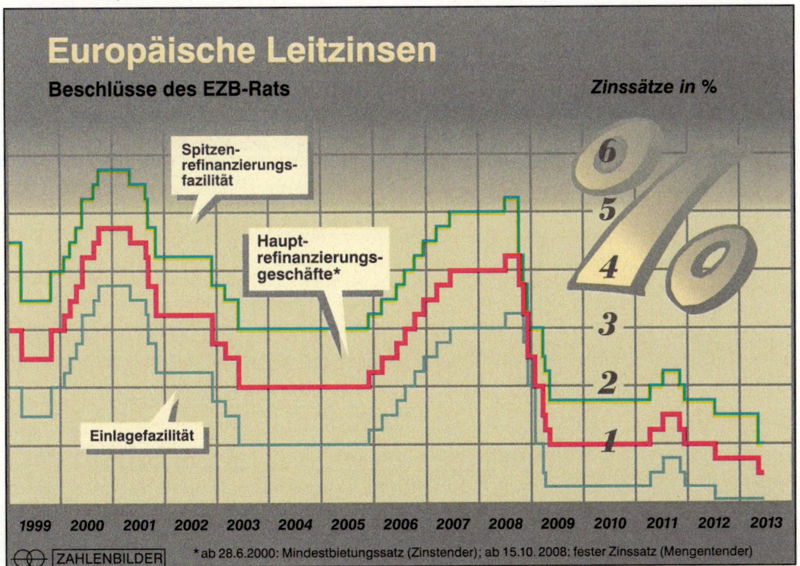

715 578 © Bergmoser + Höller Verlag AG

Die Bereitstellung von Liquidität im Rahmen der Spitzenrefinanzierung ist generell unbegrenzt. Voraussetzung für die Teilnahme an diesem Instrument ist lediglich, dass der Geschäftspartner, d. h. die Geschäftsbank, die Liquidität benötigt, über genügend Sicherheiten verfügt, um einen Übernachtkredit zu erhalten. Auch für die Einlagefazilitäten wurde kein Rahmen festgelegt, der eine Obergrenze beschreibt. Dennoch liegt es im Ermessen der Europäischen Zentralbank, jederzeit die Bedingungen für die Spitzenrefinanzierungs- oder Einlagefazilitäten zu ändern, wenn die geldpolitische Zielsetzung dies gebietet.

Fazilität von
facilitas (lat.) = Leichtigkeit

1. Beschreiben Sie die Entwicklung der Leitzinsen seit Gründung des ESZB.
2. Recherchieren Sie die aktuellen Leitzinsen.
3. Erläutern Sie, warum der Zinssatz für Spitzenrefinanzierungsfazilitäten die Obergrenze des Zinskanals bildet.

Mindestreservehaltung
Mindestreserven sind Guthaben der Geschäftsbanken bei der Europäischen Zentralbank, die die Banken der Staaten der Wirtschafts- und Währungsunion verpflichtend halten. Sie dient dazu, die Liquidität im Eurowährungsraum zu verknappen. Um mögliche Wettbewerbsnachteile gegenüber Banken außerhalb des Eurowährungsraums zu verhindern, werden die reservepflichtigen Einlagen verzinst. Dabei richtet sich der Zinssatz nach den Zinsen der Offenmarktgeschäfte.

Die Höhe der Mindestreserveverpflichtung richtet sich nach der Art der Geldeinlage. Der Mindestreservesatz für täglich fällige Gelder auf Giro- und Kontokorrentkonten sowie für Einlagen mit einer Laufzeit von bis zu zwei Jahren betrug bei seiner Einführung 1999 2%. Seit dem 18. Januar 2012 wurde er auf 1% gesenkt. Längerfristige Einlagen sind grundsätzlich auch reservepflichtig, der Mindestreservesatz beträgt aber derzeit 0%, d.h., faktisch sind Einlagen mit einer Laufzeit von mehr als zwei Jahren bei der EZB nicht mindestreservepflichtig. Die Mindestreserve ist kein ständiges Instrument der Geldpolitik. Diese wird hauptsächlich über die Offenmarktgeschäfte und hier insbesondere über den Haupttender betrieben.

1. Erklären Sie die Begriffe „Mindestreservesatz" und „Mindestreservepflicht".

2. a) Ziehen Sie die Tabelle „Zinssätze zur Mindestreserve 2013" heran, und erläutern Sie diese.
   b) Zeigen Sie, auf welche geldpolitische Strategie die Entwicklung in der Tabelle hindeutet.

Zinssätze zur Mindestreserve 2013

Erfüllungsperiode endend im Monat	Verzinsung der Mindestreserven	Sonderzins bei der Unterschreitung des Mindestreserve-Solls[1]
April 2013	0,75 %	4,00 %
Mai 2013	0,75 %	4,00 %
Juni 2013	0,50 %	3,50 %
Juli 2013	0,50 %	3,50 %

[1] 2,5 Prozentpunkte über dem durchschnittlichen EZB-Spitzenrefinanzierungssatz während der Erfüllungsperiode (bei wiederholten Unterschreitungen [mehr als zwei Unterschreitungen innerhalb von 12 Monaten] 5 Prozentpunkte über dem durchschnittlichen Spitzenrefinanzierungssatz)

Die Ermittlung der Höhe der Mindestreservepflicht ergibt sich aus der Bankbilanz der Geschäftsbanken. Aus allen Tagesendbeständen während der Erfüllungsperiode, die in der Regel einen Monat umfasst, wird ein Durchschnittswert errechnet. Dieser Wert ist die Basis für die Bestimmung der zu haltenden Mindestreserve. Den Banken ist es gestattet, während der Erfüllungsperiode den Durchschnittswert zu erbringen. Das bedeutet, dass eine Bank, die an einem Tag das Reservesoll unterschreitet, dieses durch Überschreitung in entsprechender Höhe an einem anderen Tag ausgleichen kann.

Bei Unterschreitung der Mindestreserve wird ein Strafzins fällig, der bis zu 5% über dem Zinssatz der Spitzenrefinanzierungsfazilität liegt.
Die Bedeutung dieses geldpolitischen Instruments ist eher untergeordnet, da Geschäftsbanken von sich aus ohnehin eine Reservehaltung betreiben. Die Beschneidung der Liquidität ist somit kaum erreicht.

Die Geldpolitik des Systems der Europäischen Zentralbanken

Geldpolitische Instrumente			Monetäre Zwischenziele	Zielsetzungen
Spitzen-refinanzie-rungs-fazilität		Zinsobergrenze am Geldmarkt	kurzfristige Deckung des Liquiditätsbedarfs	vorrangig: Preisniveau-stabilität
Offenmarkt-geschäfte	Haupttender	Zinskanal	geldpolitische Grundlinie	nachrangig: Unterstützung der allgemeinen Wirtschafts-politik der EU
	Basistender		Verstetigung der Refinanzierung	
	Feinsteuerungsoperationen			
	strukturelle Operationen			
Einlagefazilität		Zinsunter-grenze am Geldmarkt	kurzfristige zinsbringende Anlage bei Liquiditätsüber-schüssen	
Mindestreserve			Stabilisierung der Geldmarkt-zinsen und Liquiditätssteuerung	
Geldmengen-steuerung			Festlegen eines Referenzwertes für M3 Berücksichtigung von Preisent-wicklung, Wachstum, Umlauf-geschwindigkeit des Geldes	inflationsfreies Wachstum

Quelle: Akademie für Lehrerfortbildung und Personalführung (Hrsg.): Freies Arbeiten am Gymnasium Band 4, S. 109, Dillingen 2002

Ziel des ESZB ist es, mithilfe des geldpolitischen Instrumentariums auf die Geschäftsbanken und damit auf den Geldmarkt einzuwirken, um dem Ziel der Preisniveaustabilität zu entsprechen. Nachrangig ist das ESZB verpflichtet, die Wirtschaftspolitik der Europäischen Wirtschafts- und Währungsunion zu unterstützen. Um dies zu erreichen, können verschiedene Maßnahmen ergriffen werden, jedoch zeigen sich auch Wirkungshemmnisse, die die Maßnahmen zum Teil neutralisieren.

Je nach konjunktureller Lage und der damit verbundenen Einschätzung der Inflationsgefahr betreibt die EZB eine kontraktive oder expansive Geldpolitik. Kontraktive Geldpolitik wird idealtypischerweise in Phasen der Hochkonjunktur, ggf. bereits in Aufschwungphasen betrieben, die mit Preissteigerungen und im Extremfall Preisüberhitzungen verbunden sein können. Hier versucht die EZB, die Geldmenge zu begrenzen, um dem Preisauftrieb entgegenzuwirken. Refinanzierungsmöglichkeiten werden erschwert. Im Rahmen expansiver Geldpolitik soll die Geldmenge ausgeweitet werden. Das Geldangebot wird erweitert. Expansive Geldpolitik wird in Phasen wirtschaftlicher Rezession oder Depression betrieben, da hier ein Preisverfall erwartet werden kann und gegebenenfalls eine Deflation droht.

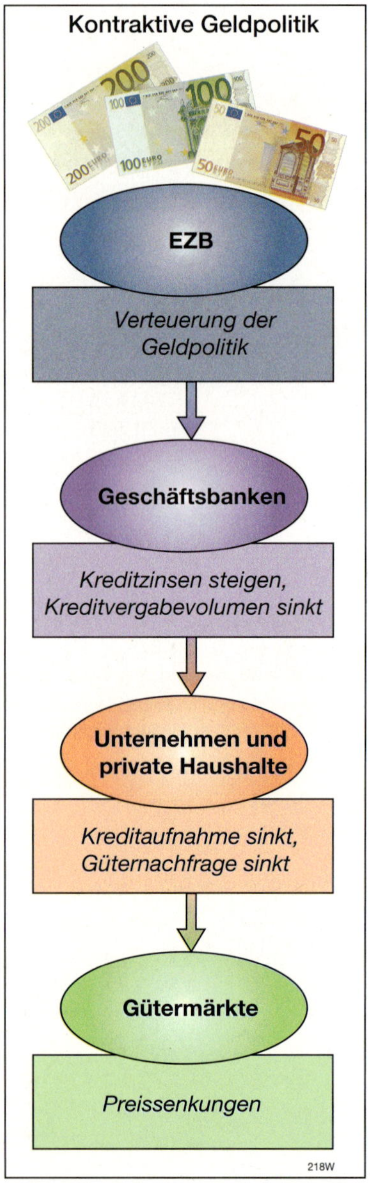

1. Entwickeln Sie ein Schaubild für die Wirkungskette bei expansiver Geldpolitik der EZB.

Wirkungsweise der Refinanzierungspolitik

Agiert die EZB im Rahmen der Offenmarktgeschäfte im Haupt- oder Basistender, kann sie z. B. die Zinssätze variieren. Eine Anhebung der **Zinssätze** bewirkt, dass sich die Refinanzierung für die Geschäftsbanken verteuert. Idealtypischerweise geben die Geschäftsbanken die erhöhten Zinsen an ihre Kunden weiter, um weiterhin wirtschaftliche Geldgeschäfte zu tätigen. Die Anzahl der Kreditnehmer nimmt ab. Damit reduziert sich die umlaufende Geldmenge. Den gleichen Effekt erzielt die EZB, wenn sie die **Zuteilungsmenge** beschränkt, sodass diese unter den Anforderungen der Geschäftspartner liegt. Dadurch erhalten die Geschäftsbanken eine geringere Menge an Zentralbankgeld, wodurch sich die Kreditvergabemöglichkeiten der Geschäftsbanken reduziert. Darüber hinaus kann die EZB Veränderungen hinsichtlich der **Laufzeit** oder des **Rhythmus** der Transaktionen vornehmen. Schließlich besteht noch die Möglichkeit, die Anforderungen an die **Sicherheiten**, die die Geschäftsbanken zu erbringen haben, wenn sie bei der EZB kreditfähig sein wollen, zu beschränken. Derartige geldpolitische Entscheidungen trifft die EZB normalerweise im Rahmen konjunktureller **Aufschwung- oder Boomphasen**, um die umlaufende Geldmenge und Liquidität der Banken einzudämmen. Betreibt die EZB eine **kontraktive Geldpolitik**, kann sie im Rahmen von Feinsteuerungsoperationen Devisenswapgeschäfte durchführen, eine größere Menge an Termineinlagen annehmen, die befristeten Transaktionen beschränken oder den Teilnehmerkreis einschränken.

Möchte die EZB eine **expansive Geldpolitik** betreiben, senkt sie die Zinssätze für Haupt- und Basistender. Wahlweise kann auch die Zuteilungsmenge erhöht werden. Schließlich kann die EZB den Rhythmus für die Geschäfte verkürzen, sodass die Geschäftsbanken häufiger die Möglichkeit der Refinanzierung haben oder die Laufzeiten verlängert werden. Ferner kann der Kreis der Sicherheiten, die zu hinterlegen sind, erweitert werden, weil die Anforderungen, die die zentralbankfähigen Wertpapiere zu erfüllen haben, gelockert werden. Werden derartige Maßnahmen ergriffen, verbilligen sich die Kredite für Endkunden, weil die Refinanzierung der Geschäftsbanken preiswerter und auch umfangreicher wird. Die umlaufende Geldmenge weitet sich idealtypischerweise aus. Expansive Geldpolitik wird seitens der EZB in Phasen der wirtschaftlichen Rezession oder Depression betrieben.

Im Rahmen der Feinsteuerungsoperationen kann die EZB im Falle einer geplanten expansiven Geldpolitik den Teilnehmerkreis ausweiten, die Zuteilungsmenge erhöhen oder den Zinssatz für die Geschäfte senken. Ferner kann sie in erweitertem Umfang Devisenswapgeschäfte anbieten. In allen Fällen wird durch diese Maßnahmen Liquidität geschaffen. Die umlaufende Geldmenge erhöht sich.

Entsprechend kann eine Zinssenkung den umgekehrten Effekt hervorrufen. Sinkende Zinsen machen die Einlagefazilitäten unattraktiver, während „Übernachtkredite“ billiger und damit attraktiver werden. Diese Maßnahme wirkt liquiditätssteigernd.

Im Rahmen der Mindestreservepolitik kann die EZB unmittelbar auf die Liquidität der Banken einwirken. Erhöht sie den Reservesatz, wird die Liquidität direkt beschnitten, bei sinkendem Satz unmittelbar ausgeweitet, da die Banken sich der Mindestreserveverpflichtung nicht entziehen können.

Grenzen der Geldpolitik

Die geldpolitischen Maßnahmen der EZB greifen im Rahmen expansiver Geldpolitik während konjunktureller Abschwungphasen jedoch nur so lange, wie die Geschäftsbanken auf liquiditätsschaffende Maßnahmen der Zentralbank angewiesen sind. Befindet sich innerhalb des Bankensektors genügend Geld, herrscht nur ein geringer Refinanzierungsbedarf bei der EZB. Die betriebene Geldpolitik zeigt dann keinerlei oder nur geringe Wirkung, da die Initiative nicht im Einflussbereich der EZB liegt.
In wirtschaftlichen Abschwungphasen sinken die Gewinnerwartungen der Unternehmen, die Produktionskapazitäten sind nicht ausgelastet und die Auftragsbücher eher leer. Diese Bedingungen wirken ungünstig auf das Investitionsklima, sodass auch sinkende Zinsen nicht zur vermehrten Aufnahme von Krediten führen.
Aus der Sicht privater Haushalte stellt sich die Entscheidung, vermehrt zu konsumieren, vergleichbar dar. In wirtschaftlich schlechten Zeiten mit Angst vor Arbeitslosigkeit verringert sich die Bereitschaft der Haushalte erheblich, Kredite aufzunehmen. Die Konsumneigung sinkt, da die Zukunft schwieriger zu planen ist. Stattdessen ist eine erhöhte Sparneigung zu erwarten, das Phänomen des „Angstsparens". In diesen Zeiten wird von den Haushalten das erhöhte Geldangebot der EZB nicht wahrgenommen.

Im Falle kontraktiver Geldpolitik sind auch die Maßnahmen im Rahmen des Instruments der Haupt- und Basistender sowie der ständigen Fazilitäten nicht zwingend wirksam. Werden hohe Gewinne erwartet und herrscht ein positives Geschäftsklima, nehmen Unternehmen trotz hoher Zinsen Kredite auf. Hohe Zinsen für Einlagefazilitäten wirken nur dann, wenn im Bankensektor ein entsprechender Liquiditätsspielraum vorhanden ist, so dass Einlagen geleistet werden können.
Mindestreservesätze im Bereich von 1,5 % und 2,5 % beeinträchtigen die Liquidität der Banken kaum, da diese üblicherweise eine gewisse Reserve einplanen müssen, um den Zahlungsverkehr zu gewährleisten. Ferner ist die Einlage bei der EZB verzinslich.

Möglichkeiten der Geldpolitik

Expansive Geldpolitik	**Kontraktive Geldpolitik**
Senken der Zinssätze	Erhöhen der Zinssätze
Erhöhung des Zuteilungsvolumens	Senken des Zuteilungsvolumens
Lockerung der Anforderungen an die Sicherheiten	Verschärfung der Anforderungen an die Sicherheiten
Verlängerung der Laufzeit	Verkürzung der Laufzeit
Erhöhung des Rhythmus	Senken des Rhythmus
Senken der Reservesätze	Erhöhen der Reservesätze
Grenzen der Geldpolitik	
Investitionshemmung der Unternehmen wegen geringer Absatz- und Gewinnerwartung	Zinsunabhängige Investitionsbereitschaft der Unternehmen
Konsumzurückhaltung der Haushalte wegen Angstsparen	Konsumneigung der Haushalte wegen positiver Stimmung
Kein Liquiditätsbedarf der Banken	Kreditneigung der Banken

Die Entscheidung über geldpolitische Maßnahmen wird durch die „lag-Problematik", die Sie in der 11. Jahrgangsstufe bereits kennen gelernt haben, erschwert.

- **recognition-lag** ist die Zeitspanne zwischen Auftreten und Erkennen des Problems,
- **action-lag** ist der Zeitraum vom Erkennen des Problems bis zur Entscheidung über eine entsprechende geldpolitische Maßnahme,
- **efficiency-lag** ist der Zeitraum vom Beschluss der Maßnahme bis zum Eintreten der entsprechenden Wirkung. Bis zum Wirken der Maßnahme kann mittlerweile eine andere wirtschaftliche Situation eingetreten sein, die die getroffene Maßnahme sinnlos macht.

1. Erstellen Sie eine Übersicht über die Möglichkeiten der Europäischen Zentralbank für den Fall,
   a) dass eine kontraktive Geldpolitik betrieben wird,
   b) dass eine expansive Geldpolitik betrieben wird.
2. Recherchieren Sie vor dem Hintergrund der aktuellen Wirtschaftslage, welche Art der Geldpolitik zurzeit betrieben wird.
3. Zeigen Sie die Grenzen der Geldpolitik der Europäischen Zentralbank auf.
4. Zeigen Sie unter Verwendung des Modells des Wirtschaftskreislaufes die Konsequenzen kontraktiver Geldpolitik auf.

Effiziente Texterschließung erfolgt in drei Schritten. Wesentlich dabei ist, dass Sie die Aufgabenstellung auf der nachfolgenden Seite lesen, bevor Sie sich dem Text widmen.

I. Orientierendes Lesen

1. Kopieren Sie den Text, und lesen Sie ihn einmal durch.
2. Gliedern Sie den Text in Sinnabschnitte.
3. Markieren Sie wichtige Fakten, Aspekte des Textes mit einem Textmarker.
4. Schreiben Sie die Ihnen wichtig erscheinenden Aspekte stichpunktartig auf.

II. Selektives Lesen

1. Lesen Sie den Text ein zweites Mal, und konzentrieren Sie sich dabei vor allem auf die bereits markierten Textstellen.
2. Wählen Sie aus, welche Informationen wichtig sind und welche vernachlässigt werden können.
3. Fassen Sie das Wesentliche des Textes zusammen.

III. Recherchieren

1. Gehen Sie systematisch vor.
2. Verwenden Sie zur ersten Informationsgewinnung Lexika und oder Handbücher.
3. Ziehen Sie Fachzeitschriften zurate. Hier finden Sie in der Regel aktuelle Informationen.
4. Verwenden Sie das Internet. Recherchieren Sie auf thematisch einschlägigen Seiten, in diesem Fall etwa auf Seiten der Europäischen Zentralbank und Wirtschaftsinstitute.

Financial Times Deutschland
Geldpolitik in Krisenzeiten: EZB vor historischer Zinssenkung
von Mark Schrörs und Tobias Bayer (Frankfurt)
Donnerstag 5. März 2009, 12:57 Uhr

Für die Sitzung am Donnerstag erwarten die von der FTD monatlich befragten Ökonomen internationaler Banken einmütig, dass die Währungshüter den Zins von 2,0 auf 1,5 % zurücknehmen. Das ist das niedrigste Niveau seit der Euro-Einführung im Jahr 1999.

Seit Oktober hat die Europäische Zentralbank (EZB) den Zins bereits um 225 Basispunkte gesenkt – so aggressiv wie nie. Für Donnerstag machten EZB-Präsident Jean-Claude Trichet und andere Notenbanker die Tür für einen weiteren Schritt weit auf. Unter den EZB-Räten gibt es aber Bedenken, ob sie weiter so schnell oder noch allzu stark senken sollen. Deshalb hielt die EZB den Satz im Februar zunächst konstant.

London prescht vor

Mit ihrem aggressiven Lockerungskurs steht die EZB nicht alleine da. Noch forscher prescht die Bank of England (BoE) voran. Die britische Notenbank senkte den Leitzins am Donnerstag um 50 Basispunkte auf 0,5 %. Der Refinanzierungssatz liegt damit auf dem tiefsten Niveau in der mehr als 300 Jahre langen Geschichte der 1694 gegründeten Zentralbank.

Die BoE ist auch von der Regierung angehalten, zu alternativen Stützungsaktionen zu greifen. Als „Quantitative Easing“ wird das bezeichnet. Die Zinssenkung am Donnerstag werde wahrscheinlich die letzte sein. Dann werde das Augenmerk auf Quantitative Easing liegen, sagte Simon Hayes, Volkswirt bei Barclays (London: BARC.L – Nachrichten).

Volkswirte gehen davon aus, dass weitere Zinssenkungen der EZB folgen werden. Nahezu einhellig erwarten die Experten, dass der Zins mindestens auf 1,0 % sinkt. Zudem wächst die Zahl jener, die einen noch niedrigeren Zins erwarten. Die Citigroup, Barclays Capital, BHF-Bank und BBVA (Madrid: BBVA.MC – Nachrichten) prognostizieren einen Rückgang auf 0,5 % zur Jahresmitte, die Deutsche Bank (Xetra: 514000 – Nachrichten) auf 0,75 %. „Die Krise zwingt die EZB, zu handeln wie nie zuvor“, sagt Julian Callow, Europa-Chefvolkswirt bei Barclays. Die Ökonomen bei Julius Bär sehen den Zins gar auf 0,25 % fallen.

Während einige Notenbanker fürchten, ihren Spielraum voreilig aufzugeben, sorgen sich andere, dass die Inflation nach ihrem aktuellen Einbruch wieder anzieht. Einige sehen zudem die Gefahr, dass zu niedrige Zinsen weltweit die Basis für neue Finanzexzesse legen.

In den USA und Japan haben die Zentralbanker den Zins auf nahe null Prozent gesenkt. Zudem kaufen sie bereits Wertpapiere auf, wie Commercial Paper. Bei der Bank of England wird erwartet, dass sie den Satz diese Woche von 1,0 auf 0,5 % senkt. Auch sie kauft bereits Papiere des Privatsektors.

Mit Spannung erwartet: Die Prognosen der EZB
Ende 2008 ist die Wirtschaftsleistung im Euro-Raum kollabiert. Im Schlussquartal schrumpfte sie um 1,5 % im Vergleich zum Vorquartal. Das erste Quartal 2009 dürfte ähnlich schlecht ausfallen. Wie das Statistikamt Eurostat am Freitag mitteilte, stieg die Arbeitslosenquote des Euro-Raums im Januar auf 8,2 %.

Mit Spannung erwarten Beobachter die neuen Projektionen der EZB. Notenbankchef Trichet hat bereits signalisiert, dass sie vor allem für 2009 erheblich revidiert werden. Im Dezember hatten die EZB-Ökonomen für 2009 im Mittel eine schrumpfende Euro-Wirtschaft um 0,5 % und für 2010 ein Plus von 1,0 % vorhergesagt.

Die von der FTD befragten Ökonomen rechnen damit, dass die EZB ein Minus von knapp 2 % für 2009 und ein Plus von 0,8 % für 2010 prognostizieren wird. Bei solchen Erwartungen versuchen die Volkswirte, die Annahmen der EZB über Ölpreis, Marktzinsen oder Wechselkurse nachzubilden.

Noch deutlichere Korrekturen erwarten sie bei der Inflation: Demnach wird die EZB ihre Projektion für 2009 von 1,4 auf 0,8 % und für 2010 von 1,8 auf 1,6 % senken. Die EZB strebt „unter, aber nahe 2,0 %" an. Im Januar lag die Teuerung bei 1,1 %. „Die EZB läuft Gefahr, ihr Inflationsziel den Großteil von 2010 zu unterschießen", sagt James Nixon, EZB-Beobachter bei der Société Générale (Paris: FR0000130809 – Nachrichten).

Deflationsgespenst
Neben zu hohen Teuerungsraten wollen Notenbanker auch zu niedrige vermeiden – vor allem wegen der Gefahr einer Deflation. Diese befürchtet die EZB offiziell zwar noch nicht, dennoch scheint die Sorge zu wachsen, die Inflation könne zu lange unter den avisierten knapp 2,0 % bleiben.

Zuletzt haben einige Notenbanker wie Bundesbankchef Axel Weber betont, ein Leitzins von 1,0 % sei so etwas wie eine Untergrenze. Hintergrund ist auch, dass der Tagesgeldsatz im Euro-Raum (Eonia) anders als früher weit unter dem Leitzins notiert. Er orientiert sich derzeit eher am Einlagenzins der EZB für überschüssige Liquidität, der stets 100 Basispunkte unter dem Leitzins liegt. Bei 1,0 % Leitzins wäre der Tagesgeldsatz also de facto schon nahe null Prozent.

Volkswirte, die einen Leitzins von weniger als 1,0 % erwarten, verweisen darauf, dass dies den Dreimonats-Euribor senken würde. An diese Rate sind viele Kreditverträge direkt gekoppelt. Zudem würde es die schwer angeschlagenen Banken entlasten. Auch spekulieren Experten, dass die EZB auf unorthodoxe Mittel wie Wertpapierkäufe zurückgreift. EZB-Vertreter haben eingeräumt, dass darüber bereits im Rat diskutiert werde – es scheint aber äußerst umstritten. Einige fürchten Probleme bei der Umsetzung, andere sehen keinen Bedarf dafür.
Quelle: http://de.biz.yahoo.com/05032009/345/geldpolitik-krisenzeiten-ezb-historischer.html (12.04.2009)

1. Formulieren Sie die Kernaussagen des Textes.
2. Recherchieren Sie die Wirtschaftslage, in der das Handeln der EZB erfolgt.
3. Zeigen Sie auf, welche geldpolitische Strategie die EZB verfolgt.
4. Erläutern Sie die Teilüberschrift „London prescht vor".
5. Recherchieren Sie, inwieweit das beschriebene Handeln der EZB vor dem Hintergrund der aktuellen Wirtschaftslage sinnvoll wäre.
6. Analysieren Sie, welche Wirtschaftprognose für das Jahr 2009 gegeben wurde.
7. Recherchieren Sie, inwieweit die Prognose eingetreten ist.
8. Begründen Sie, warum im Bankwesen eine Deflation noch mehr gefürchtet wird als eine Inflation.

Preisnotierung
1 US$ = ... €

Mengennotierung
1 € = ... US $

1. Erklären Sie die Zahlen im obigen Bild.
2. Definieren Sie die Begriffe „Aufwertung" und „Abwertung".

2.4 Wechselkurssysteme im Überblick

EUR/USD Doppelboden komplettiert
Auch am letzten Feiertag des langen Osterwochenendes bleibt der bereits seit Freitag bestehende Kaufsignalcharakter bei EUR/USD erhalten. Mit 1,3275 hat der Kurs heute in der Spitze 150 Pips zugelegt. Bei 1,3100 hat sich damit ein Doppelboden komplettiert, der Kurspotenzial bis 1,3400 in den nächsten Handelstagen eröffnet. Um 12:55 Uhr UTC notiert EUR/USD bei 1,3255. Widerstand liegt bei 1,3275 und 1,3300.
Quelle: www.boerse-go.de/nachricht/EUR-USD-Doppelboden-komplettiert, a1210459.html (13.04.2009)

Die zunehmende Globalisierung beeinflusst das Handeln in der Wirtschaft. Selbst kleine Unternehmen betätigen sich immer mehr grenzüberschreitend. Angesichts moderner Kommunikationsmedien ist dies nicht überraschend. Doch damit verbunden ist die Notwendigkeit eines funktionierenden internationalen Zahlungsverkehrs, der aber durch unterschiedliche Währungen in den einzelnen Staaten erschwert wird. Um international agieren zu können, ist es notwendig, dass die Währungen austauschbar sind, sodass ausländische Währungen gehandelt werden können. Der Preis, zu dem eine Währung von einer anderen erworben werden kann, heißt **Wechselkurs**.
Wechselkurse kann man nach verschiedenen Kriterien unterteilen. Ein Abgrenzungskriterium ist das Einbeziehen des Preisniveaus. Danach unterscheidet man den realen und den nominalen Wechselkurs. Grundsätzlich gibt der nominale Wechselkurs an, in welchem Verhältnis die Währung eines Landes gegen die Währung eines anderen Landes getauscht werden kann. Wechselkurse bzw. Devisenkurse bilden sich am Devisenmarkt. Wird der Preis der ausländischen Währung in der heimischen Währung ausgedrückt, spricht man von **Preisnotierung**. Drückt man den Preis der inländischen Währung in der ausländischen Währung aus, handelt es sich um **Mengennotierung**. Die Preisnotierung ist somit der Kehrwert der Mengennotierung. In der Bundesrepublik Deutschland wurde bis 1998 der Wert der DM preisnotiert angegeben, d. h. z. B. 1,58 DM = 1 US $. Mit der Einführung des Euro erfolgte die Umstellung auf Mengennotierung, die Angaben erfolgen also in der Form wie z. B. 1 € = 1,35 US $.

Devisenkurse einer Währung sind in der Regel nicht einheitlich. Üblicherweise wird zwischen Ankaufskurs, auch Geldkurs genannt, und Verkaufskurs, auch Briefkurs genannt, unterschieden. **Ankaufskurs** ist der Kurs, zu dem Banken ausländisches Geld ankaufen. Der **Verkaufskurs**, der in der Regel höher ist als der Ankaufskurs, ist der Preis, zu dem Geschäftsbanken ausländisches Geld verkaufen. Die Differenz zwischen Ankaufs- und Verkaufskurs nennt man **Kursspanne**.

Der reale Wechselkurs betrachtet über den reinen Preis einer Währung auch das Verhältnis von einem repräsentativen Warenkorb eines Landes zum Warenkorb eines anderen Landes. Der reale Wechselkurs ergibt sich als Produkt des nominalen Wechselkurses mit dem Verhältnis der Preisniveaus der Länder. Ist der reale Wechselkurs hoch, sind die ausländischen Waren im Inland relativ preiswert, anderenfalls relativ teuer.

Wechselkurssysteme im Vergleich

Der Wechselkurs zwischen zwei Währungen ergibt sich normalerweise im Marktkräftespiel von Angebot und Nachfrage. Prinzipiell unterscheidet man zwei Arten von Wechselkurssystemen: flexible und starre Wechselkurse. Herrschen flexible oder **freie Wechselkurse**, bildet sich der Preis im Zusammenspiel von Angebot und Nachfrage. Kursbeeinflussende Maßnahmen, die den Wert einer der beiden Währungen stützen könnten, werden üblicherweise nicht durchgeführt. Flexible Wechselkurse herrschen z. B. zwischen Euro und US-Dollar.

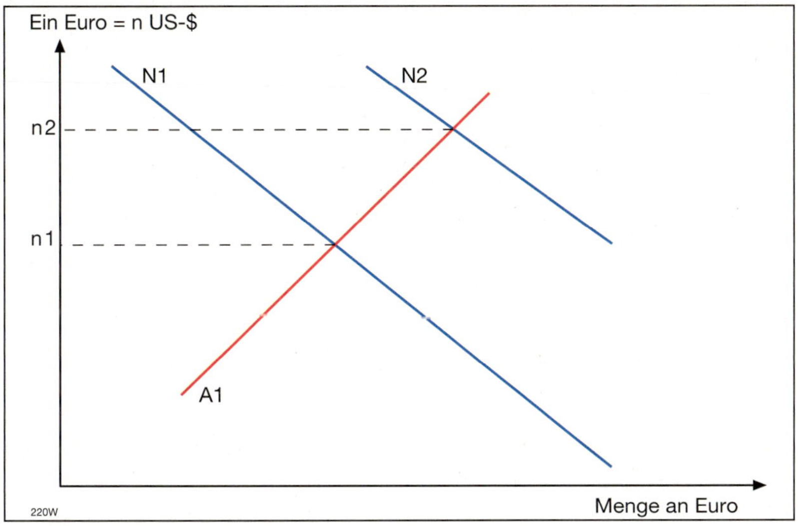

Wechselkursbildung bei flexiblen Wechselkursen

Die Abbildung oben zeigt eine mögliche Konstellation des Eurokurses zum Dollar. Am Berichtstag hat ein Euro einen Wert von n1 Dollar. Der Wert ergibt sich dadurch, dass eine bestimmte Anzahl an Anbietern Euro auf dem Markt verkaufen will. Dies können z. B. Exporteure sein, die ihre Geschäfte auf Eurobasis abgewickelt haben. Eine Nachfrage nach Euro kann sich ergeben, weil Importeure ihre Waren in dieser Währung zahlen müssen. Entsprechend der normalen Marktgesetze steigt mit dem Preis das Angebot und fällt die Nachfrage, sodass sich der dargestellte Gleichgewichtspreis ergeben kann. Der Preis ist jedoch nur eine Momentaufnahme. Durch Veränderungen in der Handelstätigkeit ändert sich auch das Angebots- und Nachfrageverhalten nach der Währung. Steigen z. B. die Produktpreise, die auf Eurobasis abgerechnet werden, müssen Importeure einen höheren Preis zahlen, sodass sich die Nachfrage nach Euro erhöht. Damit verschiebt sich die Nachfragekurve nach rechts auf die Position N2. Der Gleichgewichtspreis steigt im dargestellten Beispiel auf n2.

Ebenso kann durch erhöhte Handelstätigkeit aufseiten der Exporteure das Angebot an der Währung steigen, wenn die Geschäfte in dieser Währung abgewickelt wurden (siehe nebenstehende Grafik). Die Exporteure können die Auslandswährung auf dem heimischen Markt nicht verwenden, bieten sie also zum Verkauf an. Das erhöhte Angebot führt zu einer Verschiebung der Angebotskurve nach rechts, sodass der Preis der Währung von a1 auf a2 sinkt. Der Preis der ausländischen Währung ist bei freien Wechselkursen ständigen Schwankungen unterworfen und für international agierende Händler schwer kalkulierbar.

i

Ein Währungskorb wird aus den Währungen der wichtigsten Handelspartner gebildet. Der effektive Wechselkurs wird bestimmt, indem der Durchschnitt aus allen bilateralen Wechselkursen im Währungskorb gebildet wird, dabei wird jeder bilaterale Wechselkurs mit dem Anteil des jeweiligen Landes am Außenhandel gewichtet. In Europa gab es vor der Einführung des Euro einen Währungskorb, dessen Leitwährung der ECU war.

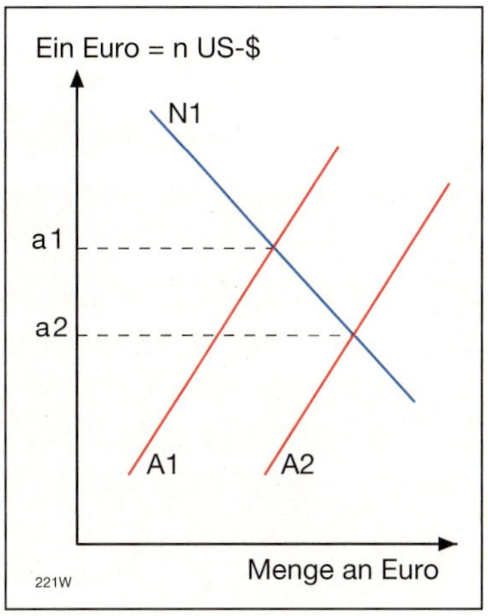

Preisentwicklung des Euro bei steigendem Angebot an Euro

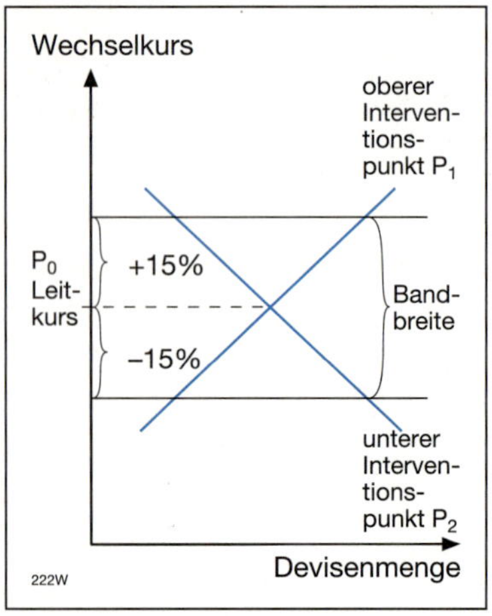

Kursbildung bei relativ starren Wechselkursen

1. Recherchieren Sie, welche Staaten der Europäischen Union derzeit am WKM II teilnehmen.

Im System **starrer (fixer) Wechselkurse** verändern sich die Wechselkurse der Währungen zweier Länder bzw., sofern ein Währungskorb zugrunde liegt, aller beteiligten Länder zueinander nicht. Die beteiligten Zentralbanken legen einen Preis fest, der als starres Austauschverhältnis der Währungen zueinander bestimmt wird. Dieser Vorgang wurde vor der Einführung des Euro mit den beteiligten Währungen im Eurowährungsraum vollzogen. Für jede Währung wurde ein festes Austauschverhältnis zum Euro definiert. Für die DM wurde festgelegt, dass 1,00 € dem Wert von 1,95583 DM entsprechen soll.

In der Regel sollten die Wechselkurse umso fixer sein, je enger Volkswirtschaften realwirtschaftlich miteinander verzahnt sind. Das ist nur dann sinnvoll, wenn in den beteiligten Volkswirtschaften eine aufeinander abgestimmte Geld- und Wirtschaftspolitik betrieben wird.

Da ganz starre Wechselkurse in verschiedenen Volkswirtschaften schwer zu realisieren sind, findet man häufig die Variante, dass die Wechselkurse nur relativ starr sind, d. h., sie können innerhalb festgelegter Bandbreiten, z. B. im Bereich von ±2 %, zueinander schwanken. Dazu wird ein Paritätswert der Währungen zueinander festgelegt, von dem der Wert der Währung nur innerhalb der Bandbreite schwanken darf. Die Grenzen dieser Bandbreiten nennt man Interventionspunkte. Erreicht der Preis der Währung den oberen oder unteren **Interventionspunkt**, müssen die beteiligten Zentralbanken intervenieren, indem sie je nach Lage der Kursverschiebung Devisen kaufen oder verkaufen. Dieses System wird innerhalb der Europäischen Wirtschafts- und Währungsunion realisiert, soweit die beteiligten Staaten den Euro noch nicht als Währung eingeführt haben und bereits an dem Wechselkursmechanismus teilnehmen.

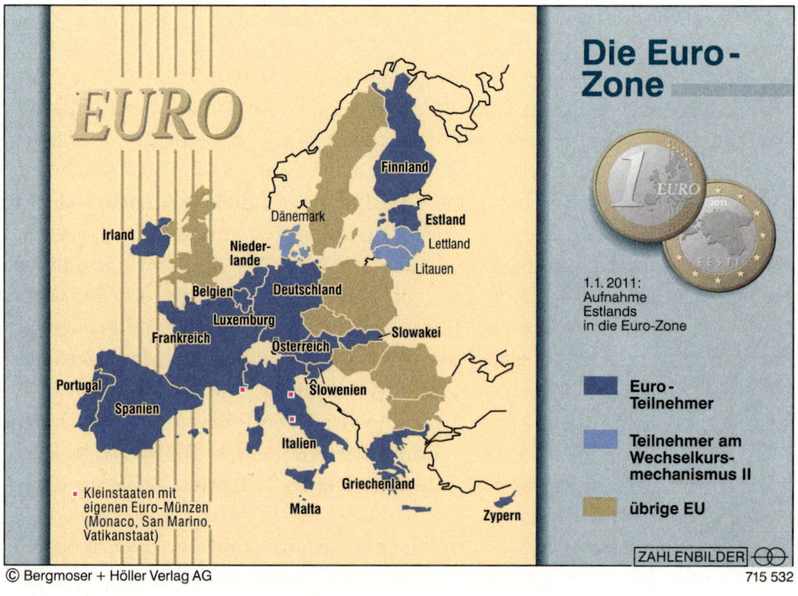

 715 532

Der **Wechselkurmechanismus (WKM II)** sieht vor, dass die beteiligten Währungen um den Wert des Euro um ±15 % schwanken dürfen. Für die dänische Krone ist eine Schwankungsbreite von ±2,25 % festgelegt. Der WKM II ist ein Wechselkurssystem mit dem Ziel, die teilnehmenden Länder auf die Einführung des Euro vorzubereiten. Neben anderen Kriterien ist die zweijährige erfolgreiche Teilnahme am WKM II Voraussetzung für die Euroeinführung.

Ursachen von Wechselkursschwankungen

Wechselkursschwankungen haben vielfältige Ursachen. Sie können z. B. durch Zinsniveauänderungen ausgelöst werden. Erhöht sich das Zinsniveau, erhöht sich die Nachfrage nach Staatsanleihen. Da die Anleihen in der Währung dieses Landes bezahlt werden müssen, entsteht eine erhöhte Nachfrage nach dieser Währung. Wechselkursschwankungen werden oft durch die Erwartungen der Marktteilnehmer ausgelöst. In Erwartung eines steigenden Kurses kaufen sie die Währung, um von der Kurssteigerung zu profitieren, was zu einer Verschiebung der Nachfragekurve nach rechts führt.

Schließlich werden Wechselkursschwankungen durch Veränderungen des Handelsvolumens und eines damit entstehenden Angebot- oder Nachfrageüberhangs einer Währung ausgelöst.

Unter der Annahme, dass ein Land, z. B. Dänemark, innerhalb des WKM II Handel mit einem Land der Eurozone betreibt, muss entschieden werden, ob der Handel in Euro oder in dänischen Kronen bezahlt werden soll.

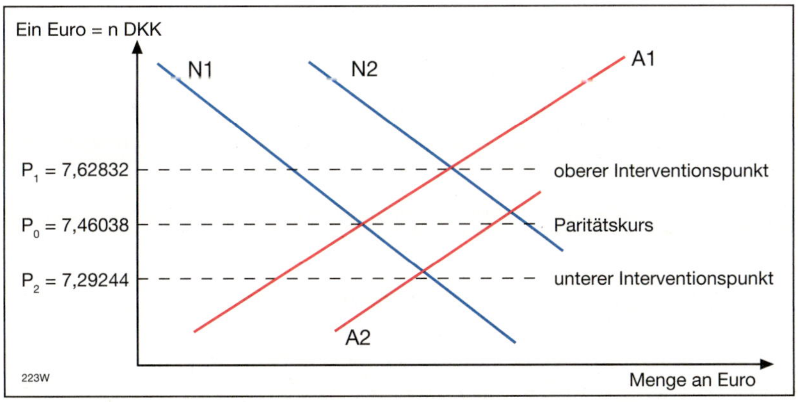

Im vorliegenden Beispiel erhöht Dänemark die Importe aus der Eurozone mit der Konsequenz, dass in Dänemark vermehrt Euro benötigt werden. In Dänemark steigt aufseiten der Importeure die Nachfrage nach Euro. Damit verschiebt sich die Nachfragekurve nach rechts (von N1 auf N2). Der Preis des Euro steigt im Verhältnis zur Dänischen Krone. Spätestens bei Erreichen des oberen Interventionspunktes müssen die Europäische Zentralbank und die Dänische Notenbank intervenieren. In diesem Fall kann der Kurs dem Paritätskurs wieder angenähert werden, wenn eine Erhöhung des Angebots erfolgt. Die Dänische Notenbank bietet Euro auf dem Markt an. Dadurch verschiebt sich die Angebotskurve ebenfalls nach rechts (von A1 auf A2), sodass der Kurs des Euro wieder sinkt und sich der Parität annähert.

Grenzen der Interventionsmöglichkeiten werden durch die Währungsreserven der Notenbank gesetzt. Verfügt die Notenbank nicht über ausreichende Reserven der Fremdwährung, kann sie keine entsprechende Kurskorrektur vornehmen. Bei dauerhafter Intervention ist es erforderlich, den Paritätskurs zu korrigieren. Im vorliegenden Falle hieße das, dass der Paritätskurs nach oben verschoben werden müsste. Damit verteuert sich der Euro im Verhältnis zur Dänischen Krone. Der Euro erfährt eine **Aufwertung**, zugleich bedeutet dies für die Dänische Krone eine **Abwertung**.

1. Erklären Sie den Begriff „Paritätskurs", und stellen Sie fest, welche Paritätskurse für die Währungen festgesetzt wurden, die am WKM II teilnehmen.

2. Ermitteln Sie die Interventionspunkte der Währungen entsprechend der vorgegebenen Schwankungsbreiten.

3. Stellen Sie dar, welche Konsequenzen sich für den Kurs einer Währung im WKM II ergeben, wenn
   a) die Importe aus dem Eurowährungsraum in dieses Land zunehmen und die Geschäfte in Euro abgewickelt werden,
   b) die Exporte aus diesem Land in den Eurowährungsraum zunehmen und die Geschäfte in Euro abgewickelt werden.

4. Welche Maßnahmen müssen die beteiligten Zentralbanken ergreifen, wenn der Preis der Währung, die am WKM II teilnimmt,
   a) auf den oberen Interventionspunkt steigt,
   b) auf den unteren Interventionspunkt fällt?

2.5 Wirkungen von Wechselkursschwankungen sowie Vor- und Nachteile fester und flexibler Wechselkurse

Die Wechselkurse der Währungen zueinander sind von großer Bedeutung, insbesondere bei intensiven Handelsbeziehungen zwischen verschiedenen Währungsräumen. Dabei kann nicht entschieden werden, welches Wechselkurssystem das bessere ist, alle haben sowohl Vor- als auch Nachteile.

Freie Wechselkurse, wie sie zwischen Euro und US-Dollar bestehen, lassen eine Kursbildung nach marktwirtschaftlichen Prinzipien zu. Angebot und Nachfrage bestimmen den Kurs. Bei Veränderungen der Nachfrage nach bzw. des Angebots an Devisen auf dem Markt verändert sich auch der Preis. Diese Wechselkursschwankungen bezeichnet man als **floating**. Flexible Wechselkurse ermöglichen den in diesem System organisierten Staaten eine unabhängige Geldpolitik. Die inländische Geldmenge kann von der Zentralbank gesteuert werden. Interventionen, wie z. B. die künstliche Verknappung oder Ausweitung der Geldmenge zur Kursstabilisierung der eigenen Währung oder einer ausländischen Währung, sind nicht erforderlich.

Sinkende Kurse der heimischen Währung führen dazu, dass die Preise für inländische Produkte im Ausland sinken. Das bewirkt ein Ansteigen der Exporte, wodurch eine Belebung der Wirtschaft hervorgerufen wird. Mit diesem Prozess einher geht das Ansteigen der Nachfrage nach der Inlandswährung mit der Konsequenz der Kurssteigerung. Durch diesen Mechanismus werden ausgeglichene Handelsbilanzen gefördert.

Problematisch an flexiblen Wechselkursen ist das hohe Kursrisiko für international agierende Händler, insbesondere wenn die Bezahlung erst in der Zukunft erfolgt. Die nicht vorhersehbare Kursentwicklung erschwert die Kalkulation für Unternehmen. Sollen die Risiken vermieden werden, müssen Kurssicherungsgeschäfte geschlossen werden, die jedoch mit Kosten verbunden sind. Im System relativ starrer Wechselkurse entfällt dieses Risiko, da die Schwankungen nur innerhalb festgelegter Bandbreiten stattfinden. Je geringer die Bandbreite ist, desto geringer ist auch der Unsicherheitsfaktor für die Unternehmen. Vor diesem Hintergrund bevorzugen international auftretende Unternehmen relativ starre Wechselkurse.

1. Verwenden Sie die beiden Grafiken unten.
   a) Beschreiben Sie die Entwicklung des Eurokurses im Vergleich zum US-Dollar.
   b) Zeigen Sie die Konsequenzen der Kursentwicklung für die europäische Wirtschaft auf.

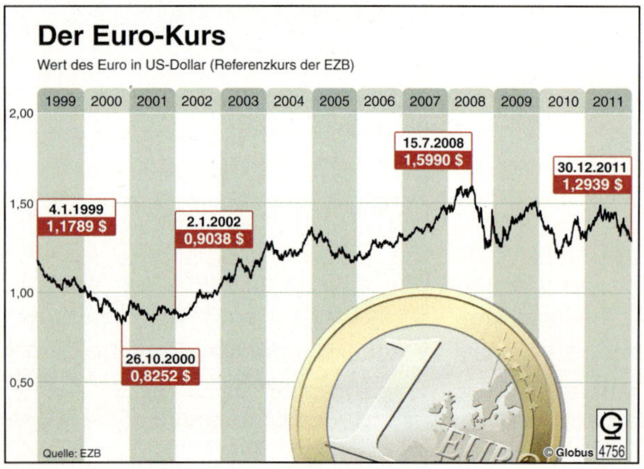

Der relativ starre Wechselkurs wird jedoch damit bezahlt, dass die beteiligten Staaten keine autonome Geldpolitik mehr betreiben können, da die Zentralbanken kurssichernde Verhaltensweisen zeigen müssen, indem sie bei Kursschwankungen Währung ankaufen bzw. verkaufen müssen. Ferner wird durch relativ starre Wechselkurse die Gefahr der importierten Inflation geschaffen. Intensiviert Dänemark z. B. in den Handel mit Staaten des Eurowährungsraums, gelangen zusätzliche Geldeinheiten, in diesem Fall Euro, in die dänische Volkswirtschaft. Durch den Umtausch in Dänische Kronen erhöht sich die Geldmenge, ohne dass sich zugleich in diesem Maße die Gütermenge erhöht. Die Ausweitung der Geldmenge bei konstanter Gütermenge führt zu Inflation.

Relativ starre Wechselkurse begünstigen Ungleichgewichte innerhalb der Teilbilanzen der Zahlungsbilanz, da der Wert der Währungen im System relativ starrer Wechselkurse durch die Interventionen der Zentralbanken verfälscht wird. Erhöht beispielsweise Dänemark die Importe aus der Eurozone und löst damit eine Erhöhung der Nachfrage nach Euro aus, steigt der Preis im Verhältnis zur Dänischen Krone. Durch entsprechende Intervention der Zentralbanken, wie Erhöhung des Angebots an Euro auf dem Markt, sinkt der Preis der Währung wieder. Der Marktausgleichsmechanismus, der bei flexiblen Wechselkursen geschieht, wird hier verhindert. Dies hat zur Konsequenz, dass ein wirtschaftliches Ungleichgewicht zwischen Exporten und Importen erhalten bleibt, weil die Marktgesetze ausgehebelt werden.

Dennoch hat sich erwiesen, dass relativ starre Wechselkurse für Staaten mit starker wirtschaftlicher Verflechtung günstiger sind als freie Wechselkurse. Dies kann damit begründet werden, dass kostenintensive Devisentermingeschäfte nicht erforderlich sind. Die Unternehmen können auf einer sicheren Basis Kosten und Preise kalkulieren. Das begünstigt die Exportwirtschaft. Inflationsgefahr durch starke Kursanstiege werden vermieden. Innerhalb der Volkswirtschaft ergibt sich damit eine relativ hohe Sicherheit für die exportwirtschaftlich getragenen Arbeitsplätze.

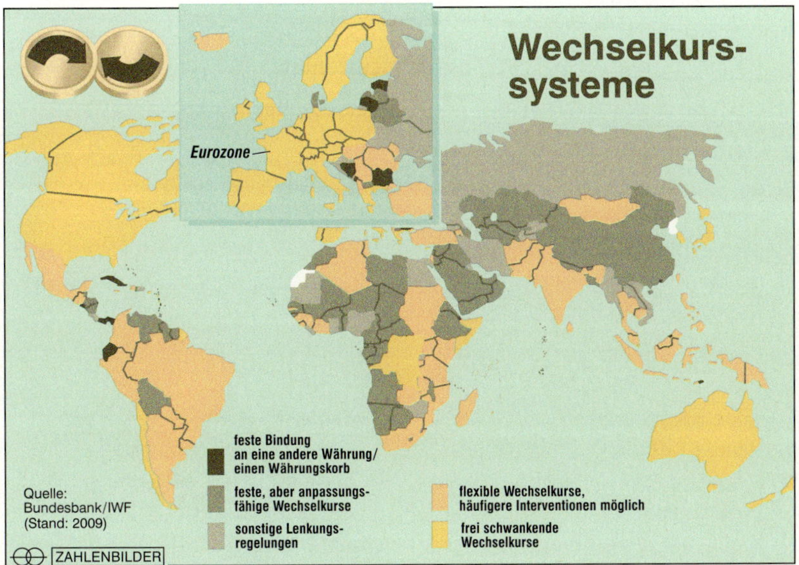

625 103

1. Analysieren Sie die Grafik „Wechselkurssysteme". Klären Sie dabei die Begriffe „kontrolliertes Floating" und „freies Floating".
2. Erklären Sie, was sich hinter den dargestellten Wechselkurssystemen verbirgt.
3. Erläutern Sie anhand steigender Rohölpreise auf dem Weltmarkt die Konsequenzen für die deutsche Wirtschaft, wenn der Handel mit Währungen durchgeführt wird, zu denen der Euro
   a) flexible Wechselkurse,
   b) relativ starre Wechselkurse
   hat.

Geldpolitisches Instrumentarium

geldpolitische Geschäfte	Transaktionsart Liquiditätsbereitstellung	Transaktionsart Liquiditätsabschöpfung	Laufzeit	Rhythmus	Verfahren
Offenmarktgeschäfte					
Hauptrefinanzierungsinstrument	befristete Transaktionen	–	1 Woche	wöchentlich	Standardtender
längerfristige Refinanzierungsgeschäfte	befristete Transaktionen	–	3 Monate	monatlich	Standardtender
Feinsteuerungsoperationen	befristete Transaktionen Devisenswaps	Devisenswaps Hereinnahme von Termineinlagen befristete Transaktionen	nicht standardisiert	unregelmäßig	Schnelltender bilaterale Geschäfte
strukturelle Operationen	befristete Transaktionen	Emission von Schuldverschreibungen	standardisiert/ nicht standardisiert	regelmäßig und unregelmäßig	Standardtender
Ständige Fazilitäten					
Spitzenrefinanzierungsfazilitäten	befristete Transaktionen	–	über Nacht	Inanspruchnahme auf Initiative der Geschäftspartner	
Einlagefazilitäten	–	Einlagenannahme	über Nacht	Inanspruchnahme auf Initiative der Geschäftspartner	
Mindestreserve					
–	dauerhafte Transaktion	–	für die Dauer der Einlage	Inanspruchnahme auf Initiative der EZB	

Wichtige Begriffe

Einlagefazilität
Europäisches System der Zentralbanken
Europäische Zentralbank
flexible Wechselkurse
Geldmenge
Hauptrefinanzierungsgeschäfte
Mengentender
Mindestreserve
Offenmarktgeschäfte
Spitzenrefinanzierungsfazilität
starre Wechselkurse
Wechselkursmechanismus II
Zinstender

Wechselkurssysteme

relativ starre Wechselkurse	flexible Wechselkurse
– Kurse in festgelegten Bandbreiten – bei Verlassen der Bandbreite Intervention der Zentralbanken der beteiligten Volkswirtschaften – bei dauerhafter Intervention Neufestsetzung des Paritätskurses	– Kurse bilden sich frei nach Angebot und Nachfrage
Vorteile	
– keine Kursrisiken – sichere Kalkulationsmöglichkeit – begünstigt die wirtschaftliche Zusammenarbeit – begünstigt den Außenhandel	– begünstigt Ausgleich der Teilbilanzen der Zahlungsbilanz – geringe Gefahr, Inflation zu importieren

1. a) Erläutern Sie die Zusammensetzung des EZB-Rates.
   b) Grenzen Sie den EZB-Rat vom sogenannten „Erweiterten Rat" ab.
   c) Erläutern Sie die Aufgaben des EZB-Rates, und begründen Sie, warum hierfür eine Unabhängigkeit von nationalen Regierungen unbedingt erforderlich ist.
2. a) Stellen Sie ein geeignetes geldpolitisches Instrument dar, mit dem die EZB auf die im nebenstehenden Text beschriebene Wirtschaftslage reagieren kann.
   b) Zeigen Sie auch die idealtypische Wirkungsweise dieses Instruments.
3. Erläutern Sie ausgehend von folgendem Beispiel den Zinstender.

EZB:
Ankündigung eines Haupttenders

Gebot Bank 1:	Gebot Bank 2:	Gebot Bank 3:	Gebot Bank 4:
32 Millionen Euro zu 3,3 %	45 Millionen Euro zu 3,2 %	18 Millionen Euro zu 3,35 %	55 Millionen Euro zu 3,25 %

Zuteilungsvolumen:
100 Millionen Euro

4. Verwenden Sie den Textauszug aus dem Bundesbankbericht.
   a) Geben Sie die wesentlichen Aussagen wieder.
   b) Zeigen Sie die Maßnahmen, die die Europäische Zentralbank in der dargestellten Situation ergreifen kann, und erläutern Sie die zu erwartenden idealtypischen Wirkungsweisen.
5. Grundsätzlich unterscheidet man zwei Arten von Wechselkurssystemen, relativ starre und flexible Wechselkurse.
   a) Erläutern Sie die beiden Wechselkursarten.
   b) Beurteilen Sie die beiden Wechselkursarten anhand dreier Kriterien.
   c) Begründen Sie, warum es sinnvoll ist, dass wirtschaftlich stark miteinander verbundene Staaten ihre Währungen über relativ starre Wechselkurse zueinander definieren.
   d) Stellen Sie dar, welche Auswirkungen auf die Wechselkurse der beteiligten Staaten zu erwarten sind, wenn die Exporte aus der Eurozone in ein Land, dass dem WKM II angehört, erheblich ansteigen.
   e) Zeigen Sie, welche Maßnahmen die beteiligten Zentralbanken ergreifen, wenn die in Aufgabe 5 d) beschriebene wirtschaftliche Situation eintritt, und stellen Sie diesen Prozess mit Hilfe des Marktmodells grafisch dar.

Q

Bundesbank-Bericht: Konjunkturpakete helfen nicht gegen Export-Krise

Deutschland kommt nach Einschätzung der Deutschen Bundesbank in den kommenden Monaten nicht aus der Rezession heraus. Mit den Konjunkturpaketen könne allenfalls die Tiefe des Wirtschaftsabschwungs etwas gemildert werden.

Die umfangreichen Konjunkturpakete der Bundesregierung könnten den Abwärtstrend bestenfalls abfedern, aber keineswegs stoppen, schreibt die Notenbank in ihrem am Donnerstag in Frankfurt veröffentlichten Monatsbericht: „Die Impulse werden selbst bei günstigen Annahmen die kurzfristig absehbaren Verluste im Auslandsgeschäft bei Weitem nicht kompensieren können."

Das Ziel staatlicher Nachfragestützung könne es nur sein, eine Verschärfung des vom Außenhandel ausgehenden Abwärtsdrucks durch ein Übergreifen auf die Inlandsnachfrage zu verhindern. [...]

Auch die Wintermonate 2009 werden von „weiteren empfindlichen Produktionskürzungen" gekennzeichnet sein, schreibt die Bundesbank. In der Industrie hätten zahlreiche von der Auftragsflaute besonders betroffene Unternehmen nicht nur die üblichen Werksferien um die Weihnachtsfeiertage bis weit in den Januar hinein verlängert, sondern zusätzliche Produktionsunterbrechungen im ersten Quartal angekündigt. Hintergrund sei die drastisch gesunkene Nachfrage.

Quelle: http://www.tagesspiegel.de/wirtschaft/bundesbank-bericht-konjunkturpakete-helfen-nicht-gegen-export-krise/1450766.html

David Ricardo (1772–1823)
Britischer Ökonom und Vertreter der klassischen Nationalökonomie.
Er entwickelte die Theorie der komparativen Kostenvorteile. Danach soll sich ein Land auf die Produktion jener Güter spezialisieren, die gegenüber anderen Ländern kostengünstiger hergestellt werden können. Er belegte dies am Beispiel der Produktion von Tuch und Wein in England und Portugal.

1. Recherchieren Sie im Internet nach der Theorie der komparativen Kosten, und belegen Sie Ricardos „Tuch-Wein-Beispiel".

3 Außenwirtschaft

3.1 Die Bedeutung außenwirtschaftlicher Beziehungen für Deutschland

Die wirtschaftliche Lage eines Landes wird nicht nur durch seine Beschäftigungs- und Einkommensentwicklung bzw. Geld- und Währungssituation, sondern auch durch seine wirtschaftlichen Beziehungen zum Ausland beeinflusst. Unter Außenwirtschaft versteht man die Summe aller Wirtschaftsbeziehungen, wie Ein- und Ausfuhren von Waren und Dienstleistungen sowie den Geld- und Kapitalverkehr eines Landes mit anderen Ländern.
Da mit der Einführung des Europäischen Binnenmarktes zum 01.01.1993 die zollamtlichen Kontrollen in den Grenzen der Mitgliedstaaten der Europäischen Union weggefallen sind, muss man zwei Arten der außenwirtschaftlichen Beziehungen unterscheiden:
- Der **Intrahandel** erfasst den grenzüberschreitenden Warenverkehr zwischen Deutschland und den anderen Mitgliedstaaten der EU.
- Der **Extrahandel** registriert den grenzüberschreitenden Warenverkehr zwischen Deutschland und den Ländern außerhalb der EU.

Die Erfassung der Daten über die grenzüberschreitenden Warenbewegungen erfolgt beim Extrahandel nach der klassischen Methode über die Zollverwaltungen. Beim Intrahandel werden direkt bei den deutschen Unternehmen Erhebungen durchgeführt.

Die Bedeutung der außenwirtschaftlichen Beziehungen eines Landes wird durch die **Außenhandelsquote** – auch Import- und Exportquote genannt – wiedergegeben. Darunter versteht man den prozentualen Anteil der Summe von Im- und Exporten am Bruttoinlandsprodukt. Dabei werden entweder Waren und Dienstleistungen oder nur Waren berücksichtigt. Sie wird in der Regel als Prozentwert angegeben und verwendet die Währung des betreffenden Landes zu Preisen des jeweiligen Jahres.

$$\text{Außenhandelsquote} = \frac{\text{Importe} + \text{Exporte}}{\text{Bruttoinlandsprodukt}} \times 100$$

Die Außenhandelsquote ist eine volkswirtschaftliche Kennzahl, die darüber Auskunft gibt, wie stark ein Land mit anderen Ländern Güter austauscht, und sie dient als Indikator für die Einbindung eines Landes in die Weltmärkte.

Land	Waren	Waren und Dienstleistungen
Deutschland	59,8 %	76,2 %
Großbritannien	38,0 %	55,8 %
Japan	20,2 %	23,2 %
USA	19,4 %	26,4 %
Belgien	136,6 %	175,2 %
Niederlande	95,4 %	140,6 %

Quelle: Oliver Blanchard/Gerhard Illing: Makroökonomie 2006, S. 215

Der Vergleich der verschiedenen Länder belegt eindeutig, dass Deutschland sehr starke Handelsverflechtungen mit anderen Volkswirtschaften hat. Die großen Unterschiede zwischen den einzelnen Ländern werden vor allem durch die geografische Lage und die Größe eines Landes bestimmt.

„Was die Weltwirtschaft angeht, so ist sie verflochten.“
Kurt Tucholsky

Die geografische Lage und damit die Entfernung zwischen den Märkten wirkt sich dahingehend aus, dass große Distanzen zwischen den Volkswirtschaften den Außenhandel hemmen. Andererseits spezialisieren sich kleinere Länder, wie z. B. Belgien, stärker und haben im Vergleich zu ihrem Binnenmarkt relativ hohe Ex- und Importe, wodurch die Außenhandelsquote steigt. Japan und die USA hingegen haben einen großen Binnenmarkt, was eine sinkende Quote bedeutet.

Da die Kennziffer zwar einen Eindruck von den internationalen Handelsverflechtungen bietet, jedoch kein verlässlicher Indikator für die Offenheit einer Volkswirtschaft ist, wird für den Umfang der außenwirtschaftlichen Beziehungen auch der Anteil der **handelbaren Güter** genommen. Hierbei unterscheidet man zwischen handelbaren Gütern wie Autos, Computer oder Maschinen und nicht handelbaren Gütern wie Haarschnitte, Wohnungen oder ärztliche Untersuchungen.

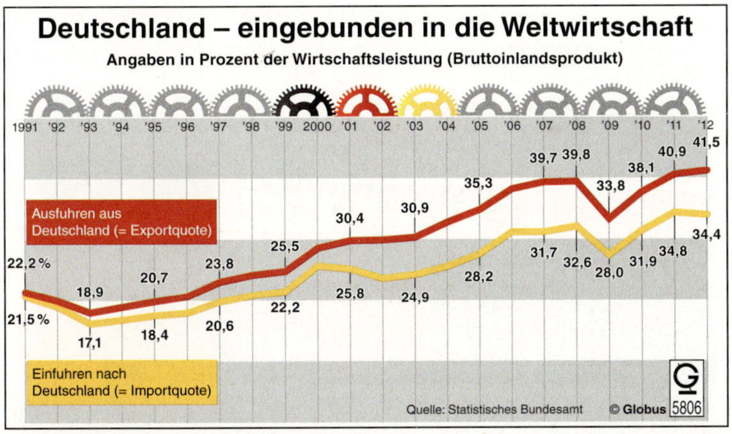

Die Entwicklung der deutschen Warenexporte und -importe in Bezug zum BIP lässt folgende Aussagen zu:
- Die Warenexporte und die Warenimporte folgten demselben Trend, wobei die Exporte die Importe stets übertrafen. Die Außenhandelsbilanz wies damit immer einen Überschuss aus.
- Seit den 1960er-Jahren haben sich die Anteile der Warenexporte und der Warenimporte am BIP verdoppelt.
- Der Anteil des Außenhandelsüberschusses variierte jedoch sehr stark:
  - 1980 ereichte der Handelsbilanzüberschuss nur 0,6 % des BIP. Der Rückgang findet seine Begründung in den erhöhten Ölpreisen während der Ölkrise.
  - Anfang der 1990er-Jahre haben die Importe im Zuge der deutschen Wiedervereinigung zugenommen, die Exporte gleichzeitig abgenommen.
  - Im Jahr 2005 ergab sich ein Rekordüberschuss in der Handelsbilanz, der bei 7 % des BIP lag. Es handelte sich um einen historischen Höchstwert.

Deutschland ist stärker als viele andere Länder mit der Weltwirtschaft verbunden. Jeder vierte Euro wird im Export verdient, und jeder fünfte Arbeitsplatz hängt vom Außenhandel ab (Stand 2010). Außenwirtschaftliche Beziehungen
- schaffen Arbeitsplätze in den exportorientierten Industrien, wie der Automobilbranche, Maschinenbau und Chemie sowie deren Zulieferer,
- erfordern Höherqualifizierung der Arbeitskräfte in diesen Branchen,
- bringen für die Arbeitnehmer einen Angleichung an die internationalen Lebens- und Arbeitsverhältnisse.

1. Begründen Sie die hohe Außenhandelsquote der Bundesrepublik Deutschland unter Berücksichtigung seiner Größe und geografischen Lage.

2. Recherchieren Sie im Internet und aktualisieren Sie die nebenstehende Grafik anhand des Zahlenmaterials des Statistischen Bundesamtes.

Deutschland hat sich in den letzten 60 Jahren zu einer Exportnation entwickelt und war jahrelang Exportweltmeister. Da die deutsche Volkswirtschaft rund ein Drittel ihres BIPs exportiert und fast ebenso viel aus anderen Staaten importiert, ist dies von großer Bedeutung für seine Wirtschaftsstruktur.

Bedingt durch einen günstigen Dollarkurs gegenüber der jungen DM kam es in Westdeutschland bereits nach der Währungsreform von 1948 zu einer starken Auslandsnachfrage. Um diesen Güterbedarf zu befriedigen, entwickelte sich das rohstoffarme Westdeutschland allmählich zu einer Exportnation. Man beschaffte sich auf den Weltmärkten überwiegend Rohstoffe aber auch Halbfertigerzeugnisse und verarbeitete diese zu Fertigerzeugnissen, die man im Ausland verkaufte. Dabei spezialisierte man sich immer mehr auf die Herstellung hochwertiger Produkte wie Autos, Maschinen und chemische Erzeugnisse. Deutschland betrieb und betreibt auch heute eine **Veredelungswirtschaft**, wobei in vielen Fällen nur noch die Endmontage im Inland erfolgt. Im Extremfall werden vollständig im Ausland erzeugte Fertigprodukte mit deutschen Etiketten versehen und auf den Weltmärkten verkauft.

1. a) Beschreiben Sie die Personen und deren Umgebung in der Karikatur oben.
   b) Versuchen Sie, die Karikatur zeitliche einzuordnen.
2. Informieren Sie sich, wer derzeit Exportweltmeister ist und welche Güter dieses Land überwiegend auf den Weltmärkten anbietet.

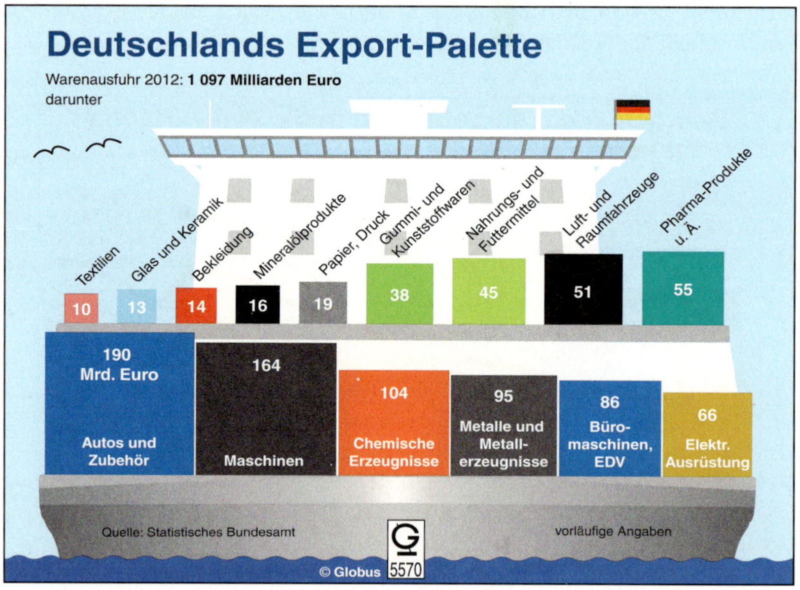

Zu den Folgen dieser Produktionsstruktur gehört auch der prinzipielle Zusammenhang von Export- und Importentwicklung. Steigen nämlich die Exporte von Fertigerzeugnissen, so müssen notwendigerweise auch die Importe von Halbfertigerzeugnissen und Rohstoffen zunehmen. Darüber hinaus müssen diese Güter antransportiert und auch wieder abtransportiert werden. Die Exportorientierung der Bundesrepublik bringt demnach ein **hohes Verkehrsaufkommen** zu Wasser, zu Lande und in der Luft mit sich. Ein riesiger Containerhafen in Hamburg, Staus auf Straßen bzw. Autobahnen und überfüllte Flughäfen sind sichtbare Zeichen dieser Entwicklung.

Die weltweiten Wirtschaftskontakte erfordern ein **funktionierendes Informations- und Kommunikationssystem**; Deutschland verfügt über ein rechnergestütztes innovatives Informationssystem, das eine reibungslose Kommunikation mit internationalen Partnern ohne Zeitverlust ermöglicht.

Die Exportorientierung hat auch eine große Bedeutung für den Arbeitsmarkt. Da jeder fünfte Arbeitsplatz in Deutschland durch die Ausfuhren gesichert wird, besteht eine hohe **Abhängigkeit von den Weltmärkten**. Zeigt sich in der Weltwirtschaft eine konjunkturelle Abschwächung, so wird dies zu einer steigenden Arbeitslosigkeit im Inland führen.

Die Herstellung hochwertiger, zum Teil technisch komplizierter Produkte erfordert von den Arbeitnehmern ein **höheres Qualifikationsniveau**, d. h., Arbeitsplätze von geringer qualifizierten Beschäftigten werden in Deutschland abgebaut und ins Ausland verlagert, während im Inland zunehmend Arbeitsplätze für gut ausgebildete Arbeitnehmer entstehen.
Dieser Prozess bedingt im Inland steigende Arbeitslosigkeit bei Minderqualifizierten und zum Teil einen Mangel an hoch qualifizierten Akademikern. Der „Rohstoff" Bildung hat für die Sicherung des Wohlstands in Deutschland eine große Bedeutung.

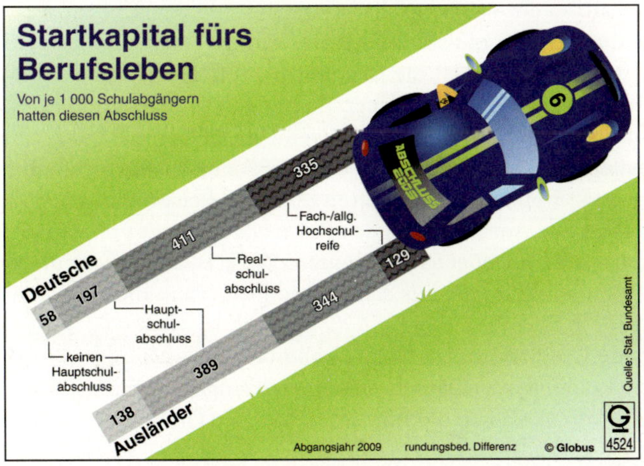

1. Werten Sie die nebenstehende Grafik aus.
2. Stellen Sie die Vor- und Nachteile der starken Außenhandelsbeziehungen der Bundesrepublik Deutschland einander gegenüber.

Eine weitere Auswirkung der starken Exportorientierung der Bundesrepublik war die Entwicklung zum **Hochlohnland**. Ursache für das Lohnniveau, aber auch für die hohe Arbeitslosenquote bei Minderqualifizierten ist das Lohngefälle, das zwischen der Bundesrepublik und den Niedriglohnländern wie Polen, der Ukraine oder China und Taiwan besteht. Dieses Lohngefälle veranlasst deutsche Unternehmen zunehmend, ihre Produktion ins Ausland zu verlagern, d. h. **Offshoring** zu betreiben. Unter Offshoring versteht man die Verlagerung von Betriebsteilen bzw. ganzen Betrieben in eine eigene ausländische Niederlassung. In Deutschland befindet sich in einigen Fällen nur noch die Konzernspitze, die Entwicklungsabteilung und das Controlling.

Darüber hinaus haben die außenwirtschaftlichen Beziehungen die Größe und die Art der Betriebswirtschaften beeinflusst. Es sind Unternehmen entstanden, die als „**global player**" auf den Weltmärkten operieren und Produktion und Vertrieb nach Kostengesichtspunkten organisieren. Deutsche Unternehmen investieren und kooperieren mit dem Ausland, und ausländische Unternehmen suchen nach günstigen Bedingungen im Inland.
Umfangreiche Gütertransaktionen erzwingen auch umfangreiche Geldtransaktionen. Deutschland hat eine sehr starke **Einbindung in die internationalen Finanzmärkte** und damit auch eine starke Abhängigkeit von der Entwicklung der weltweiten Kapitalmärkte.

- **Die Zahlungsbilanz**
  - **Leistungsbilanz**
    - Waren
    - Dienstleistungen
    - Erwerbs- und Vermögenseinkommen
    - laufende Übertragungen
  - Vermögensübertragungen
  - **Kapitalbilanz**
    - Direktinvestitionen
    - Wertpapiere
    - Kreditverkehr
    - sonstige Kapitalanlagen
  - Devisenbilanz
  - Restposten

Zahlungsbilanz und Wirtschaftskreislauf

Der Saldo von Handelsbilanz und Dienstleistungsbilanz entspricht dem Außenbeitrag (X–M).

Die Leistungsbilanz setzt sich aus den Größen X, M und Fe_{Ausl} zusammen.

Der Saldo der Leistungsbilanz wird durch Fo_{anAusl} bzw. $Verb_{geg.Ausl}$ angegeben.

3.2 Die Zahlungsbilanz

Die grenzüberschreitenden Geld- und Güterströme eines Landes werden in der Zahlungsbilanz erfasst.

Die **Zahlungsbilanz** ist die systematische Aufzeichnung aller wirtschaftlichen Transaktionen zwischen Inländern und Ausländern innerhalb einer Wirtschaftsperiode.

Aufgrund der Vielzahl an Transaktionen wird die Zahlungsbilanz in die Leistungsbilanz und die Kapitalbilanz unterteilt, die wiederum in Teilbilanzen zerfallen. Daneben enthält sie noch Vermögensübertragungen, Veränderungen der Währungsreserven und Restposten.

Die Teilbilanzen der **Leistungsbilanz** sind:
- **Außenhandel**: Er erfasst den Warenverkehr zwischen den Inländern und Ausländern und ist die Gegenüberstellung von Warenexporten und Warenimporten. Bei einem Überschuss der Warenausfuhr gegenüber der -einfuhr spricht man von einer aktiven Handelsbilanz.
- **Dienstleistungen**: Sie sind unterteilt in Dienstleistungseinnahmen und -ausgaben. Einnahmen resultieren aus dem Reiseverkehr der Ausländer im Inland und Ausgaben aus den Reisen der Inländer im Ausland.
- **Erwerbs- und Vermögenseinkommen**: Diese Bilanz erfasst die Kapitalerträge und -einkommen aus selbstständiger Arbeit, die zwischen In- und Ausländern fließen.
- **laufende Übertragungen**: Hierzu gehören Überweisungen ausländischer Arbeitskräfte, Renten, Unterstützungszahlungen, Zahlungen an die Europäische Union und an sonstige internationale Organisationen.

Die **Vermögensübertragungen** werden aus der Leistungsbilanz ausgegliedert und gesondert ausgewiesen, da es sich um Bestandsänderungen handelt.
Die Kapitalaus- und -einfuhren werden in der **Kapitalbilanz** erfasst. Hierbei untergliedert man in Direktinvestitionen, Wertpapiere und Kreditverkehr.

Weitere Teilbilanzen der **Zahlungsbilanz** sind:
- Die **Veränderungen der Währungsreserven** einschließlich der Goldreserven und damit die Auslandsposition der Deutschen Bundesbank werden als Devisenbilanz bezeichnet.
- Der Saldo der Transaktionen, die statistisch nicht mehr aufzugliedern sind, wird als **Restposten** bezeichnet.

Die Zahlungsbilanz ist nach den Regeln der doppelten Buchführung aufgebaut und registriert die internationalen Vorgänge im Soll (Aktiva) und im Haben (Passiva). Jeder Vorgang, der im Inland zu Zahlungseingängen führt, wird auf der Aktivseite verbucht und jeder Vorgang, der im Inland Zahlungsabflüsse auslöst, auf der Passivseite. Die Zahlungseingänge der Aktivseite führen zu Devisenangebot, die Zahlungsabflüsse auf der Passivseite zur Nachfrage nach Devisen. Da jede internationale Transaktion sowohl auf der Aktivseite als auch auf der Passivseite verbucht wird, ist die Zahlungsbilanz immer ausgeglichen. Ungleichgewichte ergeben sich demnach nur für die einzelnen Teilbilanzen.

1. Leistungsbilanz

Handelsbilanz

Warenexport (Ausfuhr)	Warenimport (Einfuhr)
Zahlungseingänge aus dem Verkauf z. B. von chemischen Erzeugnissen, Maschinen, Autos, Kraftwerken, Turbinen, Elektrotechnik, weiteren Technikerzeugnissen	Zahlungsausgänge für den Kauf z. B. von Rohstoffen, Rohöl, landwirtschaftlichen Produkten (Obst, Gemüse, Holz, Getreide)

Dienstleistungsbilanz

Dienstleistungsexport (Einnahmen)	Dienstleistungsimport (Ausgaben)
Zahlungseingänge aus dem Verkauf von Dienstleistungen ins Ausland, z. B. Reiseverkehr nach Deutschland, also der Besuch von Ausländern in der Bundesrepublik oder die Beratung eines ausländischen Unternehmens durch Deutsche	Zahlungsausgänge für den Kauf von Dienstleistungen aus dem Ausland, z. B. Reiseverkehr ins Ausland, also der Besuch Deutscher im Ausland oder der Haarschnitt eines Deutschen im Ausland

Bilanz der Erwerbs- und Vermögenseinkommen

empfangene Erwerbs- und Vermögenseinkommen	geleistete Erwerbs- und Vermögenseinkommen
Zahlungseingänge für aus dem Ausland empfangene Faktorleistungen, wie z. B. im Ausland verdiente Löhne oder Zinserträge z. B. aus US-Wertpapieren	Zahlungsausgänge für an das Ausland geleistete Faktorleistungen, wie z. B. an Ausländer bezahlte Einkommen oder Dividendenzahlungen z. B. nach Japan

Bilanz der laufenden Übertragungen

laufende empfangene Übertragungen	laufende geleistete Übertragungen
Zahlungseingänge aus Rentenzahlungen ausländischer Behörden an Ausländer, die in Deutschland leben	Zahlungsausgänge für Rentenzahlungen an Deutsche im Ausland, Überweisungen von Fremdarbeitern, Nettozahlungen an die EU bzw. UNO

2. Bilanz der Vermögensübertragungen

Bilanz der Vermögensübertragungen

empfangene Vermögensübertragungen	geleistete Vermögensübertragungen
Zahlungseingänge aus vom Ausland erhaltenen Vermögensübertragungen, wie z. B. Erbschaften und Schenkungen	Zahlungsausgänge für an das Ausland geleistete Vermögensübertragungen, wie z. B. Schuldenerlass gegenüber einem Entwicklungsland

1. Das Wort Zahlungsbilanz wird auch als „Begriff mit den zwei Lügen" bezeichnet. Begründen Sie dies.

2. Welche Teilbilanzen der Zahlungsbilanz werden bei folgenden Transaktionen beeinflusst? Unterscheiden Sie dabei Aktiv- und Passivseite.
   a) Ein deutsches Unternehmen verkauft Automobile ins Ausland. Die Bezahlung erfolgt durch einen Dreimonatskredit.
   b) Die Bundesregierung stellt einem afrikanischen Entwicklungsland 10 Millionen Euro Entwicklungshilfe ohne Gegenleistung zur Verfügung.
   c) Deutsche Touristen reisen ins Ausland.
   d) Ausländische Arbeitnehmer überweisen einen Teil ihres Einkommens in ihre Heimatländer.

3. Kapitalbilanz

Bilanz der Direktinvestitionen

Direktinvestitionen des Auslands im Inland	Direktinvestitionen im Ausland
Zahlungseingänge z. B. für die Beteiligung eines ausländischen Konzerns an einem Tochterunternehmen	Zahlungsausgänge z. B. für die Errichtung eines Unternehmens im Ausland

Wertpapierbilanz

ausländische Käufe von inländischen Wertpapieren	inländische Käufe von ausländischen Wertpapieren
Zahlungseingänge z. B. aus dem Kauf deutscher Aktien von einem ausländischen Wertpapierfonds	Zahlungsausgänge z. B. für den Kauf ausländischer Aktien von einem deutschen Kapitalanleger

Bilanz des Kreditverkehrs

vom Inland in Anspruch genommene Kredite	vom Ausland in Anspruch genommene Kredite
Zahlungseingänge aus der Aufnahme von Krediten eines deutschen Unternehmens im Ausland	Zahlungsausgänge für die Gewährung eines Kredits einer deutschen Bank an ein ausländisches Unternehmen

4. Devisenbilanz

Devisenbilanz

Devisenexporte	Devisenimporte
Zahlungseingänge in inländischer Währung aus dem Verkauf von Devisenbeständen, d. h. Abnahme der Währungsreserven der Notenbank	Zahlungsausgänge in inländischer Währung durch den Kauf von Devisen, d. h. Zunahme der Währungsreserven der Notenbank

Die Zahlungsbilanz gibt Auskunft über

- **die internationale Leistungsfähigkeit eines Landes**
  Die Leistungsbilanz spiegelt die Wirtschaftskraft eines Landes und die internationale Wettbewerbsfähigkeit wider.
- **die internationale Zahlungsfähigkeit eines Landes**
  Die Devisenbilanz informiert, ob ein Land seinen Zahlungsverpflichtungen nachkommt.
- **die Veränderungen des Auslandsvermögens bzw. der -schulden**
  Die Kapitalbilanz gibt Hinweise über das Auslandsvermögen.
- **wichtige Größen der volkswirtschaftlichen Gesamtrechnung**
  Das Zahlenmaterial der Zahlungsbilanz ist die Datenbasis für zahlreiche öffentliche und private Entscheidungsträger und unverzichtbare Informationsquelle für die volkswirtschaftliche Gesamtrechnung.

1. Nennen Sie jeweils zwei Beispiele für Auslandsforderungen bzw. -verbindlichkeiten.

Zahlungsbilanz – Kennzahlen im Zeitvergleich

Gegenstand der Nachweisung	¹)	Einheit	1995	2000	2005	2008	2009	2010
Leistungsbilanz	JS	Mio. €	– 21.660	– 35.235	+ 112.906	+ 154.833	+ 133.744	+ 141.443
Warenverkehr (fob-Werte) ²)	JS	Mio. €	+ 47.859	+ 60.750	+ 156.010	+ 179.542	+ 135.682	+ 157.048
Dienstleistungsverkehr	JS	Mio. €	– 39.155	– 59.699	– 39.288	– 26.887	– 19.026	– 22.002
Erwerbs- und Vermögenseinkommen ³)	JS	Mio. €	– 2.032	– 8.335	+ 24.896	+ 35.565	+ 50.105	+ 44.483
laufende Übertragungen	JS	Mio. €	– 28.332	– 27.950	– 28.712	– 33.386	– 33.017	– 38.086
Vermögensübertragungen ⁴)	JS	Mio. €	– 1.966	+ 6.823	– 1.369	– 215	+ 74	– 637
Kapitalbilanz ⁵)	JS	Mio. €	– 25.624	– 34.187	+ 129.635	+ 160.196	+ 145.427	+ 131.361
Saldo der statistisch nicht aufgliederbaren Transaktionen ⁶)	JS	Mio. €	+ 1.999	+ 5.775	– 18.098	– 5.577	– 11.609	+ 9.445

¹) nach Berechnungen der Deutschen Bundesbank – Salden

²) Außenhandel, Ergänzungen zum Außenhandel

³) Einkommen aus unselbstständiger Arbeit und Kapitalerträgen

⁴) 2000 einschl. Kauf/Verkauf von immateriellen nichtproduzierten Vermögensgütern (UMTS-Lizenzen)

⁵) einschl. Veränderung der Währungsreserven der Deutschen Bundesbank zu Transaktionswerten ab 1999 geänderte Definition der Währungsreserven

⁶) Saldo der nicht erfassten Posten und der statistischen Ermittlungsfehler im Leistungs- und Kapitalverkehr (Restposten)

Quelle: Statistisches Bundesamt, Statistisches Jahrbuch 2011, S. 657

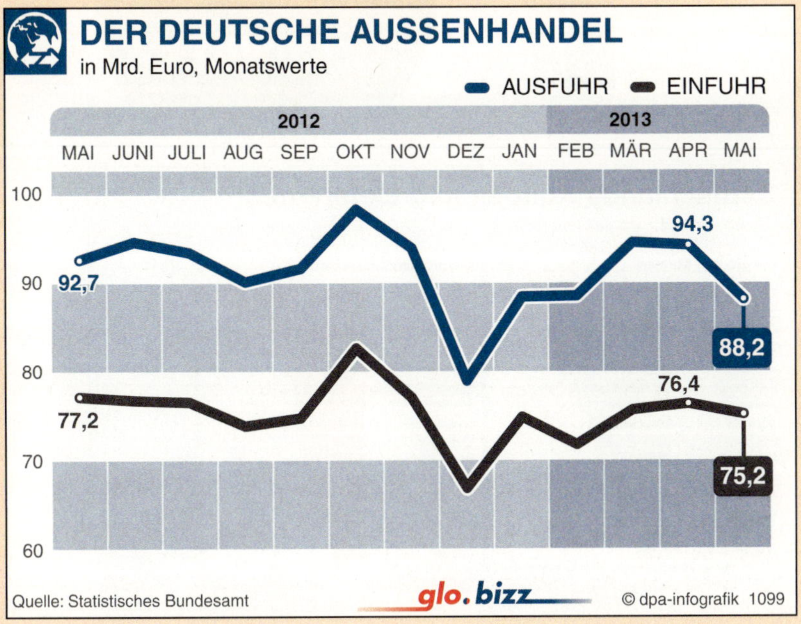

1. Entwickeln Sie anhand der oben genannten Zahlen eine Grafik mit den Salden der Zahlungsbilanz von 2008 bis 2010. Interpretieren Sie den Verlauf der Salden.

2. Beschreiben Sie mithilfe der nebenstehenden Grafik die Entwicklung des deutschen Außenhandels.

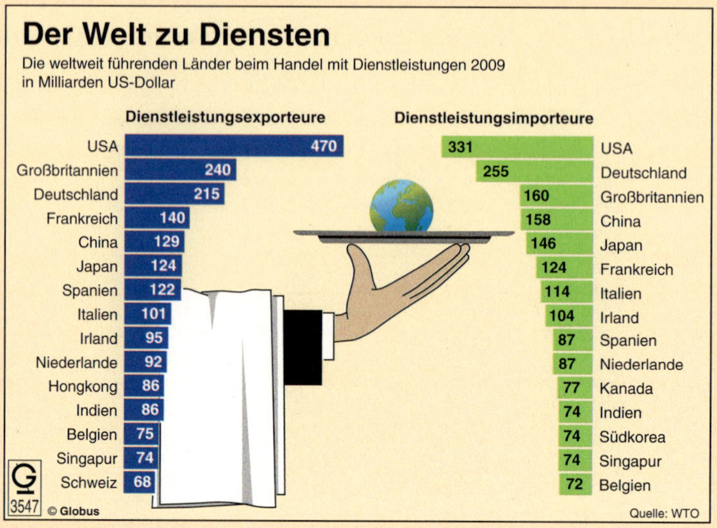

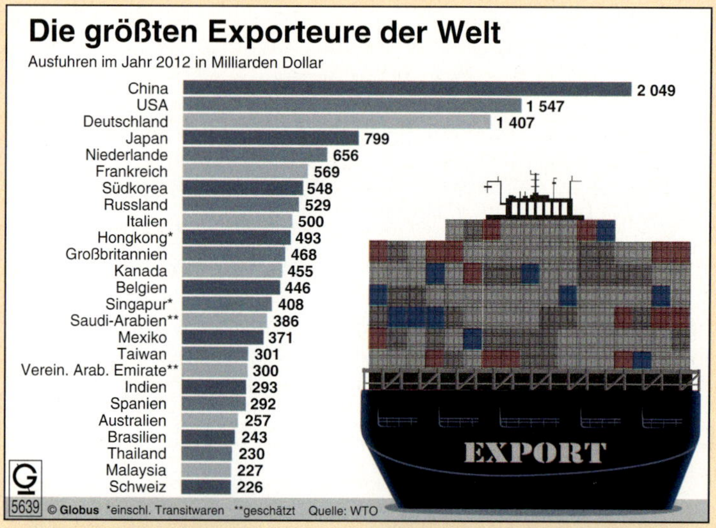

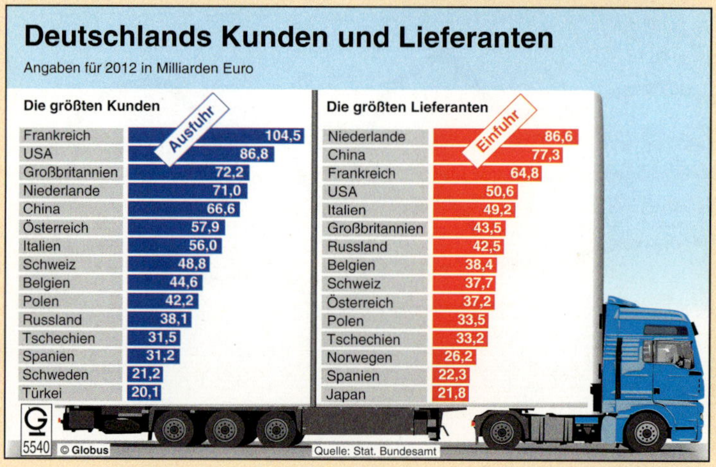

1. Nehmen Sie die Grafiken „Der Welt zu Diensten" und „Die größten Exporteure der Welt" als Grundlage für die Beschreibung Deutschlands als Handelsnation.

2 Die Grafik „Deutschlands Kunden und Lieferanten" informiert über die Ausfuhren und Einfuhren.
   a) Berechnen und interpretieren Sie das Volumen der Exporte bzw. Importe für den EU-Raum und den Raum außerhalb der EU.
   b) Wie erklären Sie sich die besondere Stellung der Niederlande als größter Lieferant?

3.3 Leistungsbilanzausgleich bei freien Wechselkursen

Die theoretischen Zusammenhänge zwischen der Entwicklung der Leistungsbilanz und dem Mechanismus der freien Wechselkurse lassen sich am besten mit einem **Zwei-Länder-Modell** erklären. Stellvertretend für die beiden Länder werden die Bundesrepublik Deutschland mit dem Euro als nationaler Währung und die USA mit dem US-Dollar angenommen. Zwischen beiden Ländern bestehen flexible Wechselkurse und die Leistungsbilanz erfasst in aggregierter Form alle Exporte und Importe von Gütern.

Zwischen der Bundesrepublik Deutschland und den USA bestehen umfangreiche außenwirtschaftliche Beziehungen, wobei Deutschland mehr Sachgüter und Dienstleistungen in die Staaten exportiert, als es von dort bezieht. Betrachtet man diese Entwicklung vom Standpunkt der Bundesrepublik aus, so führt dieser Ausfuhrüberschuss zu einem positiven Außenbeitrag und demzufolge zu einem **Leistungsbilanzüberschuss**. Da die Güterausfuhr von den Unternehmen der Vereinigten Staaten bezahlt werden muss, kommt es bei den deutschen Exportbetrieben zu einem Zufluss an US-Dollar. Deutsche Unternehmen bezahlen ihre Arbeitskräfte, Rohstoffe und Halberzeugnisse in Euro und müssen ihre US-Dollar an den deutschen Devisenbörsen in Euro umtauschen. Da das Dollarangebot der Exportunternehmen an den Börsen größer ist als die Nachfrage der Importunternehmen, kommt es zu einem sinkenden Dollarkurs in Deutschland. 1 US-Dollar entspricht dann nicht mehr einem Euro, sondern sinkt z. B. auf 0,90 Euro. Der sinkende Wert der ausländischen Währung beeinflusst bei flexiblen Wechselkursen wiederum die Ex- und Importströme.
Betrachtet man die deutschen Importeure, so erhalten sie für 100,00 Euro statt 100 jetzt 111 US-Dollar, d. h., die amerikanischen Sachgüter und Dienste werden für sie billiger und demzufolge werden sie mehr aus dem Ausland importieren. Ein sinkender Wechselkurs führt demnach zu einer Zunahme der Importe.
Versetzt man sich in einen amerikanischen Importeur, so werden für ihn die deutschen Güter teuerer. Für 100 US-Dollar erhält er statt 100,00 Euro nur noch Waren und Dienste im Wert von 90,00 Euro. Die US-amerikanische Wirtschaft wird darum weniger in Deutschland kaufen, und vom Standpunkt der deutschen Exportwirtschaft kommt es zu einem Rückgang der Ausfuhren.

Zunehmende Importe und rückläufige Exporte bauen den Leistungsbilanzüberschuss allmählich ab, und es kommt zu einem Leistungsbilanzausgleich. Diesen Vorgang bezeichnet man als die **Normalreaktion** der Leistungsbilanz bei flexiblen Wechselkursen.

V

Betrachtet man die Entwicklung der Leistungsbilanz in der Überschusssituation etwas genauer, so ergibt sich kurzfristig eine **anomale Reaktion.** Zur Erklärung dient die Tatsache, dass die Exporte und die Importe Wertgrößen sind, die aus Preisen und Mengen bestehen. Die Exporte sind das Ergebnis aus Exportpreisen multipliziert mit den Exportmengen und die Importe aus Importpreisen und Importmengen. Preise und Mengen reagieren jedoch unterschiedlich auf Wechselkursänderungen.

Normalreaktion der Leistungsbilanz bei freien Wechselkursen
und
Leistungsbilanzüberschuss

↓

mehr Exporte, weniger Importe

↓

erhöhtes Devisenangebot

↓

sinkender Wechselkurs

↓

weniger Exporte, mehr Importe

↓

Leistungsbilanzausgleich

i

Weitere Informationen erhalten Sie auf der Website der Bundesbank.

Untersuchungen haben ergeben, dass bei sinkenden Wechselkursen die Exportmengen und -preise zunächst wenig reagieren. Ob es jedoch zu einer Verbesserung der Leistungsbilanz kommt, hängt von der Entwicklung des Importwertes ab. Hier kommt es zunächst zu relativ gleichbleibenden Importmengen, verbunden mit sinkenden Importpreisen. Da bei den meisten Außenhandelsgeschäften mittel- bis langfristige vertragliche Bindungen vorliegen und die meisten Importrechnungen auf Dollar lauten, werden sie durch einen sinkenden Wechselkurs billiger. Es ergibt sich dadurch die Erscheinung, dass der Leistungsbilanzüberschuss kurzfristig zunimmt und erst langfristig eine Normalreaktion auftritt.
Überträgt man diese Entwicklung des Leistungsbilanzsaldos bei freien Wechselkursen in eine grafische Darstellung, so zeigt die Entwicklung des Saldos bei sinkenden Wechselkursen zunächst einen Anstieg des Leistungsbilanzsaldos und erst zeitverzögert eine Abnahme. Da der Kurvenverlauf einem Spazierstock ähnelt, spricht man vom **Spazierstockeffekt**:

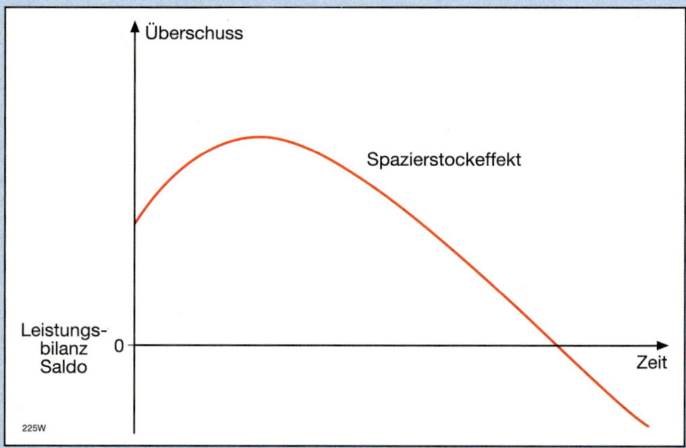

Normalreaktion der Leistungsbilanz bei freien Wechselkursen
und
Leistungsbilanzdefizit

↓

weniger Exporte, mehr Importe

↓

erhöhte Devisennachfrage

↓

steigender Wechselkurs

↓

mehr Exporte, weniger Importe

↓

Leistungsbilanzausgleich

Nimmt man ein **Leistungsbilanzdefizit** in Deutschland gegenüber den USA an, so ist die Summe der Importe in die Bundesrepublik größer als die der Exporte. In dieser Situation benötigen die deutschen Importunternehmen Dollar, um sich amerikanische Waren und Dienste zu kaufen. Da die Nachfrage der Importunternehmen nach Dollar an den deutschen Börsen größer ist als das Angebot der Exportunternehmen, steigt der Dollarkurs. Dadurch werden die deutschen Importunternehmen weniger Waren aus den Staaten beziehen, da sie für einen US-Dollar statt eines Euros z. B. 1,11 Euro bezahlen müssen. Anderseits werden für die amerikanischen Importeure die deutschen Waren billiger, und ihre Nachfrage wird steigen. Der Wechselkursmechanismus wird bei einer Normalreaktion zu einem Rückgang der Importe und zu einer Zunahme der Exporte in Deutschland führen. Das Leistungsbilanzdefizit wird damit schrittweise ausgeglichen.

Aber auch bei einem Leistungsbilanzdefizit tritt eine anomale Reaktion auf. Hier kommt es zuerst zu einem Rückgang der Importmengen, jedoch steigen die Importgüterpreise an. Da die Mengen nur schwach reagieren, verschlechtert sich zunächst die Leistungsbilanz aufgrund der stärker gestiegenen Importpreise. Ursache ist auch hier die oft mehrmonatige Vertragsbindung bei Außenhandelsgeschäften.

Grafisch betrachtet führt ein Anstieg des Wechselkurses im Zeitablauf zunächst zu einem Sinken des Leistungsbilanzsaldos und erst zeitverzögert zu einem Anstieg des Saldos. Der Kurvenverlauf kann mit einem liegenden „J" verglichen werden und man spricht vom **J-Kurven-Effekt**, z. T. auch als **Hockeyschlägereffekt** bezeichnet:

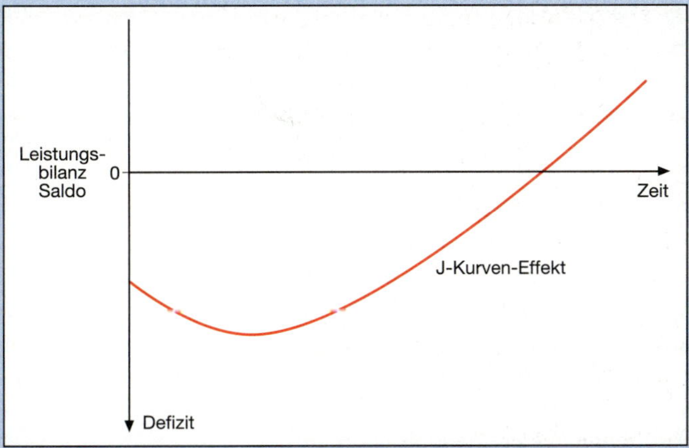

Dem J-Kurven-Effekt liegen zwar theoretische Überlegungen zugrunde, jedoch kann er auch für den US-amerikanischen Außenbeitrag – auch als Nettoexporte bezeichnet – in der Zeit von 1984 und 1991 belegt werden:

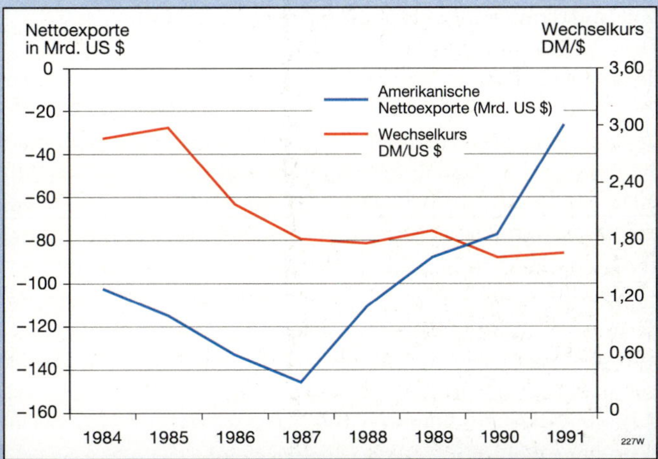

Zu Beginn der 1980er-Jahre kam es in den Vereinigten Staaten zu einem stark sinkenden Wechselkurs gegenüber der D-Mark und damit zu einer Verschlechterung der Leistungsbilanz. Obwohl von 1985 auf 1986 eine rapide Abwertung des Dollars und damit ein schneller Kursverfall erfolgte, erhöhte sich das Leistungsbilanzdefizit weiter. Erst 1987 kam es zur erhofften Verbesserung und damit zur Normalreaktion.

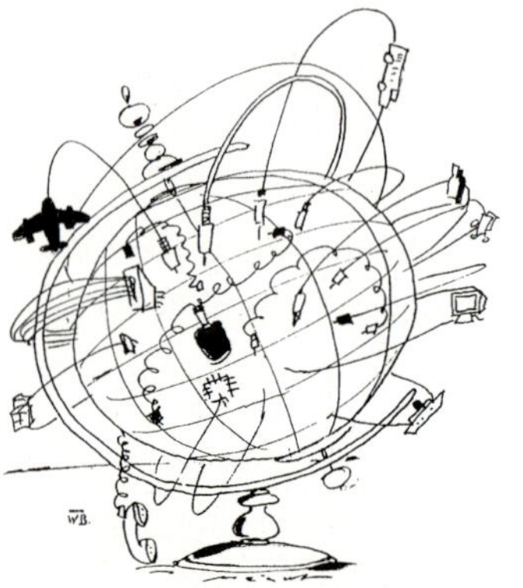

1. Das Freihandelsprinzip entstand aus der Kritik an der merkantilistischen Außenhandelspolitik. Beschreiben Sie die merkantilistische Außenhandelspolitik.

2. Stellen Sie die Grundaussagen der beiden Abbildungen oben systematisch gegenüber.

3.4 Freihandel und Protektionismus

Wenn Sie und viele andere für 60,00 € importierte Schuhe kaufen, anstatt dafür bei ihren heimischen Herstellern 120,00 € hinzulegen, werden diese gezwungen sein, ihre Produktion herunterzufahren und Personal abzubauen. Vielleicht melden einige Insolvenz an. Also lautet die Forderung: Protektion der inländischen Schuhfabrikanten und Verbot ausländischer Schuhimporte! Aber: Von den 60,00 €, die Sie durch den Kauf eines im Ausland produzierten Gutes gespart haben, werden Sie sich vielleicht drei gute Bücher kaufen oder in einem Restaurant mit Freunden speisen. Sie fördern damit Produktion und Beschäftigung im Verlagswesen und Gaststättengewerbe. Und es kann auch noch passieren, dass die Einnahmen des ausländischen Schuhherstellers über verschlungene Wege der deutschen Wirtschaft wieder zugeführt werden. Also lautet die Forderung: keine Protektion und freier Handel.

Dem Freihandel liegt der Grundsatz des Liberalismus zugrunde, wonach der Wohlstand aller Länder am größten ist, wenn die staatlichen Beschränkungen des internationalen Handels beseitigt werden. Unter Freihandel versteht man den völlig unbehinderten internationalen Güteraustausch. Man will demnach ähnlich wirtschaftliche Verhältnisse zwischen den Beziehungen von Ländern schaffen, wie sie in der Binnenwirtschaft gelten.

Zu den **Vorteilen** des Freihandels gehören:

- **Förderung der internationalen Arbeitsteilung:** Nur ein völlig unbehinderter Handelsverkehr führt zu einer optimalen Arbeitsteilung zwischen den einzelnen Volkswirtschaften. Die Länder können sich auf die Güter spezialisieren, die sie mit vergleichsweise geringen Kosten am besten herstellen, und damit wird die Gesamtproduktion erhöht.

- **Förderung des globalen Wettbewerbs:** Bei den am Freihandel beteiligten Ländern kämpfen die Unternehmen um Marktanteile für ihre Produkte, die Arbeitnehmer konkurrieren um Arbeitsplätze, aber auch die Staaten sind gezwungen, für attraktive Standorte und für mobiles Kapital zu sorgen. Da der Freihandel die Märkte öffnet, werden einerseits leistungsschwache inländische Produzenten vom Markt verdrängt, andererseits führt dies zu mehr Innovationen und Anpassungsflexibilität.

- **Förderung des Wohlstands eines Landes:** Durch den internationalen Wettbewerb wird das Güterangebot in den einzelnen Ländern erweitert, die Preise der Produkte sinken, und auch die Serviceleistungen verbessern sich. Die globalen Produktions- und Konsumverzerrungen werden abgebaut, und der Wohlstand in den Ländern steigt.

Nachteile des Freihandels sind:

- **Förderung einseitiger Produktionsstrukturen:** Der freie Handel zwischen den Volkswirtschaften ermöglicht die extreme Spezialisierung, wodurch einseitige Produktions- und Wirtschaftsstrukturen in einem Land entstehen. Ein Land, das aber nur Kaffee produziert und exportiert, ist auf „Gedeih und Verderb" vom Weltmarktpreis des Kaffees abhängig.

- **Förderung einer ungerechten Güterverteilung:** Eine verstärkte internationale Arbeitsteilung führt zu Produktionsüberschüssen, die aber zwischen den Ländern ungerecht verteilt werden. Es hat sich gezeigt, dass die Anbieter von landwirtschaftlichen Produkten, wie Bananen, Kakao oder Kaffee, im Welthandel gegenüber den Industrieproduzenten benachteiligt werden. Dadurch kommt es zu einer zunehmenden Kluft zwischen den armen und den reichen Ländern.

Um den Freihandelsgedanken zu fördern, haben die Länder nach dem Zweiten Weltkrieg verschiedene Freihandelsabkommen geschlossen und eine Reihe von Organisationen gegründet.

World Trade Organization (WTO)
Die Welthandelsorganisation hat ihren Sitz in Genf. Ihre primäre Zielsetzung ist die Verbesserung der internationalen Handels- und Wirtschaftsbeziehungen vor allem durch den Abbau von Handelshemmnissen und die Liberalisierung der Weltwirtschaft. Es handelt sich um eine international anerkannte Institution, die unparteiische Regeln vorgibt, um zwischen den Staaten Verträge zu ermöglichen und bei Streitigkeiten Hilfestellung zur Beilegung bietet. Die WTO hat zurzeit ca. 157 Mitglieder, zu denen die USA, Japan, China, die Mitgliedstaaten der EU, Russland und viele Entwicklungsländer gehören. Die Welthandelsorganisation ist die Weiterentwicklung des GATT und wurde 1994 gegründet.

Organisatorisch unterscheidet man bei der WTO die drei Teilbereiche: Das **GATT** (General Agreement on Tariffs and Trade) regelt den Welthandel, d. h., es trifft Vereinbarungen gegen Dumping und Subventionen oder erlässt Bestimmungen zu grenzüberschreitenden Investitionen.
Das **GATS** (General Agreement on Trade in Service) gilt für den Handel mit Dienstleistungen und beinhaltet z. B. die Liberalisierung der Telekommunikation oder von Finanzdienstleistungen (Banken, Börsendienste, Fonds und Versicherungen).
Das **TRIPS** (Trade-related Aspects of Intellectual Property Rights) enthält Bestimmungen zum Schutz von Patenten und Geschäftsgeheimnissen.

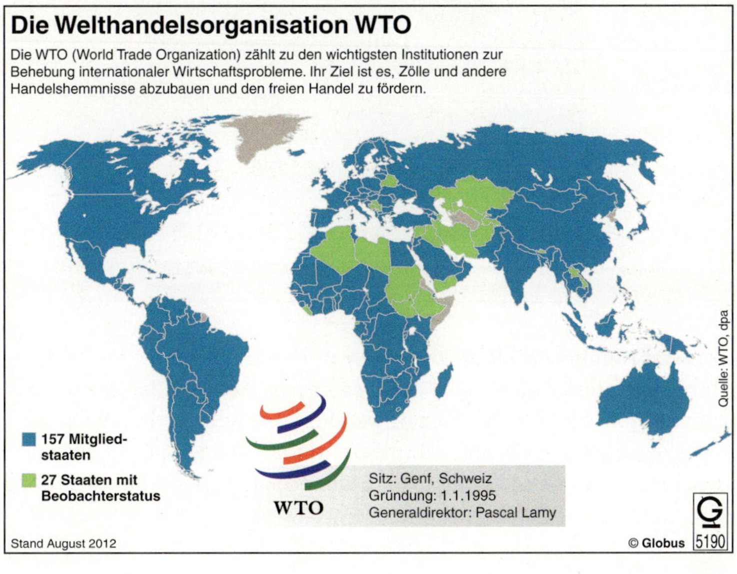

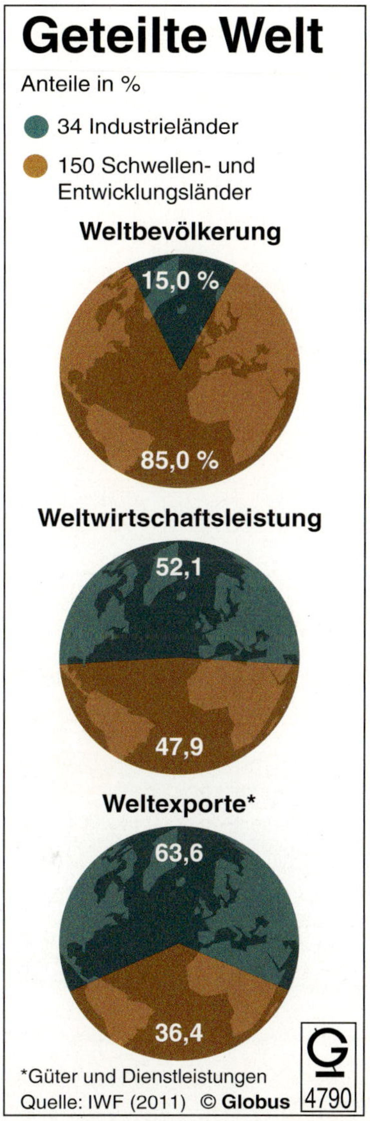

1. Analysieren Sie die Grafik „Geteilte Welt".

2. Freihandelszone, Zollunion und gemeinsamer Markt sind weitere Organisationsformen im Außenhandel. Recherchieren Sie hierüber im Internet.

3. Zu den Grundsätzen der WTO gehören die Reziprozität und die Meistbegünstigungsklausel. Erklären Sie die Begriffe.

Organisation for Economic Cooperation and Development
Die OECD (Organisation für wirtschaftliche Zusammenarbeit und Entwicklung) ist eine internationale Organisation, in der fast alle Mitgliedstaaten Industrieländer sind. Sie hat den Charakter einer permanent tagenden Konferenz, in der sie für die Regierungsvertreter der Mitgliedsländer eine Plattform für Diskussionen und Erfahrungsaustausch bieten. Sie ermöglicht die gemeinsame Lösung von Problemen sowie die Koordinierung nationaler und internationaler Politik. Die OECD gliedert sich in einen Rat, das Sekretariat, diverse Ausschüsse bzw. Arbeitsgruppen und hat ihren Sitz in Paris.

Die Vorläuferorganisation der OECD war die Organisation for European Economic Cooperation (OEEC), die 1948 von 18 Ländern gegründet wurde. Es waren vor allem europäische Länder, die in den Entscheidungsprozess über die Verwendung der Gelder aus dem European Recovery Programm (ERP) – auch „Marshall-Plan" genannt – eingebunden wurden. Die OECD als Nachfolgeorganisation der OEEC wurde 1961 gegründet und besteht aus 34 Mitgliedstaaten (Stand 2013).

Die satzungsmäßigen Ziele der OECD sind, einerseits zu einer optimalen Wirtschaftsentwicklung und einem steigenden Lebensstandard mit einer hohen sozialen Gerechtigkeit in ihren Mitgliedstaaten beizutragen, andererseits das Wirtschaftswachstum in den Entwicklungsländern zu fördern und eine Ausweitung des Welthandels zu begünstigen.

1. Stellen Sie die Merkmale der armen und reichen Länder gegenüber.
2. Informieren Sie sich über weitere aktuelle Ziele der OECD.

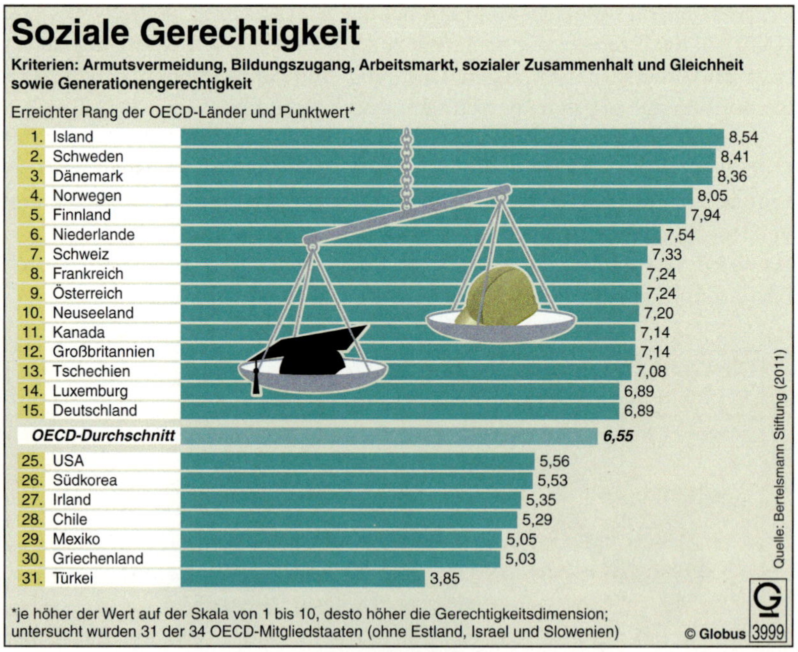

Weitere Informationen erhalten Sie auf der Website der OECD.

Zu den ursprünglichen Zielen trat im Laufe der Zeit noch die Unterstützung der **Transformationsländer**, also der Staaten, die sich von der Zentralverwaltungswirtschaft zur Marktwirtschaft wandeln. Im Auftrag der OECD werden auch die regelmäßigen Untersuchungen im Rahmen der sogenannten PISA-Studie (Programme for International Student Assessment) durchgeführt.

Protektionismus

Unter Protektionismus versteht man alle staatlichen Eingriffe, die den grenzüberschreitenden Waren- und Dienstleistungshandel, also den Freihandel, behindern. Zu den protektionistischen Maßnahmen gehören alle Arten von Handelshemmnissen, wie z. B. Zölle, Einfuhrkontingente oder die Devisenbewirtschaftung. Durch diese Handelshemmnisse werden ausländische Anbieter auf dem Inlandsmarkt benachteiligt und die inländische Wirtschaft von der ausländischen Konkurrenz abgeschirmt.

Die Gründe, warum Länder zu protektionistischen Maßnahmen greifen, sind vielfältig:

- **Schutz bestimmter Wirtschaftsbereiche:** Entwickeln sich in einem Land neue (junge) Branchen, die dem weltweiten Wettbewerbsdruck noch nicht standhalten, so kann man diese Wirtschaftsbereiche (auch infant industry genannt) schützen. Man erhebt Zölle, die man auch als Erziehungszölle bezeichnet. Aber auch alten Industrien, die sich nicht mehr behaupten können, ermöglicht die Protektion, den strukturellen Umbau sozialverträglich durchzuführen. Neben diesem vorübergehenden Schutz können bestimmte heimische Wirtschaftsbereiche, wie z. B. die Landwirtschaft, permanent gegenüber ausländischer Konkurrenz geschützt werden.

- **Abbau der Arbeitslosigkeit:** Ein Land kann z. B. durch die Erhebung von Zöllen die Importe von Waren verteuern. Dadurch kaufen die Inländer weniger ausländische Produkte und fragen mehr heimische Güter nach. Diese Nachfrageverschiebung bringt einen stärkeren Umsatz für die inländische Industrie und senkt die Arbeitslosigkeit.

- **Erhöhung der Staatseinnahmen:** Vor allem Importzölle stellen für ein Land eine zusätzliche Einnahmequelle für den Staatshaushalt dar und beschränken gleichzeitig den Devisenabfluss.

Zu den **Problemen**, die der Protektionismus mit sich bringt, gehören:

- **Kurzfristige Erfolge werden langfristig teuer erkauft:** Wird z. B. die Einfuhr von Vorprodukten wie Kohle oder Stahl durch Zölle verteuert, so verschlechtern sich automatisch die Exportchancen der Wirtschaftszweige (z. B. Maschinenbau), die auf diese Güter angewiesen sind. Der kurzfristige Schutz der Arbeitsplätze in einem Industriezweig kann langfristig zu einer Verschlechterung der Arbeitsplatzsicherheit in anderen Branchen führen.

- **Der Wettbewerbsdruck im Inland nimmt ab:** Einerseits führt die Verteuerung der importierten Waren zu einer Begrenzung der Auswahlmöglichkeiten beim Verbraucher, anderseits wird der Wettbewerbsdruck im Inland geringer und es kommt zu Qualitätsminderungen, d. h.: Wird die ausländische Konkurrenz ausgesperrt, fehlt ein wichtiger Antrieb für Innovationen und technische Neuerungen.

Insgesamt verursacht der Protektionismus gesamtwirtschaftliche Kosten, die größer sind als die Vorteile, die den geschützten Wirtschaftsbereichen erwachsen.

!

1. Entwickeln Sie eine Tabelle, in der Sie die Vor- und Nachteile von Freihandel und Protektionismus einander gegenüberstellen.

3.5 Maßnahmen der Außenhandelspolitik

1. Interpretieren Sie die Karikatur, und gehen Sie dabei auf folgende Fragen ein:
   a) Um welche Situation handelt es sich?
   b) Welche zentrale Aussage beinhaltet die Karikatur?

Unter Außenhandelspolitik versteht man alle Maßnahmen zur Beeinflussung des grenzüberschreitenden Waren- und Dienstleistungsverkehrs. Hierbei können sowohl protektionistische Maßnahmen in Form von Einfuhrbeschränklungen bzw. Ausfuhrförderungen als auch Liberalisierungsmaßnahmen in Form von Verzicht auf staatliche Interventionen und Förderung des Freihandels ergriffen werden. Die Außenhandelspolitik ist Teil der Außenwirtschaftspolitik, zu der noch die Währungspolitik und die Wechselkurspolitik gehören.

Die Maßnahmen, mit denen der Außenhandel beeinflusst wird, sind vielfältig und bestehen im Wesentlichen aus der Zollpolitik, der Kontingentpolitik und einer Reihe weiterer Maßnahmen.

Maßnahmen der Außenhandelspolitik

Zollpolitik	Kontingentpolitik	weitere Maßnahmen
– Einfuhrzölle – Ausfuhrzölle – Schutzzölle – Finanzzölle	– Einfuhrkontingente – Embargo – Ausfuhrkontingente	– Selbstbeschränkungsabkommen – Ausfuhrsubventionen – Dumping – Außenwirtschaftsförderung – Abschöpfungen – Nicht tarifäre Handelshemmnisse – Handelsverträge – Ausfuhrgewährleistungen

Zollpolitik
Zölle sind Abgaben, die vom Importeur einer Ware an den Staat zu entrichten sind. Meistens sind sie als Prozentsatz vom Warenwert definiert und verteuern die Ware im Inland. Wenn man mit diesem Instrument inländische Anbieter vor den billigeren ausländischen Konkurrenten schützen will, spricht man von **Schutzzöllen**.

Ein anderes Motiv für die Zollpolitik ist der **Finanzzoll**, mit dem sich der Staat zusätzliche Einnahmen verschafft. Zwischen dem Schutz und dem Einnahmeneffekt besteht jedoch eine Zielkonkurrenz. Der Schutzzoll hebt den Preis einer Ware so stark an, dass diese möglicherweise überhaupt nicht mehr eingeführt wird; der Finanzzoll wird so dosiert, dass die belastete Ware weiterhin importiert wird.

Kontingentpolitik
Kontingente sind mengen- und wertmäßige Beschränkungen der Einfuhren und Ausfuhren innerhalb eines bestimmten Zeitraums. **Einfuhrkontingente** sind direkte zeitliche Beschränkungen der Einfuhrmengen für ein Importgut. Ein Land setzt diese Maßnahme ein, um sich einen Vorteil zulasten eines anderen Landes zu verschaffen. Beispiele für Einfuhrkontingente finden sich vor allem im Agrarbereich, so bei Zucker, Käse oder Bananen.

Wird bei ausgewählten Gütern der Handel gänzlich untersagt, liegt ein **Embargo** vor. Zum Beispiel dürfen in den USA produzierte und mit Chlor behandelte Hähnchenschenkel nicht in die EU importiert werden.

Ausfuhrkontingente werden nur bei strategisch wichtigen Gütern im Rahmen von Rohstofflieferungen eingesetzt. Hier legt man bestimmte Exportquoten fest.

Selbstbeschränkungsabkommen
In einem Selbstbeschränkungsabkommen erklärt sich ein Exporteur bereit, die Exporte bestimmter Produkte in eine bestimmte Region zu reduzieren oder nur in einem festgelegten Ausmaß zu steigern, um die betreffenden Bereiche im Importland zu schonen. Es handelt sich formal um freiwillige Vereinbarungen der Vertragsparteien. Sie kommen jedoch in der Regel nur unter massivem Druck des Importlandes zustande, indem stärkere Abwehrmaßnahmen angedroht werden. In den internationalen Handelsbeziehungen spielen sie eine bedeutende Rolle. Beispiel sind die Exporte japanischer Videorecorder in die EU, aber auch die Einfuhr von Textilien aus Entwicklungsländern in die EU.

Ausfuhrsubventionen
Bei Ausfuhrsubventionen zahlt der Staat an private Unternehmen oder Wirtschaftsbereiche direkte Zuschüsse für deren Ausfuhrleistungen. Ein Beispiel wäre eine Subventionierung von Agrarerzeugnissen, die man im Ausland billiger anbieten will.

Dumping
Werden bestimmte Waren oder Dienstleistungen eines Landes in einem anderen Land unter den Herstellungskosten verkauft, so spricht man von Dumping. Durch diese Maßnahme verschafft man sich Exportvorteile und kann damit einen Markteintritt im Ausland erreichen oder die Marktanteile der ausländischen Konkurrenz vermindern.

Außenwirtschaftsförderung
Hierbei unterstützt z. B. die Bundesregierung die Aktivitäten deutscher Unternehmen zur Erschließung und Sicherung ausländischer Märkte, indem sie u. a. Rechtsschutz gewährt oder Investitionsschutzabkommen mit Entwicklungs- und Schwellenländern garantiert.

Q

Gründe des Weberaufstandes
Das Webergewerbe in Schlesien ist alt. Es hat gute und schlechte Tage gesehen, seit Ende des 18. Jahrhunderts aber fast nur schlechte. Seit 1807 und besonders von 1816 bis 1819 war die Not zu einem besonders hohen Grade gestiegen: Der König stellte mehrmals bedeutende Beträge zu ihrer Linderung zur Verfügung. Die Gründe für die Depression werden von zeitgenössischen Beobachtern in der **Kontinentalsperre**, in der **Emanzipation** der **spanischen Kolonien** in Südamerika, in der **Grenzsperre Russlands** gegen Preußen und in den Auswirkungen der **Gewerbefreiheit** gesehen, die es jedem Pfuscher erlaubte, sich als Leinwandkaufmann oder Bleicher niederzulassen.
Quelle: Schwab-Felitsch, Hans: Hauptmann, Die Weber – Dichtung und Wirklichkeit, Frankfurt, Berlin 1959, S. 74/75

!

1. a) Erläutern Sie die im Quellentext hervorgehobenen Fachbegriffe.
   b) Beschreiben Sie die Auswirkungen der genannten Außenhandelsmaßnahmen auf die Binnenwirtschaft in Schlesien.

1. In der Bundesrepublik wird auf Exporte keine Umsatzsteuer erhoben. Welche wirtschaftspolitischen Auswirkungen hat diese Maßnahme?

Abschöpfungen

Die Europäische Union schützt ihre Bauern vor Agrareinfuhren durch Abschöpfungen. Die Agrarminister legen den Preis fest, der mindestens für importierte Agrarprodukte, z. B. Weizen, gelten soll. Dieser Schwellenpreis liegt regelmäßig höher als der Weltmarktpreis. Die Differenz zwischen diesem Schwellenpreis und dem Weltmarktpreis muss ein Importeur als Abschöpfung an die Europäische Union entrichten. Damit ist sichergestellt, dass unabhängig von den Schwankungen des Weltmarktpreises Importe nicht billiger als zum politisch vorgegebenen Schwellenpreis auf den Inlandsmarkt kommen.

Nicht tarifäre Handelshemmnisse

Hierbei handelt es sich um Formalitäten im Abfertigungsverfahren an den Grenzen, um die Vorgabe bestimmter technischer Standards, um Gesundheitsprüfungen oder Umweltauflagen. Bei solchen Vorschriften ist oft schwer zu beurteilen, inwieweit sie den vorgegebenen Zielen oder der Behinderung von Einfuhren dienen.

Handelshemmnisse: Fantasie ohne Grenzen

Oft kosten Prüfungsverfahren auch viel Zeit. In Indien beispielsweise kümmert sich die zuständige Stelle immer zuerst um das Prüfen von Chemikalien, die inländische Unternehmen ins Ausland liefern wollen. Deutsche Hersteller, die ihre Produkte in Indien verkaufen möchten, müssen sich gedulden, bis sie an die Reihe kommen. Für Autohupen variieren die technischen Anforderungen sogar in den indischen Bundesstaaten. [...] Eine andere Handelshürde richtet sich ganz unverhohlen gegen Exporteure aus Übersee. So gilt für Autos von mehr als vier Metern Länge eine zusätzliche Steuer von 26 %.

Quelle: www. wiwo.de/politik/handelshemmnisse-fantasie-ohne-grenzen-266018 (26.04.2009)

Handelsverträge

Solche Handelsverträge gibt es zwischen den AKP-Staaten und der Europäischen Union. Zu den AKP-Staaten gehören die Entwicklungsländer Afrikas, der Karibik und des Pazifischen Raumes, also Länder, die früher Kolonien Frankreichs und Großbritanniens waren. Sie haben vertragliche Vereinbarungen zur wirtschaftlichen Zusammenarbeit getroffen mit dem Ziel, eine faire und gerechte Weltwirtschaftsordnung zu schaffen.

Ausfuhrgewährleistungen

Ausfuhrgewährleistungen ermöglicht die deutsche Bundesregierung durch die Hermes-Bürgschaften. Bei diesen Bürgschaften handelt es sich um staatliche Ausfuhrgarantien, um deutsche Unternehmen vor Verlusten zu schützen, wenn deren ausländische Geschäftspartner nicht mehr zahlen. Die Hermes-Bürgschaften sind ein bedeutender Bestandteil der deutschen Ausfuhrförderungspolitik.

3.6 Grenzen der nationalen Wirtschaftspolitik in einer globalisierten Welt

Unter **nationaler Wirtschaftspolitik** versteht man die Gesamtheit der Maßnahmen, mit denen ein Staat regelnd und gestaltend in die Wirtschaft eingreift. Bei der Wirtschaftspolitik unterscheidet man verschiedene Arten, wobei zu den wichtigsten Bereichen die Beschäftigungs- und Fiskalpolitik, die Einkommenspolitik, die Geldpolitik, aber auch die Außenwirtschaftspolitik mit der Währungs- und Wechselkurspolitik sowie der Außenhandelspolitik gehören. In der Bundesrepublik Deutschland unterliegt die Beschäftigungs- und Finanzpolitik überwiegend dem Einfluss des Staates, und die Einkommenspolitik wird von den Tarifparteien bestimmt. Die Geld-, Währungs- und Wechselkurspolitik ist jedoch Aufgabe der Europäischen Zentralbank und der Europäischen Union. Bei den Wirtschaftsbereichen Agrar- und Fischereipolitik, Kohle und Stahl sowie bei der Außenhandelspolitik wird bereits eine gemeinsame europäische Wirtschaftspolitik betrieben. Die Europäische Union ist bestrebt, auch auf anderen Gebieten zu einer internationalen Arbeitsteilung zu gelangen, doch die Zuordnung der Bereiche der Wirtschaftspolitik ist schwierig, und es gibt zahlreiche Überschneidungen.

Die Zielsetzung der nationalen, aber auch der europäischen Wirtschaftspolitik ist die Förderung des Wohlstands der Menschen. Dabei versucht man die Ziele des magischen Sechsecks, also Preisniveaustabilität, Wirtschaftswachstum, hoher Beschäftigungsstand, außenwirtschaftliches Gleichgewicht, aber auch soziale Gerechtigkeit und eine lebenswerte Umwelt so weit wie möglich zu erreichen. Die Verfolgung der nationalen wirtschaftspolitischen Ziele stößt an Grenzen, die durch die Globalisierung gegeben werden.

Unter **Globalisierung** versteht man einen Prozess zunehmender weltweiter Verflechtungen in den Bereichen Politik, Kultur, Umwelt und Wirtschaft. Als wesentliche Ursachen gelten der technische Fortschritt, die Verbesserung der Kommunikations- und Transporttechnik und die Liberalisierung des Welthandels.

Für den wirtschaftlichen Bereich bedeutet Globalisierung, dass den Märkten freier Lauf gelassen wird und es zu einer immer stärkeren Arbeitsteilung auf den Güter-, Arbeits- und Kapitalmärkten kommt. Preise, Löhne und Zinsen reagieren zunehmend international. Bei den Gütermärkten ermöglichte der technische Fortschritt verbunden mit den modernen Informations- und Kommunikationssystemen eine starke Zunahme der Güterproduktion und der -verteilung. Ursachen sind die grenzüberschreitenden Investitionen und die weltweiten Produktionsaktivitäten der transnationalen Konzerne. Auf den Arbeitsmärkten führte das Lohngefälle zwischen den Ländern zu Produktionsverlagerungen, aber auch in geringerem Umfang zu Wanderungsbewegungen der Arbeitskräfte. Bei den Kapitalmärkten kam es zu einer Herausbildung internationaler Märkte, die es jedermann ermöglicht, seine finanziellen Mittel dort einzusetzen, wo sie den höchsten Ertrag bringen.

Der Prozess der Globalisierung bringt eine Entwicklung von den nationalen hin zu den internationalen Märkten und schränkt damit den Einfluss der Regierung bzw. der Wirtschaftsverbände eines Landes auf die Güter-, Arbeits- und Geldmärkte immer mehr ein.

1. Entwickeln Sie eine Systematik, die Träger und Instrumente der verschiedenen Bereiche der Wirtschaftspolitik enthält.

2. „Globalisierung bedeutet nicht das Ende jeglicher Politik, sondern nur das Ende schlechter Politik."
Erläutern Sie die Aussage.

Einfluss der nationalen Wirtschaftspolitik auf die Gütermärkte

Wandern Unternehmen mit ihren Produktionsstätten ins Ausland ab, um dort von günstigeren Arbeitskosten, höheren Investitionssubventionen, niedrigeren Steuern und geringeren Umweltauflagen zu profitieren, entziehen sie sich der direkten Einflussnahme der nationalen Wirtschaftspolitik auf den heimischen Gütermärkten.

Darüber hinaus besteht die Gefahr, dass die multinationalen Konzerne aufgrund ihrer Größe einen wesentlichen Einfluss auf die Wirtschaftspolitik eines Landes ausüben. Einige sind mittlerweile so mächtig, dass sie die nationalen Regierungen nötigen können, im Konfliktfall Unternehmensinteressen über ökologische Erfordernisse zu stellen oder Direktinvestitionen von Zugeständnissen wie Subventionen oder steuerlichen Vergünstigungen abhängig zu machen. Oft genügt die Drohung, in andere Länder abzuwandern, um die gewünschten Maßnahmen zu erreichen.

Für die nationale Wirtschaftspolitik bedeutet dies, dass sie gezwungen ist, auf die Herausforderungen der Globalisierung zu reagieren und vor allem günstige Rahmenbedingungen auf den Gütermärkten zu schaffen, um die Abwanderung von Industriebetrieben zu verhindern bzw. die Zuwanderung zu fördern. Zu den wichtigen Maßnahmen, mit denen die Bundesrepublik Deutschland auf die Herausforderung der Globalisierung reagiert, gehören:

1. Stellen Sie die Vor- und Nachteile der Globalisierung einander gegenüber.
2. Was versteht man unter „race on the bottom"?

- **Schaffung von günstigen Investitionsbedingungen für die Unternehmen**
  Die Regierung kann ihr Steuer- und Abgabensystem, die Verwaltungsbestimmungen und eventuell die Umweltauflagen den internationalen Standards angleichen. Die Tarifparteien können sich bei den Arbeitszeitregelungen, beim Lohnniveau, bei den Maschinenlaufzeiten usw. an die Gepflogenheiten der Leaderländer anpassen.

- **Entwicklung von Produktionsstrukturen für ein Hochlohnland**
  Etwa ab 1970 hat sich Westdeutschland zu einem Hochlohnland entwickelt, in dem einfache manuelle Tätigkeiten relativ teuer bezahlt werden müssen. Als Folge dieses Prozesses wurden und werden einfache Tätigkeiten in Niedriglohnländer verlagert, und man konzentriert sich in Deutschland auf die Herstellung „intelligenter Produkte". Qualifizierte Arbeiten, wie die Entwicklung, Konstruktion und Herstellung technisch hochwertiger Produkte müssen durch eine sinnvolle Wirtschaftspolitik gefördert werden. Dazu gehören Steuererleichterungen und Subventionsleistungen, um Betriebsgründungen zu ermöglichen, aber auch die Förderung des Bildungssystems. Nur ein gut ausgebautes Bildungssystem ist die Grundlage für qualifizierte Tätigkeiten, technische Innovationen sowie Mobilität und Flexibilität einer Bevölkerung.

Einfluss der nationalen Wirtschaftspolitik auf die Arbeitsmärkte

Der Einfluss der nationalen Wirtschaftspolitik auf den Arbeitsmarkt ist noch relativ stark. Der Grund hierfür ist, dass der Faktor Arbeit im Vergleich zum Faktor Kapital wenig mobil ist, d. h., die Arbeitskräfte gehen nicht immer dorthin, wo die günstigsten Arbeitsbedingungen sind. Familiäre, aber auch regionale Bindungen schränken die räumliche Flexibilität der Arbeitnehmer stark ein. Zudem stellen die sprachlichen, aber auch die kulturellen Unterschiede zwischen den Ländern eine wesentliche Barriere für Wanderungsbewegungen dar.

Allerdings beschränkt sich die geringe Mobilität bei den Arbeitskräften überwiegend auf die gering qualifizierten Arbeitnehmer vor allem außerhalb des EU-Raumes. Daneben gibt es aber einen weltweiten Arbeitsmarkt für hoch qualifizierte Arbeitskräfte, der sich dem staatlichen Einfluss entzieht. Beispielweise kann ein in den Vereinigten Staaten von Amerika ausgebildeter indischer Informatiker von seiner Heimatstadt Mumbai aus seine Dienste als Softwareentwickler über das Internet anbieten und für europäische oder amerikanische Unternehmen als virtueller Mitarbeiter tätig sein.

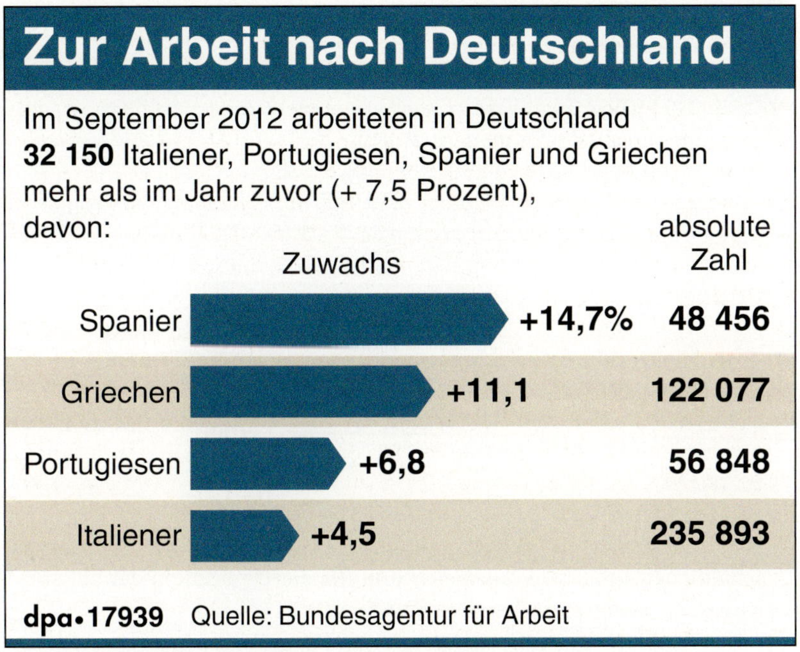

Einfluss der nationalen Wirtschaftspolitik auf die Kapitalmärkte
Der Einfluss der Wirtschaftspolitik auf die nationalen Finanzmärkte ist sehr gering, da die Globalisierung in diesem Wirtschaftsbereich am weitesten fortgeschritten ist. Die Liberalisierung des Geldwesens hat dazu geführt, dass Finanztransaktionen innerhalb kurzer Zeit weltweit getätigt werden können und das Kapital in die Länder wandert, wo die günstigsten Bedingungen sind.

Die negativen Folgen der globalisierten Finanzmärkte zeigten sich in der Finanzkrise 2008/2009. Ausgehend von einer Immobilienkrise in den USA kam es zu einer Bankenkrise. Amerikanische Banken vergaben Kredite an Hausbesitzer, ohne deren Einkommen und Kreditfähigkeit ausreichend zu prüfen. Diese Kredite wurden zu Wertpapierpaketen gebündelt und an internationale Banken verkauft. Da die Kredite nicht bedient werden konnten, kam es im Januar 2009 zu starken Erschütterungen der internationalen Kapitalmärkte.

1. a) Beschreiben Sie zunächst die Karikatur.
   b) Stellen Sie einen Bezug zur jüngsten Finanz- und Wirtschaftskrise her.
2. Halten Sie ein Kurzreferat über Ursachen und Auswirkungen der Finanzkrise.

„Wir brauchen mehr Weltinnenpolitik.“
Horst Köhler, ehem. Bundespräsident

1. Begründen Sie das Zitat des früheren Bundespräsidenten Köhler.

Wie die Finanzkrise 2008/2009 belegt, ist der Kapitalmarkt der nationalen Wirtschaftspolitik völlig entzogen und kann nur durch internationale Regelungen und Abkommen beeinflusst werden. Die wirtschaftspolitischen Instrumente der Nationalstaaten verlieren in einer globalisierten Welt immer mehr an Wirkung und müssen schrittweise durch eine weltweite Politik ersetzt werden. Diese Herausforderung wird unter dem Schlagwort **Global Governance** diskutiert.

Der Begriff Global Governance ist nicht gleichzusetzen mit einer Art „Weltregierung“, sondern kann eher mit „Weltordnungspolitik“ umschrieben werden. Da die globalen Herausforderungen unserer Zeit von den Nationalstaaten nicht mehr bewältigt werden können, braucht man eine bilaterale und eine multinationale Zusammenarbeit.

Das Konzept von Global Governance baut auf fünf Säulen auf, zu denen eine Welthandelsordnung, eine internationale Wettbewerbsordnung, eine Weltwährungs- und Finanzordnung, eine Weltsozialordnung und eine Weltökologieordnung gehören.

Das System des Global Governance besteht aus mehreren Ebenen:

- Die Vereinten Nationen (UNO) sind das zentrale Organ dieses Konzepts und haben für einen permanenten Dialog und einen Interessensausgleich zu sorgen.

- Die Nationalstaaten bleiben weiterhin zuständig für den innergesellschaftlichen Interessensausgleich und für die Umsetzung der auf internationaler Ebene getroffenen Entscheidungen.

- Die NGOs (Non-Govermental-Organizations) gewinnen zunehmend an Bedeutung. Zu ihnen gehören der Internationale Währungsfonds (IWF), die Weltbank und die Welthandelsorganisation (WTO).

- Die regionalen Zusammenschlüsse, wie die Europäische Union (EU), die Organisation für Sicherheit und Zusammenarbeit in Europa (OSZE) oder die Afrikanische Union (AU), dienen als regionale Kerne auf dem Weg einer zunehmenden Globalisierung.

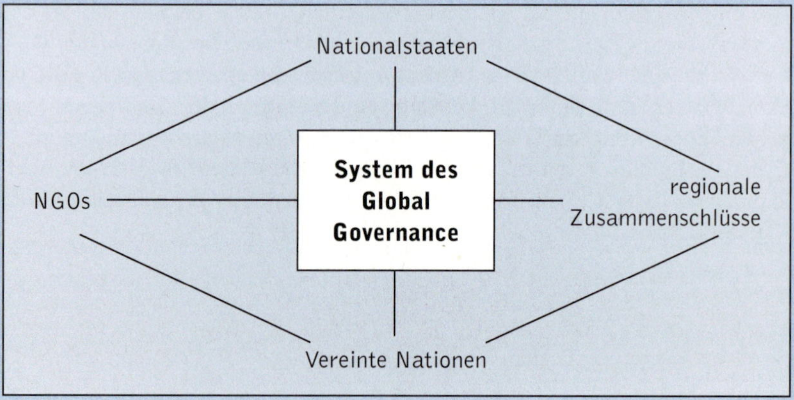

Sie haben bestimmt schon einen Dokumentarfilm gesehen, eine Dokumentationszentrum besucht oder von Projekt- bzw. Forschungsdokumentationen gehört. So eine Dokumentation können Sie in Zusammenarbeit mit Ihrem Kurs für wirtschaftliche Themenbereiche ebenfalls erstellen.

Wesen

Bei einer Unterrichtsdokumentation handelt es sich um eine Sammlung und übersichtliche Anordnung sowie Präsentation von Schriftstücken, Fotos, Schemata, Schaubildern, Statistiken, Videos oder Tonträgern zu einem bestimmten Thema. Dieses Material kann von Ihnen in Form einer Ausstellung z. B. in Schaukästen oder als Internetauftritt präsentiert werden. Für den Bereich der Volkswirtschaftslehre eignen sich besonders folgende Dokumente:

- Ausschnitte aus Fachbüchern,
- Zeitschriftenartikel aus unterschiedlichen Printmedien wie Tageszeitung, Wochenzeitungen oder Fachzeitschriften,
- aktuelle Statistiken, Grafiken und Karikaturen sowie Fotos,
- selbst gefertigte Schemata und Tabellen,
- eventuell Videos und Tondokumente.

Zielsetzung

Die Erstellung einer Dokumentation ermöglicht Ihnen

- die Vertiefung, Festigung und Anwendung der bisher gewonnen Kenntnisse in Volkswirtschaftslehre,
- die zielorientierte und arbeitsteilige Planung ihres Produkts,
- die Realisierung ihrer eigenen Vorgaben für die Dokumentation,
- die Reflektion, ob die durchgeführte Dokumentation zu dem gewünschten Ergebnis geführt hat.

Ablauf

1. Schritt: Themenklärung

Einigen Sie sich auf ein Thema und darauf, in welcher Form die Dokumentation erstellt werden soll. Diese Entscheidung kann bereits am Anfang einer neuen Stoffeinheit, aber auch in der Mitte und am Ende getroffen werden. Berücksichtigen Sie dabei auch die Zielgruppe Ihrer Dokumentation, also z. B. die Schulgemeinschaft oder die breite Öffentlichkeit.

2. Schritt: Zeitplanung und Gruppenarbeit

Planen Sie den Zeit- und den Materialaufwand, und legen Sie eventuell die Arbeitszeiten fest. Sammeln, sichten und bearbeiten Sie das Material in Gruppen.

3. Schritt: eigene Beiträge

Eigene Beiträge sind wirkungsvoller als z. B. übernommene und ausgestellte Zeitungsartikel. Erstellen Sie deshalb Texte, Schaubilder, Grafiken oder Statistiken.

4. Schritt: Qualitätsprüfung

Überprüfen Sie nach Fertigstellung der Dokumentation, wie sie auf die Betrachter wirkt, registrieren Sie z. B. die Anzahl der Besucher und/oder deren Meinungen zu Ihrer Dokumentation.

Unter Dokumentation versteht man die Zusammenstellung, Ordnung und Nutzbarmachung von Dokumenten, also von Urkunden, Schriftstücken, Bildern und Beweisstücken jeder Art.

Qualitätsmerkmale einer Dokumentation

Vollständigkeit
|
Übersichtlichkeit
|
Verständlichkeit
|
Strukturiertheit
|
Nachvollziehbarkeit

Die Dokumentation kann beispielsweise – wie hier abgebildet – in Form einer Präsentation veröffentlicht werden.

Eine Broschüre (vom französischen „brochure") ist ein Schriftwerk von geringem Umfang, das sich meist aktuellen Themen widmet.

Wesen

Bei einem Projekt handelt es sich um ein Vorhaben, einen Plan. Es ist eine bedeutsame Tätigkeit, bei der Sie sämtliche anfallenden Arbeiten zusammen mit Ihren Mitschülern/-innen möglichst selbstständig erledigen sollen. Das Projekt hat seinem Wesen nach mehrere wichtige Merkmale:

- Es hat **Aufgabencharakter**: In unserem Fall sollen Sie eine **Broschüre** erstellen, die sich mit dem Thema „Außenwirtschaft im Wandel" auseinandersetzt.
- Es hat **Prozesscharakter**: Sie sollen alle erforderlichen Aktivitäten – also Planung, Vorbereitung, Durchführung und Kontrolle – am besten arbeitsteilig und in Gruppen erledigen.
- Es hat **Ernstcharakter**: Es ist sehr realitätsnah. Stellen Sie sich vor, dass Sie Redakteure bzw. Verlagsleiter sind, die eine solche Broschüre erstellen und auf den Markt bringen müssen.
- Es hat **Sozialcharakter**: Pflegen Sie die Gruppendiskussion, und suchen Sie nach den besten Ideen.

Ablauf

1. Projektzielsetzung

Mit dem Projekt „Außenwirtschaft im Wandel" können Sie die fachlichen Inhalte des Lehrplanabschnitts „Außenwirtschaft" am Beispiel aktueller Entwicklungen anwenden und vertiefen. Darüber hinaus erfahren Sie etwas über Organisation und Arbeitsabläufe bei der Erstellung eines Printmediums.

2. Projektvorbereitung

Bilden Sie mit Ihren Mitschülern/-innen Gruppen, und gehen Sie arbeitsteilig vor. Mögliche Gruppen könnten sein:

- **Arbeitsgruppe: Finanzierung und Absatz**
  Diese Gruppe hat sich mit dem Problem der finanziellen Mittelbeschaffung zu beschäftigen. Wichtige Fragen sind: Wie viele Broschüren sollen gedruckt werden? Wer wird sie abnehmen? Wie hoch sind die Druckkosten? Wer stellt die finanziellen Mittel zur Verfügung? Mögliche Finanzquellen sind z. B. der Elternbeirat, örtliche Betriebe oder Erlöse aus dem Verkauf der Broschüre.
- **Arbeitsgruppe: Redaktion**
  Ihre Aufgabe ist es, Informationen, Statistiken, Bilder usw. zum Thema Außenwirtschaft zu sammeln, auszuwerten und in eine anschauliche abwechslungsreiche und leicht verständliche Form zu bringen.
- **Arbeitsgruppe: Organisation**
  Sie hat den räumlichen und zeitlichen Ablauf des Projekts zu organisieren und zu kontrollieren.

3. Projektdurchführung

Das Projekt kann z. B. parallel zur Behandlung des Themas „Außenwirtschaft" im Unterricht durchgeführt werden. Es kann als klassenbezogenes, mittelfristiges Gruppenprojekt ausgestaltet sein.

4. Projektauswertung

Nach Ablauf des Projekts können Sie zusammen mit Ihrem Lehrer/Ihrer Lehrerin die Vorteile und Probleme der Projektarbeit reflektieren.

Unter **Außenwirtschaft** versteht man die Summe aller Wirtschaftsbeziehungen eines Landes mit anderen Ländern. Deutschland hat sich zu einer Exportnation entwickelt und unterhält umfangreiche Außenwirtschaftsbeziehungen.

Außenwirtschaftliche Beziehungen haben Bedeutung für

- Produktionsstruktur,
- Verkehrsaufkommen,
- Informations- sowie Kommunikationssysteme,
- Qualifikationsanforderungen,
- Lohnniveau,
- Unternehmensgrößen

und bringen Abhängigkeit von den Weltmärkten.

Die **Zahlungsbilanz** ist die systematische Aufzeichnung aller wirtschaftlichen Transaktionen zwischen Inländern und Ausländern innerhalb einer Wirtschaftsperiode. Sie gibt Auskunft über die internationale Leistungs- und Zahlungsfähigkeit eines Landes, über die Veränderung des Auslandsvermögens bzw. der Schulden und informiert über wichtige Größen der volkswirtschaftlichen Gesamtrechnung.

Beim **Leistungsbilanzausgleich** unterscheidet man bei freien Wechselkursen zwischen einer Normalreaktion und einer anomalen Reaktion. Die Normalreaktion ist bei einem Leistungsbilanzüberschuss durch ein höheres Devisenangebot, sinkende Wechselkurse, verringerte Exporte und vermehrte Importe gekennzeichnet.

Unter **Freihandel** versteht man den völlig unbehinderten internationalen Güteraustausch, der durch Institutionen, wie z. B. das WTO mit GATT, GATS und TRIPS, gefördert wird.

Unter **Protektionismus** versteht man alle staatlichen Eingriffe, die den grenzüberschreitenden Waren- und Dienstleistungshandel behindern.

Der grenzüberschreitende Waren- und Dienstleistungsverkehr wird durch die Außenhandelspolitik beeinflusst. Wichtige Maßnahmen der Außenhandelspolitik sind die Zollpolitik, die Kontingentpolitik und weitere Maßnahmen, wie z. B. Selbstbeschränkungsabkommen, Ausfuhrsubventionen, Dumping, Außenwirtschaftsförderung, Abschöpfungen, nicht tarifäre Handelshemmnisse, Handelsverträge und Ausfuhrgewährleistungen.

Die nationale Wirtschaftspolitik verliert in einer globalisierten Welt immer mehr an Einfluss. Auf den Gütermärkten kommt es zu einer Angleichung des Steuer- und Abgabensystems, der Verwaltungsbestimmungen und der Umweltauflagen. Auf dem Arbeitsmarkt ist der nationale Einfluss noch am stärksten, da die Arbeitskräfte wegen familiärer Bindungen und Sprachbarrieren wenig flexibel sind. Der Einfluss der nationalen Wirtschaftspolitik auf die deutschen Finanzmärkte ist sehr gering, da die Globalisierung zu einer Internationalisierung des Geldwesens geführt hat.

Zahlungsbilanz

- Leistungsbilanz
  - Handel, Dienstleistungen,
  - Erwerbs- und Vermögenseinkommen
  - laufende Übertragungen
- Vermögensübertragungen
- Kapitalbilanz
  - Direktinvestitionen
  - Wertpapiere
  - Kreditverkehr
  - sonstige Kapitalanlagen
- Devisen
- Restposten

Wichtige Begriffe:

Außenhandelsquote
Außenwirtschaft
Freihandel
Kapitalbilanz
Kontingentpolitik
Leistungsbilanz
Protektionismus
Transformationsländer
WTO
Zahlungsbilanz
Zollpolitik

1. Definieren Sie die Begriffe „Intrahandel“ und „Extrahandel“, und erläutern Sie die unterschiedlichen Erhebungsmethoden.
2. Beschreiben Sie die Gründe für die Entwicklung der Bundesrepublik zum Hochlohnland.
3. Erklären Sie den Begriff „Offshoring“.
4. Nennen Sie wichtige Teilbilanzen der Zahlungsbilanz, und erläutern Sie die jeweiligen Transaktionen auf der Aktiv- bzw. Passivseite.
5. Erläutern Sie den Begriff „Restposten“.
6. Welche Teilbilanzen der Zahlungsbilanz werden auf welchen Seiten bei folgenden Transaktionen angesprochen:
   a) In Tunesien erwirbt ein Deutscher einen Teppich.
   b) Deutsche Pkws werden in China verkauft.
   c) Eine Deutsche lässt sich in Tschechien vom Zahnarzt behandeln.
   d) Schloss Neuschwanstein wird von ausländischen Touristen besichtigt.
   e) Arabische Ölscheichs errichten in Deutschland ein Unternehmen.
   f) Deutsche Kapitalanleger kaufen Luxemburger Wertpapiere.
7. Beschreiben Sie die Normalreaktion der Leistungsbilanz bei freien Wechselkursen und Leistungsbilanzüberschuss.
8. Stellen Sie die Vor- und Nachteile des Freihandels einander gegenüber.
9. Bei protektionistischen Maßnahmen kann zwischen kurz- und langfristigen Auswirkungen unterschieden werden. Belegen Sie dies an einem selbst gewählten Beispiel.
10. Geben Sie einen Überblick über wichtige Maßnahmen der Außenhandelspolitik.
11. Erläutern Sie folgende Begriffe ausführlich:
    a) Finanzzoll,
    b) Embargo,
    c) Selbstbeschränkungsabkommen,
    d) Dumping,
    e) Abschöpfungen.
12. Entwickeln Sie eine Tabelle, und tragen Sie in die Kopfzeile die Arten der Wirtschaftspolitik ein.
    Beschriften Sie die Vorspalte wie folgt: Beeinflusst durch: Deutschland, Europäische Union, Vereinte Nationen.
    Füllen Sie die Felder auf, und gewichten Sie dabei in:
    + stark o mittel – wenig.
13. Beschreiben Sie die Ursachen und Auswirkungen der Finanz- und Wirtschaftskrise 2008/2009.
14. Entwickeln Sie eine Mindmap, die die Arten der Wirtschaftspolitik, ihre Träger und ihre Instrumente enthält.

II Recht der Leistungsstörungen

1 Systematik des Rechts der Leistungsstörungen

2 Verspätung der Leistung beim Kauf

3 Mangelhafte Leistung beim Kauf

4 Verbraucherschutz und Vertragsfreiheit

Des einen Freud – des anderen Leid

Es gibt keine absolute, sondern nur eine relative Gerechtigkeit. Die relative Gerechtigkeit definiert sich aus
1. dem Gleichheitsgrundsatz, d.h. Gleiches ist gleich und Ungleiches ist ungleich zu behandeln.
2. der Einzelfallgerechtigkeit, d.h. der gleiche Sachverhalt wird entsprechend der persönlichen Situation des einzelnen Menschen beurteilt.
3. der Rechtssicherheit, d.h. das Recht muss überschaubar und vorhersehbar sein, denn Unkenntnis schützt nicht vor Rechtsfolgen.

1. Erläutern Sie die Begriffe „Recht", „Moral" und „Sitte".

2. Definieren Sie folgende Begriffe:
   a) objektives und subjektives Recht,
   b) zwingendes und dispositives Recht,
   c) materielles und formelles Recht.

Wiederholung und Vertiefung

Grundlagen unserer Rechtsordnung

Notwendigkeit der Rechtsordnung
Wenn Menschen zusammenleben, treffen Freiheitsbedürfnis und Schutzbedürfnis aufeinander. Während der eine ein Grillfest veranstalten will, möchte sein Nachbar seine Ruhe genießen. Um das reibungslose Zusammenleben der Menschen zu ermöglichen, haben sich Verhaltensregeln herausgebildet, die Konflikte verhindern bzw. lösen können. Solche sozialen Verhaltensregeln sind z. B. Sitten und Gebräuche, aber auch Moralvorstellungen, religiöse Vorstellungen und das Gewohnheitsrecht. Werden die Verhaltensregeln verbindlich festegelegt, so spricht man von geltendem Recht und die Gesamtheit aller Regeln bildet die **Rechtsordnung**.

Funktionen des Rechts
Eine Rechtsordnung hat in einer Gesellschaft verschiedene Funktionen zu erfüllen. Die **Schutzfunktion** sorgt für den Schutz des Einzelnen in einer Gesellschaft, und die Abschreckungsfunktion soll mögliche Rechtsbrecher davon abhalten, (erneut) Straftaten zu begehen. Das Recht sorgt zudem für einen Ausgleich in Streitfällen, erfüllt also eine **Friedensfunktion**. Bei Interessenskonflikten müssen sich die Menschen darauf verlassen können, dass die Gesetze gelten und umgesetzt werden, dass also **Rechtssicherheit** herrscht. Sind alle Funktionen gegeben, so wird das höchste Ziel des Rechts, nämlich Gerechtigkeit, erreicht. Bei der Gerechtigkeit unterscheidet man die ausgleichende und austeilende Gerechtigkeit, die generalisierende und die individualisierende Gerechtigkeit.

Rechtsquellen
Naturrecht ist ein Recht, das nicht von Menschen gemacht wurde, sondern von der Natur, Religion oder Vernunft vorgegeben ist. **Gewohnheitsrecht** ist ein Recht, das sich durch langjährige Übung herausgebildet hat und nicht schriftlich niedergelegt wurde. **Gesetztes Recht** ist das niedergeschriebene und erlassene Recht, das in den Gesetzbüchern zusammengefasst ist. Die Rangordnung des gesetzten Rechts geht vom Grundgesetz über die Bundesgesetze, Verordnungen des Bundes zu den Landesverfassungen, Landesgesetzen bis zu den Verordnungen und Satzungen. **Richterrecht** ist das Recht, das durch einen Richterspruch erlassen wird. Richter können zwar kein Recht schaffen, jedoch halten sich untergeordnete Gerichte im Normalfall an übergeordnete Entscheidungen.

Gliederung des deutschen Rechts

öffentliches Recht	Privatrecht	Prozessrecht
(Über- und Unterordnung) z. B. Strafrecht	(Gleichordnung) z. B. Bürgerliches Gesetzbuch	(Verfahrensrecht) z. B. Ordentliche Gerichtsbarkeit

Weitere Einteilungsmöglichkeiten des Rechts sind: objektives und subjektives Recht, zwingendes und dispositives Recht und materielles und formelles Recht.

Straftheorien, Strafbarkeit und Strafzumessung

Straftheorien

- **absolute Straftheorien** (vergangenheitsbezogen)
- **relative Straftheorien** (zukunftsbezogen)
  - **Spezialprävention** (auf den Täter gerichtet)
    - **positive Spezialprävention** (Resozialisierung)
    - **negative Spezialprävention** (individuelle Abschreckung)
  - **Generalprävention** (auf die Allgemeinheit gerichtet)
    - **positive Generalprävention** (Rechtsbewusstsein stärken)
    - **negative Generalprävention** (allgemeine Abschreckung)

→ **Vereinigungstheorie**

Voraussetzungen der Strafbarkeit

Tatbestandsmäßigkeit
(alle Tatbestandsmerkmale einer Rechtsnorm müssen erfüllt sein)

- objektive Tatbestandsmäßigkeit (sichtbarer Vorgang)
- subjektive Tatbestandsmäßigkeit (Absicht im Menschen)

Rechtswidrigkeit
(Vorliegen von Rechtfertigungsgründen)

liegt nicht vor:
- Notwehr und rechtfertigender Notstand
- Sachwehr und Sacheingriff
- Einwilligung und rechtfertigende Pflichtkollision

Schuld
(strafrechtliche Verantwortlichkeit)

liegt nicht vor:
- Schuldunfähigkeit
- kein Unrechtsbewusstsein
- entschuldigender Notstand

Strafzumessung

- **Übertretungen** (z. B. Maßregeln der Besserung)
- **Vergehen** (Freiheitsstrafe von unter einem Jahr oder Geldstrafe)
- **Verbrechen** (Freiheitsstrafe von mehr als einem Jahr)

Rechtstechnische Grundlagen

Aufbau und Systematik des Bürgerlichen Gesetzbuches

Das Bürgerliche Gesetzbuch (BGB) trat am 1.1.1900 in Kraft und ist die wichtigste Rechtsquelle des Privatrechts. Es wird in fünf Bücher unterteilt:

Im **Allgemeinen Teil** sind alle Vorschriften zusammengefasst, die für sämtliche Rechtsverhältnisse des Bürgerlichen Rechts gelten. Wesentliche Inhalte sind die Regelungen über natürliche und juristische Personen, Sachen und Tiere, Rechtsgeschäfte und Vertretung bzw. Vollmacht.
Das **Schuldrecht** befasst sich in seinem allgemeinen Teil mit den Rechtsbeziehungen zwischen Personen. Das besondere Schuldrecht beschäftigt sich unter anderem mit den typischen vertraglichen Schuldverhältnissen, wie dem Kauf-, Miet-, Werk-, Leih- und Darlehensvertrag.
Im **Sachenrecht** werden die Rechte und Pflichten einzelner Personen zu Sachen und Rechten geregelt. Zentrale Themen sind Besitz und Eigentum, aber auch Hypotheken und Grundschuld.
Das **Familienrecht** befasst sich mit den Rechtsbeziehungen, die sich aus Eheschließung und Verwandtschaft ergeben. Dazu gehören Verlöbnis, eheliches Güterrecht und Scheidung der Ehe.
Das **Erbrecht** regelt die vermögensrechtlichen Folgen des Todes einer Person, also Erbfolge, Testament und Erbvertrag sowie Erbschein.

Juristische Arbeitstechniken

Beim Umgang mit Gesetzestexten sind allgemeine **Zitierregeln** zu beachten, wie z. B. §-Zeichen, Nummer des Paragraphen und das Gesetz, aus dem der Paragraph stammt. Unter einer **Normenanalyse** versteht man die juristische Zerlegung einer Norm in die Bestandteile „Tatbestandsmerkmale" und „Rechtsfolge". Zum Beispiel besteht der § 985 BGB aus den Tatbestandsmerkmalen: A ist Eigentümer der Sache, B ist Besitzer und der Rechtsfolge Herausgabe an A. Ist für eine Falllösung die Überprüfung mehrerer Rechtsnormen erforderlich, so spricht man von **Normenverknüpfung.**

Subsumtion

Unter Subsumtion versteht man die Unterordnung eines Sachverhalts unter die Tatbestandsmerkmale einer Rechtsvorschrift. Stimmen die Tatbestandsmerkmale einer Norm mit dem Sachverhalt überein, so kann die Rechtsfolge gezogen werden. Der **Sachverhalt** beschreibt die Gesamtheit der juristisch relevanten Tatsachen einer bestimmten Situation. **Tatbestandsmerkmale** sind die Voraussetzungen, die das Gesetz für eine Rechtsfolge fordert. Die **Rechtsfolge** wiederum ist der gesetzestechnische Bestandteil einer Norm, der angibt, was gilt, wenn die Tatbestandsmerkmale einer Norm erfüllt sind.

Reduktion und Abstraktionsprinzip

Bei den Regelungen des BGB steht man vor dem Problem, einerseits allen rechtlichen Bedürfnissen der Bürger gerecht zu werden, andererseits soll der Gesetzestext nicht zu umfangreich werden. Der Weg, den das deutsche Privatrecht geht, sind die Reduktion und die Abstraktion. Bei der **Reduktion** wird die unbegrenzte Vielzahl von Sachverhalten des Lebens zu einer begrenzten Anzahl von Normen reduziert. Unter **Abstraktionsprinzip** versteht man die rechtliche Loslösung von Verpflichtungsgeschäft und Erfüllungsgeschäft bei zweiseitigen Rechtsgeschäften.

1. Führen Sie für die Paragraphen 105, 812, 986 BGB eine grafische Normenanalyse durch.

Eigentumsordnung in Deutschland

Eigentum und Besitz

Unter **Eigentum** versteht man die umfassendste rechtliche Herrschaft einer Person über eine bewegliche oder unbewegliche Sache. Der Eigentümer darf nach § 903 BGB mit der Sache nach Belieben verfahren, soweit nicht Gesetz oder Rechte Dritter entgegenstehen. **Besitz** bedeutet nach § 854 BGB die tatsächliche Herrschaft über eine Sache.

Spannungsverhältnis

Individualinteresse (Eigentumsgarantie)	Gemeinwohl (Einschränkung des Eigentums)

Einschränkungen erfolgen

- aus Gesetz, z. B. § 904 BGB Notstand, § 910 BGB Überhang
- aus Sozialpflichtigkeit, z. B. Waldgesetze
- durch Enteignung
- aus Grundgesetz Art. 14, Abs. 2

Das Eigentumsrecht wird laufend fortentwickelt, wobei besonders im Bereich des geistigen Eigentums Anpassungen erfolgen.

Eigentumserwerb an beweglichen Sachen

Durch das Abstraktionsprinzip besteht eine Kaufhandlung aus drei unabhängigen Verträgen, dem Verpflichtungsgeschäft und dem 1. und 2. Verfügungsgeschäft. Das Abstraktionsprinzip ermöglicht damit:

- den Eigentumserwerb durch Einigung und Übergabe nach §§ 854, 929 BGB,
- die Veräußerung beweglicher Sachen durch Abtretung des Herausgabeanspruchs nach § 931 BGB,
- die Veräußerung beweglicher Sachen unter Eigentumsvorbehalt nach § 449 BGB,
- den gutgläubigen Erwerb von Nichtberechtigten nach § 932 BGB,
- das Besitzkonstitut nach § 930 BGB.

1. Die 15-jährige Elfriede erhält von ihren Eltern 400,00 € zum Kauf eines Fahrrades beim Händler Treter geschenkt. Elfriede kauft jedoch von diesem Geld in der Boutique Berta für 150,00 € eine Jeans und einen Pulli. Anschließend geht sie zu Treter und kauft das Fahrrad für 400,00 €. Elfriede zahlt 250,00 € an und sichert zu, den Rest in drei Raten zu je 50,00 € zu begleichen. Treter kennt Elfriedes Familie und übereignet das Fahrrad sofort. Elfriedes Eltern billigen aber weder den Ratenkauf noch den Einkauf in der Boutique.
   a) Prüfen Sie die Wirksamkeit aller im Text angesprochenen Rechtsgeschäfte.
   b) Kann Elfriede im Einvernehmen mit ihren Eltern die Rückzahlung der 150,00 € von Berta verlangen?
   c) Welchen Anspruch kann Treter gegen Elfriede geltend machen?

Pflichten aus vertraglichen Schuldverhältnissen:
Hauptpflichten aus dem Vertrag (z. B. Lieferung der Ware)
Nebenpflichten aus dem Vertrag (z. B. ordnungsgemäße Montage)
Nebenpflichten kraft Gesetzes (z. B. Sorgfalt gegenüber dem Eigentum des anderen)

1. Erarbeiten Sie aus der Grafik „Verträge des täglichen Lebens" die Pflichten der Vertragsparteien.
2. Lesen Sie den § 516 BGB, und erarbeiten Sie die Rechte und Pflichten der Vertragsparteien bei einer Schenkung.

1 Systematik des Rechts der Leistungsstörungen

Anspruch auf Leistung

„Pacta sunt servanda": Verträge sind einzuhalten. Durch Verträge, wie immer sie auch gestaltet sind, werden die Rechtsbeziehungen zwischen den Vertragsparteien verbindlich geregelt. So schreibt z. B. der Kaufvertrag gemäß § 433 I BGB vor, dass der Verkäufer dem Käufer eine mangelfreie Sache übergeben und übereignen muss. Im Gegenzug muss der Käufer gemäß § 433 II BGB die Sache bezahlen und abnehmen.
Das Pflichtenprogramm der Vertragsparteien ist damit klar umrissen. Haben Verkäufer und Käufer ihre Pflichten erfüllt, trennen sich ihre Wege, zumindest was den geschlossenen Kaufvertrag betrifft. Ebenso wird in den Rechtsnormen über andere Schuldverhältnisse, wie z. B. Miete (§ 535 BGB), Leihe (§§ 598/604 BGB) oder Gelddarlehen (§ 488 BGB) festgelegt, was die jeweilige Vertragspartei zu tun hat.

Neben den Hauptpflichten, die in den speziellen Rechtsnormen geregelt sind, sieht das Gesetz gemäß § 242 BGB vor, dass die geschuldeten Leistungen so zu bewirken sind, wie es Treu und Glauben mit Rücksicht auf die Verkehrssitte erfordern. Das beinhaltet, dass die Vertragspartner auch Nebenpflichten zu erfüllen haben. Sie sind bei der Erfüllung des Vertrages z. B. verpflichtet, auf die Rechte, Rechtsgüter und Interessen des anderen Vertragspartners Rücksicht zu nehmen, wie es § 241 II BGB vorsieht. Das bedeutet, dass z. B. der Verkäufer einer Schrankwand nicht nur eine einwandfreie Ware schuldet, sondern dass er auch bei der Lieferung auf sorgfältige Arbeit zu achten hat. Stößt er bei der Anlieferung eine Vase von der Anrichte oder verkratzt mit dem Paket einen Türrahmen, verletzt er eine Nebenpflicht, nämlich die Sorgfaltspflicht, die ihm als Vertragspartner aufgetragen ist.

Nebenpflichten können auch vertraglicher Art sein. Schuldet der Verkäufer die Lieferung einer Schrankwand nebst Montage, ist er u. a. verpflichtet, für die Wandbefestigung geeignete Bohrungen durchzuführen, sodass die Bohrlöcher den Anforderungen entsprechen und sich an der richtigen Stelle befinden.

1.1 Grundlegende Tatbestände

Tatbestände sind alle Voraussetzungen, die ein Gesetz vorschreibt, damit die in der Rechtsnorm festgelegte Rechtsfolge eintritt. Das Schuldrecht formuliert eine Reihe von allgemeinen Tatbestandsmerkmalen, deren Zutreffen zum Eintreten von allgemeinen Rechtsfolgen führt. Im Einzelnen sind die allgemeinen Tatbestände das **Vorliegen eines Schuldverhältnisses**, eine **Pflichtverletzung**, das **Vertretenmüssen** der Pflichtverletzung und das **Setzen einer angemessenen Frist**. Je nach Kombination der allgemeinen Tatbestandsmerkmale können verschiedene allgemeine Rechtsfolgen eintreten. Allgemeine Rechtsfolgen sind der **Anspruch auf Schadensersatz**, wobei es hier verschiedene Varianten gibt, und der **Rücktritt** vom Vertrag. Eine Kombination der Rechtsfolgen ist unter Umständen möglich. Darüber hinaus gibt es innerhalb einzelner Pflichtverletzungen spezielle Regelungen, insbesondere auch spezielle Rechtsfolgen.

Der Begriff Pflichtverletzung meint, dass die Vertragspflichten nicht oder nicht in ausreichendem Maße erfüllt wurden. Er beinhaltet nicht die Frage der Schuld.

Allgemeine Tatbestände			
Pflichtverletzung	Vertretenmüssen	Fristsetzung	Schuldverhältnis

Allgemeine Rechtsfolgen	
Schadensersatz	Rücktritt vom Vertrag

Pflichtverletzungen

Der 18-jährige Gymnasiast Kurt kauft sich im Computerfachgeschäft ein Notebook für 1.200,00 €, um es intensiv und zeitsparend für seine Abiturvorbereitungen einzusetzen. Der Hersteller wirbt für dieses Notebook mit einer achtstündigen netzunabhängigen Betriebsdauer des Akkus. Da Kurt auch die tägliche einstündige Zugfahrt zur Schule für die Vorbereitungen nutzen möchte, kommt es ihm vor allem auf eine hohe Betriebsdauer des Akkus an. Bereits am dritten Tag muss er aber feststellen, dass der Akku trotz vorheriger Aufladung bereits nach 40 Minuten Nutzung komplett leer ist.

Übersicht Pflichtverletzungen (§ 280 I BGB)

Verletzung einer Hauptleistungspflicht
- mangelhafte Leistung §§ 280 I, 281 I, 434 BGB
- Verzögerung der Leistung §§ 280 II, 286 BGB
- Unmöglichkeit § 275 BGB

Verletzung einer Nebenleistungspflicht
- Verletzung einer Nebenpflicht aus dem Vertrag bzw. Schutzpflicht aus vorvertraglichem Verhältnis §§ 241 II, 311 II BGB

Denkbar ist, dass der Verkäufer einer Sache – wie im Fall des Notebookkaufs – **mangelhaft leistet**. Die Tatsache, dass die Leistung nicht der geschuldeten entspricht, stellt bereits die Pflichtverletzung dar.

Unter den Begriff der Pflichtverletzung fällt auch, dass der Schuldner seine Leistung nicht oder nicht rechtzeitig erbringt. Der Begriff der Pflichtverletzung meint, dass die Vertragspflichten nicht oder nicht in ausreichendem Maße erfüllt werden. Er beinhaltet nicht die Frage der Schuld.

§ 276 BGB
Verantwortlichkeit des Schuldners
(1) Der Schuldner hat Vorsatz und Fahrlässigkeit zu vertreten, wenn eine strengere oder mildere Haftung weder bestimmt noch aus dem sonstigen Inhalt des Schuldverhältnisses, insbesondere aus der Übernahme einer Garantie oder eines Beschaffungsrisikos, zu entnehmen ist. [...]

§ 280 BGB
Schadensersatz wegen Pflichtverletzung
(1) Verletzt der Schuldner eine Pflicht aus dem Schuldverhältnis, so kann der Gläubiger Ersatz des hierdurch entstehenden Schadens verlangen. Dies gilt nicht, wenn der Schuldner die Pflichtverletzung nicht zu vertreten hat. [...]

Vertretenmüssen
Um Ansprüche gegenüber der Vertragspartei geltend zu machen, reicht es üblicherweise nicht aus, dass eine Pflichtverletzung aus einem Schuldverhältnis vorliegt. Ein zentraler Paragraph aus dem Schuldrecht, der Ansprüche des Gläubigers begründet, ist der § 280 I BGB. Neben den Tatbestandsmerkmalen Schuldverhältnis und Pflichtverletzung ist auch das „Vertretenmüssen" seitens des Schuldners verlangt.

Vertretenmüssen bedeutet, dass der Schuldner für die Pflichtverletzung zur Verantwortung gezogen werden kann. Die Verantwortlichkeit bedeutet nicht das Vorliegen einer Schuld. § 276 BGB regelt, inwieweit der Schuldner eine Pflichtverletzung zu vertreten hat.

Hauptsächlich haftet der Schuldner für **Vorsatz** und **Fahrlässigkeit**. Der Begriff des Vorsatzes ist im BGB nicht explizit definiert. In Anlehnung an die Regelungen im Strafrecht ist hiermit jedoch das Wissen und Wollen des Schuldners gemeint. Handelt der Schuldner wissentlich und willentlich, so handelt er vorsätzlich. Der Begriff der Fahrlässigkeit wird in § 276 II BGB definiert. Fahrlässig handelt, wer die im Verkehr erforderliche Sorgfalt außer Acht lässt. Gegenüber dem vorsätzlichen Handeln fehlt es bei der Fahrlässigkeit am Willen. Fahrlässigkeit setzt voraus, dass die Konsequenz des Handelns voraussehbar und vermeidbar war.

In Gedanken bereits bei seinem nachmittäglichen Rendezvous mit seiner Freundin, liefert der Schreinermeister Fritz die bestellte Schrankwand aus. Während der Auslieferung beschädigt er die Türstöcke in der Wohnung des Kunden Karl.

Im vorliegenden Fall kann dem Schreinermeister Fahrlässigkeit unterstellt werden, da er bei seiner Arbeit nicht ganz bei der Sache war. Statt sich auf seine Arbeit zu konzentrieren, dachte er an seine Freundin. Vorsatz läge vor, wenn Fritz – ärgerlich darüber, dass der Kunde Karl nach Erledigung des Auftrags kein Trinkgeld gegeben hat – aus Wut gegen den Türstock tritt und ihn dabei beschädigt.

Nur Vorsatz und Fahrlässigkeit sind gemäß § 276 BGB zu vertreten, wenn eine strengere oder mildere Haftung nicht bestimmt ist. Jedoch gibt es an verschiedenen Stellen im BGB Regelungen, die strengere oder mildere Haftungen vorsehen. Gemäß § 287 BGB hat der Schuldner im Rahmen des Verzugs auch den Zufall zu vertreten. Diese Regelung ist gegenüber dem § 276 BGB wesentlich strenger. Eine mildere Haftung kommt z. B. im Rahmen einer Verwahrung zum Tragen. Nimmt jemand einen Gegenstand unentgeltlich in Verwahrung, hat er gemäß § 690 BGB nur für die Sorgfalt einzustehen, die er in eigenen Angelegenheiten an den Tag legt.

Neben Vorsatz und Fahrlässigkeit sieht das BGB vor, dass der Schuldner auch die Übernahme einer **Garantie** und eines Beschaffungsrisikos zu vertreten hat. Die Übernahme einer Garantie bedeutet, dass der Schuldner, z. B. der Verkäufer, für das Vorhandensein bestimmter Eigenschaften einsteht. Dazu gehören Äußerungen wie „die Traglast des Regals beträgt 200 kg" oder „die Taucheruhr eignet sich für Tauchtiefen bis zu 30 m".

Gemäß § 276 BGB muss der Schuldner auch für das **Beschaffungsrisiko** einstehen. Die Haftung für die Beschaffung ist unabhängig vom Verschulden. Für den Schuldner bedeutet es, dass er, solange eine Beschaffung des Geschuldeten möglich ist, dies zu leisten hat. Dabei ist es zunächst nicht von Bedeutung, ob es sich um eine Gattungsschuld oder Stückschuld handelt. Auch wenn die geschuldete Leistung bereits spezifiziert und damit Stückschuld ist, hat der Verkäufer das Beschaffungsrisiko, solange ein solches Stück am Markt noch beschafft werden kann.

V

Vertretenmüssen bezieht sich nicht nur auf das eigene Handeln. Gemäß § 278 BGB muss der Schuldner gegebenenfalls für Dritte die Verantwortung übernehmen, sofern er sich eines **Erfüllungsgehilfen** bedient. Erfüllungsgehilfe ist eine Person, die mit Wissen und Wollen des Schuldners gegenüber einem Gläubiger die Pflichten des Schuldners erfüllt.

Schreinermeister Fritz lässt die vom Kunden bestellte Schrankwand von seinem Mitarbeiter Hubert ausliefern und montieren. Hubert, der keine Lust hat, diesen Auftrag auszuführen, arbeitet unkonzentriert und beschädigt die Türstöcke des Kunden.

Hubert arbeitet für Fritz und erfüllt dessen Pflichten aus dem Kaufvertrag, insbesondere die Lieferung und Montage der Schrankwand. Damit ist Hubert Erfüllungsgehilfe des Schreinermeisters Fritz. Gemäß § 278 BGB hat der Schuldner das Verschulden eines Erfüllungsgehilfen genauso zu vertreten wie eigenes Verschulden. Da Hubert unkonzentriert arbeitet, handelt er gemäß § 276 BGB mindestens fahrlässig. Dafür hat Fritz in vollem Umfang gegenüber dem Kunden einzustehen. Es spielt für das Vertretenmüssen keine Rolle, ob der Erfüllungsgehilfe in einem sozialen Abhängigkeitsverhältnis zum Schuldner steht.

!

1. Definieren Sie die Begriffe „Gattungsschuld" und „Stückschuld".

2. Begründen Sie, warum die Pflicht des Vertretenmüssens bei Gattungsschuld weiter gefasst ist als bei Stückschuld.

Übersicht Vertretenmüssen

Vorsatz	Fahrlässigkeit	Garantie	Beschaffungsrisiko
§ 276 I BGB			
wissentliches und willentliches Handeln	unachtsames Handeln	Zusage einer Eigenschaft	Zusage der Beschaffung

In Ausnahmefällen wird das Vertretenmüssen des Schuldners gelockert. Gemäß § 277 BGB gilt nicht ein objektiver, sondern ein subjektiver Maßstab für die Sorgfalt des Schuldners. Dieser hat nur für die Sorgfalt einzustehen, die er in eigenen Angelegenheiten an den Tag legt. Diese Rechtsnorm stellt gegenüber dem § 276 BGB eine Haftungsbegrenzung dar. Diese Beschränkung ist jedoch nur möglich, wenn sie vom Gesetz explizit vorgesehen ist. Dies ist etwa im § 690 BGB (unentgeltliche Verwahrung) der Fall.

Fristsetzung
Rechtsansprüche aus Pflichtverletzungen hat der Gesetzgeber häufig an das Setzen einer angemessenen Nachfrist gebunden. Die Fristsetzung bedeutet für den Schuldner, dass er die geschuldete Leistung, die er bisher nicht erbracht hat, noch erbringen kann.

Der Gesetzgeber fordert in der Regel, wie z. B. in § 281 I S. 1 BGB, eine **angemessene Fristsetzung.** Die Zeitspanne, die damit beschrieben ist, lässt Spielraum für Interpretationen. Angemessenheit beinhaltet in jedem Fall, dass es möglich ist, die Leistung innerhalb der Frist zu erbringen. Nach Ablauf der Frist kann die Leistung nicht mehr erbracht werden. Der Gläubiger erwirbt dann andere Rechte, wie z. B. das Recht auf Rücktritt vom Vertrag gemäß § 323 I BGB oder das Recht auf Schadensersatz gemäß § 281 I S. 1 BGB. Dies ist jedoch nur in Kombination mit dem Tatbestandsmerkmal Vertretenmüssen möglich.

Unzumutbarkeit ist im Gesetz nicht näher erklärt, meint aber, dass die Nacherfüllung mit erheblichen Unannehmlichkeiten verbunden ist oder die Vertrauensgrundlage für die weitere Erfüllung fehlt.
Beim absoluten Fixgeschäft ist die Einhaltung der Leistungszeit so wesentlich, dass eine verspätete Leistungserbringung keine Erfüllung mehr darstellt, die Leistung also nicht „nachholbar" ist. Beispiel: Das bestellte Brautkleid wird zwei Tage nach der Trauung geliefert.

Unter Umständen ist das Setzen einer Frist entbehrlich. Dies ist der Fall, wenn der Schuldner die Leistung, die er zu erbringen hat, ernsthaft und endgültig verweigert, wie es die §§ 281 II, 323 II oder 440 BGB vorsehen, oder besondere Umstände geltend gemacht werden können, die eine Fristsetzung entbehrlich machen. Derartige Umstände liegen gemäß § 281 II BGB vor, wenn unter Abwägung der beiderseitigen Interessen die sofortige Geltendmachung des Schadensersatzanspruchs oder der Rücktritt gerechtfertigt ist, beispielsweise wenn der Gläubiger arglistig getäuscht wurde oder eine unerlaubte Handlung gemäß § 823 BGB vorliegt.

Muss eine bestellte Leistung „just in time" geliefert werden, und es kommt zu einer Verzögerung der Leistung, liegt ein relatives Fixgeschäft vor, wenn die Leistungszeit aufgrund der Terminvereinbarung so wesentlich war, dass der Vertragsschluss ursprünglich davon abhing. Die Leistung ist jedoch – im Gegensatz zum absoluten Fixgeschäft – „nachholbar"; im Falle eines relativen Fixgeschäfts ist für den Rücktritt die Fristsetzung entbehrlich (vgl. § 323 II Nr. 2 BGB, S. 112).

Anton bucht zu seinem 20. Geburtstag eine Band, die seine Party musikalisch begleiten soll. Am Tag der Feier erscheint die Band jedoch nicht zum verabredeten Zeitpunkt. Als Anton beunruhigt bei der Band anruft, erfährt er, dass sie einen falschen Termin für den Auftritt vorgemerkt hat und bereits einen anderen Auftritt wahrnimmt.

Anton hat nach dem Geburtstag kein Interesse mehr an der Leistung. Eine Fristsetzung ist somit entbehrlich.

1. Definieren Sie den Begriff „Fristsetzung".
2. Erstellen Sie eine Liste über mögliche Gegebenheiten, die eine Fristsetzung entbehrlich machen. Geben Sie auch die jeweiligen Rechtsnormen im BGB an.

Sinnlos und damit entbehrlich ist die Fristsetzung ferner, wenn die Leistung nicht mehr erbracht werden kann, die Leistung also unmöglich ist. Rechtsgrundlage sind hier die §§ 283 und 326 V BGB.

1.2 Allgemeine Rechtsfolgen

Schadensersatz

Kurz vor Anpfiff des Fußballbundesligaspiels FC Bayern München gegen Borussia Dortmund muss das Spiel wegen eines technischen Defekts in der Flutlichtanlage abgesagt werden. Der Defekt ist auf unzureichende Wartungsarbeiten zurückzuführen. Einige verärgerte Fußballfans verlangen Schadensersatz.

Das BGB kennt verschiedene Arten von Schadensersatz. Gemäß § 280 I BGB kann der Gläubiger Ersatz eines Schadens verlangen, wenn der Schuldner aus einem Schuldverhältnis eine Pflicht verletzt und dies zu vertreten hat. Bezüglich des Fußballspiels schuldet der Ausrichter aus einem Dienstvertrag gemäß der Paragraphen 145, 147 und 611 BGB die Durchführung des Spiels. Da dieses abgesagt wird, bleibt der Schuldner objektiv hinter seinen Pflichten zurück, das er zu erbringen hat. Somit liegt eine Pflichtverletzung vor. Da die Erbringung der geschuldeten Leistung aufgrund eines technischen Defekts wegen mangelnder Wartung nicht erfolgen kann, muss dem Ausrichter mindestens Fahrlässigkeit gemäß § 276 I BGB zugerechnet werden. Damit sind alle Tatbestandsmerkmale des § 280 I BGB erfüllt, sodass die Rechtsfolge des § 280 I BGB eintritt. Die Fußballfans haben Anspruch auf **Ersatz** des entstandenen **Schadens**. Ersetzt werden gemäß § 280 I BGB alle Schäden, die **neben der Leistung** entstanden sind (Begleitschäden). Durch den Schadensersatz soll erreicht werden, dass der Gläubiger so gestellt wird, wie er stünde, wenn er nicht auf die Gültigkeit des Vertrages vertraut hätte. Der Anspruch auf die Leistung bleibt weiterhin bestehen. Die Fußballfans haben somit Anspruch auf Ersatz der Fahrtkosten oder ggf. Telefonkosten, um die Angelegenheit zu klären. Der Anspruch auf die Austragung des Fußballspiels bleibt bestehen. Da es sich um ein Bundesligaspiel handelt, ist zu erwarten, dass das Spiel zu einem anderen Termin ausgetragen wird.

Möchte der Gläubiger Schadensersatz anstelle des Leistungsanspruchs, müssen weitere Tatbestandsmerkmale zutreffen. Welche Voraussetzungen zutreffen müssen, hängt davon ab, welche Pflichtverletzung vorliegt.

V

Neben dem Schadensersatz aus vertraglicher Haftung (Voraussetzung: Vertretenmüssen) gibt es noch die verschuldungsunabhängige Garantiehaftung, Schadensersatz aus gesetzlicher Haftung (Voraussetzung: rechtswidriges und schuldhaftes Handeln) und die Gefährdungshaftung ohne schuldhaftes Handeln.

Hat der Verkäufer den Käufer über einen Mangel arglistig getäuscht bzw. einen Mangel arglistig verschwiegen, liegt stets eine erhebliche Pflichtverletzung vor, und zwar ungeachtet dessen, ob es sich um einen geringfügigen Mangel handelt oder nicht. Dies hat der BGH in seinem Urteil vom 24.3.2006 V ZR 173/05 klargestellt. Die Entscheidung ist europarechtskonform.

Der Großhändler Schnell liefert an die sehr einsam liegende Bäckerei Klein 30 kg Butter, die Klein sofort bezahlt. Als Klein kurz darauf die Butter verarbeiten will, stellt er fest, dass 10 kg der Ware verdorben sind, weil die Kühlkette bei Schnell unterbrochen war. Der Großhändler weigert sich, erneut zu liefern. Wegen der verdorbenen Ware kann der Bäcker 20 Torten weniger anfertigen als geplant, was einen Gewinnausfall von 200,00 € bedeutet.

§ 281 I BGB regelt, dass der Gläubiger **Schadensersatz statt der Leistung** verlangen kann, wenn der Schuldner die fällige Leistung nicht oder nicht wie geschuldet erbringt und die Tatbestandsmerkmale des § 280 I BGB zutreffen. Voraussetzung ist jedoch eine angemessene Frist zur Leistung oder Nacherfüllung. Der Schadensersatzanspruch tritt ein, wenn die gesetzte Frist erfolglos abgelaufen ist bzw. entbehrlich war. Schadensersatz statt der Leistung tritt an die Stelle des Erfüllungsanspruchs. Teilleistungen müssen vom Gläubiger akzeptiert werden, soweit diese für ihn verwertbar sind.
Im vorliegenden Fall ergibt sich aus dem Schuldverhältnis gemäß der §§ 145, 147 und 433 BGB eine Leistungspflicht des Großhändlers Schnell. Er ist verpflichtet, 30 kg Butter zu liefern. Da ein Teil der Butter verdorben ist, liegt eine Pflichtverletzung vor, die Schnell zu vertreten hat, da er die Butter unzureichend kühlte. Eine Fristsetzung ist entbehrlich, da Schnell die Nachlieferung verweigert. Somit hat Klein Anspruch auf Schadensersatz statt der Leistung. Der Schadensersatz tritt an die Stelle des Erfüllungsanspruchs (hier Schadensersatz statt der 10 kg Butter). Hinsichtlich der Teilleistung kann Klein Schadensersatz verlangen. Der Schadensersatzanspruch gemäß § 281 I BGB sieht vor, dass der Gläubiger so zu stellen ist, wie er stünde, wenn ordnungsgemäß erfüllt worden wäre. Hier entgeht dem Bäcker ein Gewinn in Höhe von 200,00 €, den der Schuldner zu erstatten hat.

1. a) Erarbeiten Sie aus den §§ 280 I, 281 I und 284 BGB die Tatbestandsmerkmale.
   b) Vergleichen Sie die Rechtsfolgen der vorgenannten Paragraphen.
2. Grenzen Sie die Begriffe „Schadensersatz neben der Leistung", „Schadensersatz statt der Leistung" und „Schadensersatz statt der ganzen Leistung" voneinander ab.

Erneut bestellt Klein bei Schnell eine größere Menge Butter. Diesmal möchte er mit der Butter eine ausgefallene Hochzeitstorte backen. Allerdings ist wieder ein Teil der Butter verdorben. Mit der geringen verwertbaren Menge lässt sich die Torte nicht herstellen, sodass Klein anderweitig eine Torte für 700,00 € kaufen muss.

In diesem Fall nützt Klein die Teilleistung nichts, da sich die Torte nur mit der gesamten Menge herstellen lässt, sodass Klein Interesse an einer **Schadensersatzleistung statt der ganzen Leistung** hat. Dies kann er gemäß § 281 I S. 3 BGB nur verlangen, wenn die Pflichtverletzung erheblich ist. Im Gesetzestext ist nicht geklärt, was mit erheblicher Pflichtverletzung gemeint ist. Die Rechtsprechung legt daher bei der Frage der **Erheblichkeit** zugrunde, welche Kosten die Beilegung der Pflichtverletzung mit sich bringen, wobei nach Richterrecht eine Grenze von 3 bis 4 % vom Preis zugrunde gelegt wird. Verursacht die Problembeseitigung höhere Kosten, ist von einer erheblichen Pflichtverletzung auszugehen. Im vorliegenden Fall kann man daher von Erheblichkeit ausgehen, sodass Klein Anspruch auf 700,00 € abzüglich der Kosten hat, die ihm entstanden wären, wenn er die Torte selbst hergestellt hätte. Schadensersatz statt der ganzen Leistung bedeutet auch, dass der Vertrag rückabgewickelt wird. Gemäß § 281 V BGB kann Schnell von Klein die Butter zurückfordern.

Besondere Regelungen zum Schadensersatz statt der ganzen Leistung sehen die §§ 282 und 283 BGB vor. In Ausnahmefällen kann Schadensersatz statt der Leistung auch ohne das Setzen einer angemessenen Frist beansprucht werden. Verletzt ein Schuldner eine Nebenpflicht aus einem Vertrag gemäß § 242 II BGB derart, dass dem Gläubiger die Leistung nicht mehr zugemutet werden kann, ist er berechtigt, auch ohne Frist Schadensersatz statt der ganzen Leistung verlangen.

Während der Malerarbeiten im Hause der Familie Gütig macht der Maler in Gegenwart der minderjährigen Tochter ständig anzügliche Bemerkungen. Um seine Tochter zu schützen, verzichtet Herr Gütig auf weitere Leistungen des Malers, da die Weiterbeschäftigung unter den gegebenen Umständen unzumutbar ist.

Schadensersatz statt der ganzen Leistung ist gemäß § 283 BGB auch bei Unmöglichkeit ohne Fristsetzung möglich, solange die Tatbestandsmerkmale des § 280 BGB zutreffen.

Anstelle des Schadensersatzes statt der ganzen Leistung kann der Gläubiger auch **Ersatz der entstandenen Aufwendungen** verlangen. Aufwendungsersatz betrifft solche Aufwendungen, die im Vertrauen auf die korrekte Erbringung der Leistung erbracht wurden und infolge der Pflichtverletzung vergeblich waren. Die Aufwendungen an sich stellen keinen Schaden dar. Wegen des unkorrekt erfüllten Vertrages sind die Aufwendungen aber sinnlos.

Oldtimerfan Herbert kauft sich einen seltenen und teuren Oldtimer, von dem zugesichert wird, dass er nur aus Originalbauteilen besteht. Zur Finanzierung nimmt er ein Darlehen mit einer Laufzeit von vier Jahren und einem Zinssatz von 8 % auf. Nach Lieferung und Bezahlung des Autos stellt sich heraus, dass wesentliche Teile des Fahrzeugs nachgebaut sind, sodass das Fahrzeug für Oldtimerfans wertlos ist. Auch sind die Teile im Original nicht mehr zu beschaffen. Herbert will daher die Darlehenszinsen, die ihm im Vertrauen auf eine korrekte Fahrzeuglieferung entstanden sind, nicht zahlen.

Herbert hat das Darlehen ausschließlich zur Finanzierung des Oldtimers aufgenommen. Da der Oldtimer mit nachgebauten Teilen bestückt ist und damit erheblich an Wert verliert, liegt eine Pflichtverletzung vor, die der Verkäufer auch zu vertreten hat, da er eine Garantie im Sinne des § 276 I BGB übernommen hat. Da die Beschaffung der Originalteile unmöglich ist, besteht keine Notwendigkeit zur Fristsetzung. Damit sind die Voraussetzungen des Schadensersatzes statt der ganzen Leistung erfüllt. Herbert kann jetzt wählen, ob er sich stattdessen für den Ersatz der vergeblichen Aufwendungen entscheidet. Vergebliche Aufwendungen sind alle Aufwendungen, die der Gläubiger im Vertrauen auf den Erhalt der Leistung und billigerweise machen durfte. Es ergeben sich keinerlei Anhaltspunkte, weshalb Herbert die Finanzierung nicht in dieser Weise machen durfte. Billigkeit ist also anzunehmen. Die Darlehenszinsen wären nicht angefallen, wenn das Oldtimergeschäft nicht zustande gekommen wäre. Somit kann Herbert die Erstattung der Zinsen vom Schuldner verlangen.

Ob ein Gläubiger Ersatz der Aufwendungen oder Schadensersatz statt der ganzen Leistung verlangt, ist eine Frage der Höhe der Kosten, die angefallen sind, und steht im Entscheidungsbereich des Gläubigers.

Verlangt ein Gläubiger Ersatz der vergeblichen Aufwendungen, entfällt der Anspruch auf Schadensersatz statt der ganzen Leistung.

Rücktritt

§ 325 BGB
Schadensersatz und Rücktritt
Das Recht, bei einem gegenseitigen Vertrag Schadensersatz zu verlangen, wird durch den Rücktritt nicht ausgeschlossen.

Anna lässt ihr Fahrzeug in einer Fachwerkstatt auf Autogasbetrieb umrüsten. Von Anfang an gibt es Schwierigkeiten mit der Autogasanlage. Die Umschaltung auf Benzinbetrieb funktioniert nicht zuverlässig, auch treten Probleme mit der Dichtheit der Anlage auf. Die Probleme sind auf einen Konstruktionsfehler zurückzuführen, sodass die Fachwerkstatt keine Schuld trifft. Anna setzt eine 14-tägige Frist zur Lösung des Problems. Der Defekt lässt sich in der Werkstatt jedoch nicht beheben.

Das Recht, vom Vertrag zurückzutreten, kann gegeben sein, wenn eine vertragliche Leistungsstörung vorliegt, d. h. die fällige Leistung gemäß § 323 I BGB nicht oder nicht vertragsmäßig erbracht wurde. Voraussetzung ist jedoch ein **gegenseitiger Vertrag**, d. h. ein Vertrag, bei dem beide Vertragsparteien Pflichten zu erfüllen haben, wie z. B. Kaufverträge. Gemäß § 323 V BGB kann das Rücktrittsrecht nur ausgeübt werden, wenn die **Pflichtverletzung erheblich** ist. Fehlt an einer gekauften Jeans ein Knopf, ist dies ein geringer Mangel, der nicht zum Rücktritt berechtigt. Falls eine Eigenschaft ausdrücklich zugesichert wurde, stellt das Fehlen dieser Eigenschaft in jedem Fall eine erhebliche Pflichtverletzung dar. Im vorgenannten Beispiel liegt ein Kaufvertrag über eine Autogasanlage zugrunde, d. h. ein gegenseitiger Vertrag. Die nicht funktionsfähige Anlage stellt eine Pflichtverletzung dar, die auch erheblich ist, da die Funktionsfähigkeit des gesamten Fahrzeugs damit beeinträchtigt ist. Vertragsrücktritt kann unabhängig von der Frage erfolgen, ob der Schuldner die Leistungsstörung zu vertreten hat.

Ein Pkw ist in einen Unfall verwickelt, wobei das Fahrzeug wegen defekter Bremsanlage einen Totalschaden erleidet. Den Mangel hat der Verkäufer zu vertreten. Der Käufer kann vom Vertrag zurücktreten und das Fahrzeug in dem stark verschlechterten Zustand zurückgeben. Der Verkäufer muss dennoch den vollen Kaufpreis zurückerstatten. (§ 346 III BGB)

Rücktritt vom Vertrag ist an eine vorherige **angemessene Fristsetzung** gebunden, innerhalb welcher der Schuldner die Leistung nachträglich noch erbringen kann. Der Fristsetzung bedarf es dann nicht, wenn eine Variante des § 323 II BGB zutrifft. Nach erfolglosem Fristablauf kann der Gläubiger vom Vertrag zurücktreten. Ein allgemeines Rücktrittsrecht, nach dem ein Gläubiger innerhalb von 14 Tagen von jedem Vertrag zurücktreten kann, gibt es nicht. Solche Vertragsrücktrittsregelungen sind reine Kulanzregelungen, die im Handel gelegentlich praktiziert werden. Im vorliegenden Fall setzt Anna eine 14-tägige Frist. Diese kann als angemessen betrachtet werden, sodass alle Tatbestandsmerkmale des § 323 I BGB erfüllt sind.

1. Erarbeiten Sie aus dem § 323 II BGB die Bedingungen, unter denen eine Fristsetzung vor dem Rücktritt entbehrlich ist.
2. Stellen Sie die Tatbestandsmerkmale des § 324 BGB heraus.
3. Vergleichen Sie die Rücktrittsbedingungen der §§ 323 und 324 BGB miteinander, und begründen Sie, warum der Gesetzgeber diese Unterschiede vorgesehen hat.
4. Konstruieren Sie einen Fall, der zum Rücktritt gemäß § 324 BGB berechtigt.

Nach erfolglosem Fristablauf kann der Gläubiger vom Vertrag zurücktreten. Ein Rücktritt erfolgt gemäß § 349 BGB **durch Erklärung** gegenüber dem Vertragspartner. Prinzipiell gibt es keine Formvorschrift für die Abfassung der Rücktrittserklärung. Zur Beweissicherung ist jedoch die Schriftform besser geeignet als eine mündliche Erklärung. Ein Rücktritt ist grundsätzlich unwiderruflich und nach der Erklärung folglich endgültig. Im Anschluss daran kann der Gläubiger die Vertragserfüllung nicht mehr verlangen.

Im Falle eines Rücktritts sind gemäß § 346 BGB die empfangenen Leistungen zurückzugeben. Soweit die Rückgewähr nicht mehr möglich ist, muss üblicherweise ein entsprechender Wertersatz geleistet werden, wenn sich der Gegenstand verschlechtert hat oder untergegangen ist. Der Schuldner muss den Wertersatz nicht leisten, wenn der Gläubiger die Verschlechterung oder den Untergang der Sache zu vertreten hat.

2.3 Übersicht über mögliche Leistungsstörungen

Die Haftung für Pflichtverletzungen kann sich aufgrund verschiedener Leistungsstörungen ergeben.

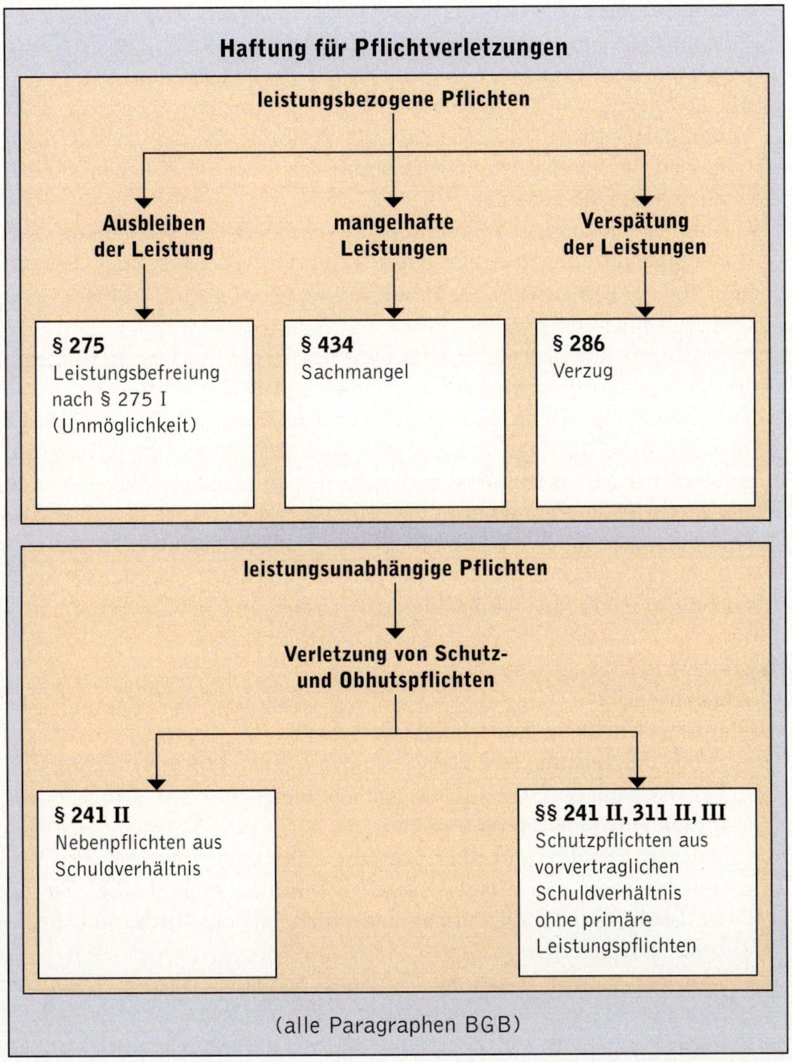

Prinzipiell wird zwischen leistungsbezogenen und leistungsunabhängigen Pflichten unterschieden. Das Ausbleiben der Leistung, Mangelhaftigkeit und verspätete Leistungen sind leistungsbezogen, während die Verletzung von Nebenpflichten und Obhutspflichten leistungsunabhängig sind. Nebenpflichten, wie sorgfältiges Ausführen des Auftrags, ohne Schaden in der Umgebung anzurichten und Obhutspflichten, stehen im BGB gleichwertig neben den leistungsbezogenen Pflichten. Auch bereits in vorvertraglicher Situation hat der Vertragspartner Pflichten. Dieses Rechtskonstrukt bezeichnet man als c.i.c (culpa in contrahendo). Betritt ein potenzieller Kunde ein Ladenlokal, muss er sich auf einen ungefährdeten Einkauf verlassen können. Kommt er zu Schaden, weil er in der Gemüseabteilung auf einem Blatt ausrutscht, haftet der Ladenbetreiber unabhängig davon, wie gepflegt das Ladenlokal üblicherweise ist.

culpa in contrahendo
(lateinisch: Verschulden bei Vertragsschluss) oft auch c.i.c. abgekürzt, bezeichnet die schuldhafte Verletzung von Pflichten aus einem vorvertraglichen Schuldverhältnis.

§ 323 Rücktritt wegen nicht oder nicht vertragsgemäß erbrachter Leistung
[...]
(2) Die Fristsetzung ist entbehrlich, wenn
1. der Schuldner die Leistung ernsthaft und endgültig verweigert,
2. der Schuldner die Leistung bis zu einem im Vertrag bestimmten Termin oder innerhalb einer im Vertrag bestimmten Frist nicht bewirkt, obwohl die termin- oder fristgerechte Leistung nach einer Mitteilung des Gläubigers an den Schuldner vor Vertragsschluss oder auf Grund anderer den Vertragsabschluss begleitenden Umstände für den Gläubiger wesentlich ist, oder
3. im Falle einer nicht vertragsgemäß erbrachten Leistung besondere Umstände vorliegen, die unter Abwägung der beiderseitigen Interessen den sofortigen Rücktritt rechtfertigen.
[...]

Wichtige Begriffe
Ersatz vergeblicher Aufwendungen
Fristsetzung
Pflichtverletzung
Rücktritt
Schadensersatz
- neben der Leistung
- statt der Leistung
- statt der ganzen Leistung

Schuldverhältnis
Vertretenmüssen

Das Schuldrecht im BGB sieht im Grundsatz verschiedene allgemeine Tatbestände vor, die zu allgemeinen Rechtsfolgen führen.

Allgemeine Tatbestände sind:

- **Schuldverhältnis**, z. B. Kaufvertrag.
- **Pflichtverletzung**, d. h. das objektive Zurückbleiben hinter dem Pflichtenprogramm des Vertrages, z. B. wenn die Ware nicht geliefert wird.
  Pflichtverletzungen im Einzelnen können leistungsbezogen sein. Hier unterscheidet man das Ausbleiben der Leistung, die mangelhafte Leistung oder die Verzögerung der Leistung, die unter zusätzlichen Voraussetzungen Verzug bedeutet.
  Leistungsunabhängige Pflichtverletzungen sind die Verletzung von Nebenpflichten im Rahmen eines Schuldverhältnisses oder Schutzpflichten aus vorvertraglichen Schuldverhältnissen, ohne dass bisher eine Leistungspflicht besteht.
- **Vertretenmüssen**, d. h., der Schuldner muss für die Pflichtverletzung einstehen, weil eine Regelung der §§ 276 oder 278 BGB zutrifft.
  Zu vertreten hat der Schuldner Vorsatz, Fahrlässigkeit, die Übernahme einer Garantie, das Beschaffungsrisiko und das Handeln des Erfüllungsgehilfen. Erfüllungsgehilfe ist derjenige, der für den Schuldner Pflichten aus dessen Pflichtenprogramm übernimmt.
- **Fristsetzung**, d. h., es wird eine angemessene Zeit bestimmt, in der der Schuldner die noch nicht erbrachte Leistung nachholen kann. Eine Fristsetzung ist in den Ausnahmefällen der §§ 281 II und 323 II entbehrlich.

Allgemeine Rechtsfolgen sind:

- **Schadensersatz**
  Hier unterscheidet man nach Schadensersatz
  - **neben der Leistung** (erfordert Schuldverhältnis, Pflichtverletzung und Vertretenmüssen). Die Leistungspflicht bleibt bestehen. Daneben entstandene Schäden werden ersetzt.
  - **statt der Leistung** (erfordert Schuldverhältnis, Pflichtverletzung, Vertretenmüssen und erfolglose oder entbehrliche Fristsetzung). Soweit die Leistung nicht oder nicht ausreichend erfüllt wurde, wird Schadensersatz geleistet.
  - **statt der ganzen Leistung** (erfordert Schuldverhältnis, erhebliche Pflichtverletzung, Vertretenmüssen und erfolglose oder entbehrliche Fristsetzung). Der Schadensersatz umfasst die Hauptleistung und die gesamte Schadensumgebung. Dieser Schadensersatz kann aber nur bei erheblicher Pflichtverletzung gefordert werden.
- **Ersatz der vergeblichen Aufwendungen**. Alle Aufwendungen, die der Gläubiger billigerweise machen durfte, weil er glaubte, dass der Vertrag ordnungsgemäß erfüllt würde, werden ersetzt.
- **Rücktritt vom Vertrag**. Der bestehende Vertrag wird durch Erklärung gegenüber dem Vertragspartner aufgelöst, wenn ein gegenseitiges Schuldverhältnis besteht, eine Pflichtverletzung vorliegt und eine angemessene Frist zur Nacherfüllung gesetzt wurde, die erfolglos abgelaufen ist.

1. Das Schuldrecht legt seit der Reform im Jahr 2002 allgemeine Tatbestandsmerkmale zugrunde, die zu allgemeinen Rechtsfolgen führen und unabhängig von dem konkret vorliegenden Rechtsfall sind.
   a) Nennen Sie die allgemeinen Tatbestandsmerkmale, die das Schuldrecht vorsieht, und geben Sie dabei auch die Paragraphen an, in denen diese Tatbestandsmerkmale gefordert sind.
   b) Erklären Sie den Begriff der Pflichtverletzung.
   c) Erläutern Sie unter Heranziehung der entsprechenden Normen den Begriff des Vertretenmüssens, und unterlegen Sie die einzelnen Varianten des Vertretenmüssens mit je einem Beispiel.
   d) Erläutern Sie den Begriff „Fristsetzung".
   e) Das Setzen einer Frist ist im Rahmen des Schuldrechts verschiedentlich entbehrlich. Geben Sie an, unter welchen Umständen eine Fristsetzung nicht vonnöten ist, und begründen Sie, warum der Gesetzgeber in den genannten Fällen die Frist für entbehrlich hält.
2. Als allgemeine Rechtsfolgen sieht das Schuldrecht verschiedene Schadensersatzansprüche vor.
   a) Grenzen Sie die einzelnen Begriffe voneinander ab, und geben Sie an, unter welchen Voraussetzungen die einzelnen Schadensersatzansprüche geltend gemacht werden können.
   b) Eine Besonderheit stellt die Regelung des § 284 BGB dar. Erläutern Sie, welche Arten von Ansprüchen ein Gläubiger gemäß § 284 BGB geltend machen kann.
   c) Begründen Sie, warum sich die Ansprüche der §§ 281 I und 284 BGB gegenseitig ausschließen.
3. Die zweite allgemeine Rechtsfolge des Schuldrechts ist das Recht auf Rücktritt vom Vertrag.
   a) Definieren Sie den Begriff „Rücktritt".
   b) Erstellen Sie aus der entsprechenden Rechtsnorm eine Übersicht über die Tatbestandsmerkmale, die erforderlich sind, damit ein Gläubiger vom Vertrag zurücktreten kann.
4. Herr Obermeier befürchtet, dass seine alte Kühl- und Gefrierkombination in Kürze ihren Dienst versagen wird. In einem Küchenfachgeschäft erfährt er, dass dieses bestimmte Modell bei einem Großhändler noch auf Lager ist und bestellt es im Fachgeschäft. Die Lieferung wird innerhalb 10 Tagen zugesagt. Der Verkäufer vergisst aber, die Bestellung an den Großhändler weiterzuleiten und bemerkt sein Versäumnis erst nach einer Woche. Allerdings ist nun die ursprünglich zugesagte Lieferfrist nicht mehr einzuhalten, was er dem Kunden aber nicht mitteilt.

   Unmittelbar nach Verstreichen der Frist ruft Herr Obermeier im Geschäft an und erfährt, dass aufgrund des Versäumnisses die Lieferung erst nach weiteren sechs Tagen erfolgen kann. Die alte Gefriereinheit droht nun aber unmittelbar auszufallen, sodass das Gefriergut verderben könnte, bevor das neue Gerät zur Verfügung steht.
   a) Untersuchen Sie anhand der §§ 280 und 281 BGB, ob Herr Obermaier gegenüber dem Fachgeschäft einen Schadensersatzanspruch hat.
   b) Prüfen Sie im Gutachtenstil, ob anhand des § 323 BGB Herr Obermaier vom Vertrag zurücktreten kann.
5. Begründen Sie, warum der Gesetzgeber den Vertragsrücktritt neben dem Schadensersatzanspruch zulässt.

2 Verspätung der Leistung beim Kauf

2.1 Verzug als zusätzliche Voraussetzung für Schadensersatz neben der Leistung

Studie: Zahlungsmoral leidet unter Krise

Darmstadt (dpa) – Die Zahlungsmoral in Deutschland leidet zunehmend unter der Wirtschaftskrise. Der Abwärtstrend verlangsamte sich allerdings im Mai. Der prozentuale Anteil der Unternehmen, die ihre Rechnungen pünktlich zahlten, ging etwas langsamer zurück als im April, [...]. Der am Montag veröffentlichte D&B-Zahlungsindex fiel von 78,4 % im April auf 78,19 % im Mai. Der seit Anfang des Jahres auch auf monatlicher Basis erstellte Indikator fällt damit zum fünften Mal in Folge.

Der Index sagt aus, dass im Mai 78,19 % der beobachteten Unternehmen ihre Rechnungen pünktlich bezahlten. Die durchschnittliche Verzugszeit betrug 9,46 (April: 9,32) Tage. Dieser Wert stieg zum fünften Mal in Folge.

Im Mai ging die Zahlungsmoral vor allem in der Pharmabranche deutlich zurück. Mit einem Anteil von 92 % an Unternehmen, die ihre Rechnung pünktlich bezahlten, schnitt die Branche aber immer noch am besten ab. Bei den Banken zog der Indikator leicht an. Die von der Finanzkrise schwer getroffene Branche liegt damit erneut auf Rang zwei. Am schlechtesten ist die Zahlungsmoral weiter unter den Unternehmen der Transport- und Logistiksparte. Hier bezahlten nur etwas mehr als 68 % der beobachteten Unternehmen ihre Rechnungen pünktlich. [...]

Quelle: http://newsticker.sueddeutsche.de/list/id/654678 (08.06.2009)

Laut der Aussage der Süddeutschen Zeitung hängt die Zahlungsmoral stark mit der wirtschaftlichen Lage zusammen. In Krisenzeiten sinkt die Zahlungsmoral der Schuldner erheblich. Jedoch auch in wirtschaftlich stabilen Zeiten ließ die Zahlungsmoral zum Teil zu wünschen übrig. Die Ursachen hierfür sind vielschichtig, wie es die Abbildung unten zeigt.

1. Werten Sie den Artikel der Süddeutschen Zeitung aus, und geben Sie die Kernaussagen wieder.
2. Zeigen Sie, welche Konsequenzen die Zahlungsmoral für die Wirtschaft insgesamt und einzelne Wirtschaftseinheiten im Besonderen nach sich ziehen kann.
3. Formulieren Sie die Kernaussage der Grafik „Die Zahlungsmoral der Verbraucher".

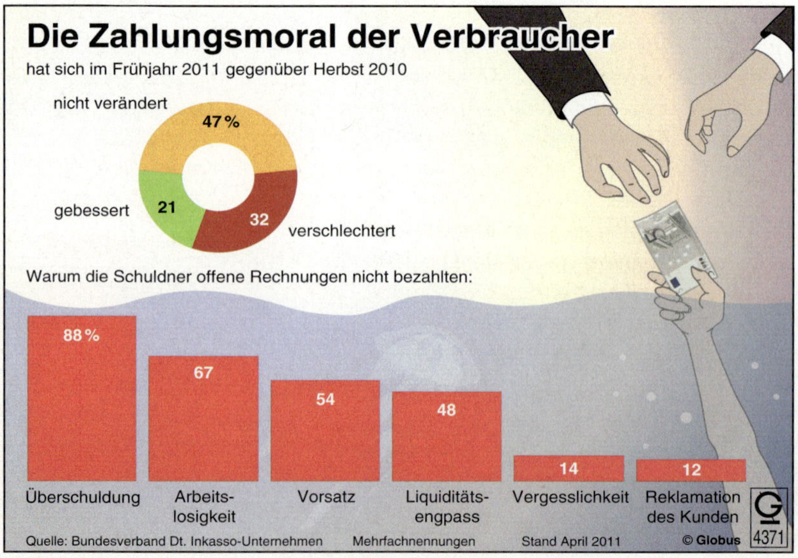

Die schlechte Zahlungsmoral ist nicht in allen Branchen gleich. Besonders betroffen sind die Dienstleistungsbranche und das Handwerk, während die Öffentliche Hand und die Industrie vergleichsweise wenig von dieser Problematik betroffen sind.

Das Bürgerliche Gesetz versucht, einen Rechtsrahmen zu schaffen, der vor säumigen Zahlern schützen soll. So erwirbt der Gläubiger unter bestimmten Voraussetzungen Schadensersatzansprüche gegenüber säumigen Zahlern und Lieferanten.

Gemäß § 280 I BGB erwirbt der Gläubiger Anspruch auf Schadensersatzleistung neben der Hauptleistung, wenn der Schuldner aus einem **Schuldverhältnis** eine **Pflicht verletzt**. Voraussetzung ist, dass er die Pflichtverletzung auch **zu vertreten** hat. Die Art der Pflichtverletzung wird an dieser Stelle des Gesetzes nicht genauer spezifiziert. Für den Fall, dass es sich bei der Pflichtverletzung um eine Verzögerung der Leistung handelt, genügen die genannten Tatbestandsmerkmale nicht, um Schadensersatzansprüche geltend machen zu können. § 280 II BGB sieht vor, dass weitere Voraussetzungen erfüllt sein müssen, um diesen Anspruch zu begründen. Die Einzelheiten dazu sind im § 286 BGB geregelt.

Gemäß der §§ 280 II und 286 I BGB entsteht ein Schadensersatzanspruch bei Verzögerung der Leistung erst, wenn der Schuldner im Verzug ist. **Verzug** bedeutet, dass ein **Schuldner** die **fällige Leistung nicht erbringt** und nach Eintritt der Fälligkeit vom Gläubiger gegenüber dem Schuldner bereits eine **Mahnung** ausgesprochen wurde. Prinzipiell kann von dieser Regelung nur Gebrauch gemacht werden, wenn die angemahnte Leistung noch möglich, also nachholbar ist. Für unmögliche, also nicht nachholbare Leistungen gibt es im BGB eigene Regelungen mit entsprechenden Rechtsfolgen.

Die Art der Leistungspflicht ergibt sich aus dem jeweiligen Vertragsverhältnis, sei es gemäß § 433 I BGB die Übergabe und Übereignung einer mangelfreien Ware als Pflicht eines Verkäufers oder die Bezahlung und Abnahme des Käufers gemäß § 433 II BGB. Wann die Leistung fällig ist, kann sich aus dem speziellen Vertragsverhältnis ergeben, in dem ein Leistungszeitpunkt oder Leistungszeitraum vereinbart ist. Für diese Fälle muss der Gläubiger im Zweifel warten, bis der Leistungszeitpunkt gekommen ist, wenngleich der Schuldner die Leistung gemäß § 271 II BGB auch früher bewirken kann.

In vielen Verträgen, besonders bei mündlichen, wird kein spezieller Leistungszeitpunkt vereinbart. In derartigen Fällen ist die Leistung im Zweifelsfall sofort fällig. Gemäß § 271 I BGB kann der Gläubiger die Leistung sofort verlangen bzw. der Schuldner die Leistung sofort erbringen.

Wenn die fällige Leistung noch nicht erbracht ist, handelt es sich nur um eine **Verzögerung der Leistung**, solange noch keine Mahnung ausgesprochen wurde. Die Frist zwischen Verzögerung der Leistung und Verzug, die durch die Mahnung bestimmt wird, soll dem Schuldner die Gelegenheit geben, die Leistung nachträglich zu erbringen, ohne dass ihm die Nachteile des Schuldnerverzugs entstehen. Zudem warnt die Mahnung vor diesen Folgen.

!

1. Grenzen Sie die Begriffe „Verzögerung der Leistung" und „Verzug" gegeneinander ab.

2. Entscheiden Sie, wann die Leistung fällig ist:
   a) Hilde beauftragt am 1.3. im Elektrohandel Schlag einen Elektriker, bis zum 10.3. die Steckdosen in ihrem Wohnzimmer auszutauschen.
   b) Kurt kauft in der nahe gelegenen Bäckerei ein Vollkornbrot.

Sukzessivlieferungsvertrag (auch Teillieferungsvertrag) ist ein einheitlicher Vertrag, durch den der eine Teil zur Lieferung einer bestimmten Warenmenge in Raten (oder einer bestimmten Menge auf Abruf für eine gewisse Zeit) und der andere Teil regelmäßig zu entsprechender Ratenzahlung verpflichtet ist.

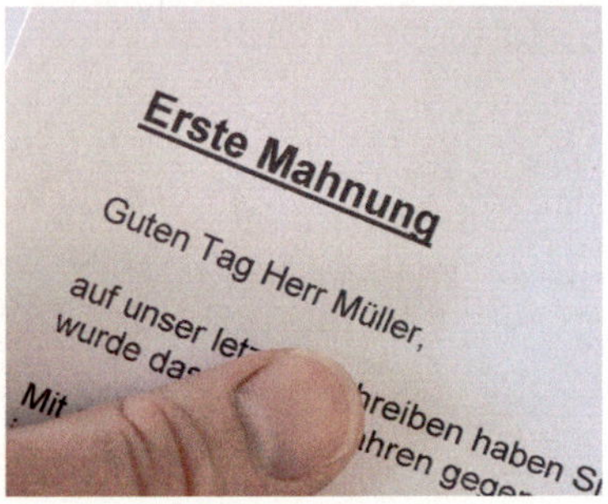

Eine **Mahnung** ist eine eindeutige Aufforderung zur Leistung. Um ihren Zweck zu erfüllen, muss sie an den Schuldner gerichtet sein. Ferner muss sie sich eindeutig auf die verzögerte Leistung beziehen und dabei unmissverständlich formulieren, was der Schuldner bis zu welchem Zeitpunkt zu tun hat. Formulierungen, wie „wir würden uns freuen, wenn die Zahlung demnächst erfolgen könnte, ...“ stellen keine eindeutige Aufforderung zur Leistung dar. Stattdessen sind Formulierungen, wie „Mahnung ... wir fordern Sie auf, die Lieferung ... vom ... bis zum ... zu erbringen“ geeignet, um eine wirksame Mahnung auszusprechen.

Schließlich fordert das Gesetz, dass die Mahnung nach Eintritt der Fälligkeit ausgesprochen wird. Vor der Fälligkeit erfolgte Mahnungen sind unwirksam. Ausnahme stellt hier der Sukzessivlieferungsvertrag dar. Hier kann die Mahnung, sofern bereits Ratenzahlungen nicht erfolgt sind, auch auf zukünftige Ratenzahlungen ausgedehnt werden, da anderenfalls jede einzelne Zahlung angemahnt werden müsste, was dem Gläubiger nicht zuzumuten ist.

Im Rahmen geschäftlicher Gepflogenheiten kann häufig eine Eskalation von Mahnstufen beobachtet werden.

- „**Zahlungserinnerung** ... haben Sie gewiss übersehen ...“
- „**1. Mahnung**, ...konnten wir keinen Rechnungseingang feststellen ...“
- „**2. Mahnung**, ... zahlen Sie umgehend den offenstehenden Rechnungsbetrag in Höhe von ...“
- „**3. und letzte Mahnung** ... sollten Sie auch diese Zahlungsfrist verstreichen lassen, ... drohen wir das gerichtliche Mahnverfahren an.“

Eine gesetzliche Verpflichtung zu mehreren eskalierenden Mahnungen gibt es nicht. Zum Erreichen des Verzugs genügt eine eindeutige Leistungsaufforderung. Eine Mahnung kann nach § 286 I S. 2 BGB dadurch ersetzt werden, dass eine Klage auf die Leistung erhoben oder ein gerichtliches Mahnverfahren eingeleitet wird.

© Bergmoser + Höller Verlag AG 129 616

2.2 Voraussetzung für die Entbehrlichkeit der Fristsetzung

Formuliert ein Gläubiger eine Mahnung, herrscht grundsätzlich Formfreiheit. Aus Gründen der Beweisbarkeit empfiehlt es sich jedoch, die Schriftform zu wählen.

Das Gesetz sieht in verschiedenen Situationen die Entbehrlichkeit der Mahnung vor. Diese Regelungen sind im § 286 II BGB zusammengefasst.

Wenn Gläubiger und Schuldner vertraglich eine **Leistungszeit** vereinbart haben, die nach dem Kalender eindeutig bestimmbar ist, bedarf es keiner Mahnung, entsprechend dem Grundsatz „Dies interpellat pro homine“: Der Termin mahnt für den Menschen. Der Gesetzgeber hält die Mahnung in diesen Fällen für entbehrlich, da am Leistungszeitpunkt keinerlei Zweifel bestehen. Eindeutig **kalendarisch bestimmt** kann sowohl ein festgesetztes Datum sein, wie „Lieferung am 4.3.20..“, als auch ein Zeitraum, wie „Lieferung im Laufe des April 20..“ oder „Lieferung bis Ende Mai 20..“. Sowohl Herr Schmidt als auch Frau Müller können kalendarisch ermitteln, zu welchem Termin die Leistung fällig ist.

Herr Schmidt bestellt im Fachhandel Gerke einen Plasmafernseher. Die Lieferung wird für den 4.3. des Jahres vereinbart.

Frau Müller bestellt beim Autohändler Finke einen neuen Pkw. Modell und Ausstattung werden besprochen. Die Lieferung wird für den Monat April des Jahres zugesagt.

Der Getränkehändler Durstig vereinbart mit dem Großhändler Frei, dass der Großhändler jeweils drei Kalendertage nach telefonischer Bestellung aus einem ausgewählten Sortiment die Ware liefert.

Einer Mahnung bedarf es laut Regelung des § 286 II 2. BGB auch dann nicht, wenn der Leistung ein bestimmtes Ereignis vorauszugehen hat, und nach diesem Ereignis eine bestimmte angemessene Zeitspanne vergehen kann, um die Leistung zu erbringen. Die ablaufende Zeitspanne muss jedoch kalendarisch eindeutig bestimmbar sein. Im oben geschilderten Fall ist das vorausgehende Ereignis der Telefonanruf des Getränkehändlers. Ab dem Datum des Anrufs hat der Großhändler drei Tage Zeit, die Lieferung durchzuführen, eine kalendarisch eindeutig bestimmbare Zeitspanne, die auch als angemessen gilt, da die Ware nicht extra hergestellt werden muss.

Eine Mahnung ist gemäß § 286 II 3. BGB dann entbehrlich, wenn der Schuldner die **Leistung ernsthaft und endgültig verweigert**, indem er z. B. mitteilt, dass er die Ware nicht liefern wird. Eine Mahnung ist in diesen Fällen nicht erfolgversprechend, sodass dem Gläubiger der zusätzliche Aufwand nicht zugemutet werden soll.

Schließlich tritt der Verzug auch dann ohne Mahnung ein, wenn besondere Gründe vorliegen, die unter **Abwägung** der **beiderseitigen Interessen** den sofortigen Eintritt des Verzugs rechtfertigen. Diese Situation ergibt sich bei besonderer Erfüllungsdringlichkeit. Im Falle eines Wasserrohrbruchs und der Zusage des Klempners, sofort zu kommen, ist eine Mahnung bei Nichterscheinen nicht sinnvoll, da die Folgeschäden so erheblich sind, dass sofortiges Handeln gerechtfertigt ist.

Besondere Regelungen sieht das Gesetz für Entgeltforderungen vor. Entgelt bezeichnet eine Gegenleistung aus einem Vertrag. Entgeltforderungen sind insbesondere also in gegenseitigen Verträgen die Gegenleistung auf eine erfolgte Leistung. Häufig handelt es sich aber nicht zwingend um die Bezahlung, also eine Geldleistung. § 286 III S. 1 BGB bezieht sich auf die Geldleistung aus einem gegenseitigen Vertrag. Der Schuldner kommt spätestens in Verzug, wenn er nicht innerhalb von 30 Tagen nach Fälligkeit und Zugang einer Rechnung oder gleichwertigen Zahlungsaufstellung leistet. Da der Zeitpunkt des Zugangs der Rechnung möglicherweise nicht eindeutig ist, regelt das BGB in § 286 III S. 2, dass der Schuldner spätestens 30 Tage nach Fälligkeit und Empfang der Gegenleistung in Verzug gerät.

Besondere Regelungen trifft das Gesetz für den Fall, dass der Schuldner Verbraucher ist. **Verbraucher** ist gemäß § 13 BGB jede natürliche Person, die ein Rechtsgeschäft zu Zwecken abschließt, die überwiegend weder einer gewerblichen noch einer beruflichen Tätigkeit zugerechnet werden können. Da zugunsten der Verbraucher angenommen werden muss, dass sie überwiegend die rechtlichen Regelungen zum Verzug nicht kennen, werden sie besonders geschützt. Ein Verbraucher gerät nur dann nach 30 Tagen automatisch in Verzug, wenn er auf die rechtlichen Regelungen gemäß § 286 III BGB ausdrücklich hingewiesen wurde.

Da durch gesetzliche Regelungen der Verzug erst nach 30 Tagen eintritt, steht es dem Gläubiger frei, durch Mahnung einen früheren Verzug auszulösen.

Übersicht Schuldnerverzug

Voraussetzungen

- **Schuldverhältnis**
- **Nichtleistung**
- **Fälligkeit**
- **Mahnung** (= eindeutige Leistungsaufforderung)
- **ggf. Entbehrlichkeit der Mahnung**
  - kalendermäßig festgelegt
  - nach Ereignis kalendarisch ermittelbar
  - Leistungsverweigerung
  - besondere Umstände
- **Verzug nach 30 Tagen**
  - Geldforderung
  - Rechnung
  - Zugang
  - 30-Tage-Frist
  - besonderer Hinweis für Verbraucher
- **Vertretenmüssen**

1. Karla bestellt im Teppichhandel einen Teppich. Die Lieferung erfolgt vereinbarungsgemäß am 21.4. Der Lieferant lässt auch gleich die Rechnung vor Ort. Diskutieren Sie, wann Karla in Verzug kommt, wenn
   a) Karla den Teppich für ihr Wohnzimmer bestellt hat;
   b) Karla den Teppich für ihre Geschäftsräume kaufte.
2. Erläutern Sie, warum der Gesetzgeber die Verzugsregelung für Verbraucher anders gestaltet hat als für Unternehmer.
3. Erklären Sie den Begriff „Einrede".

2.3 Rechtsfolgen des Schuldnerverzugs

Treffen die Tatbestandsmerkmale des Verzugs zu, kann der Gläubiger gemäß der §§ 280 I und II BGB Schadensersatz wegen Verzögerung der Leistung verlangen. Der Schadensersatzanspruch steht neben dem Anspruch auf Erfüllung der Leistung. In welchem Umfang der Gläubiger einen Schadensersatzanspruch geltend machen kann, regeln die §§ 249 ff. BGB. Die Schadensersatzregelung sieht vor, dass der Gläubiger so zu stellen ist, wie er stünde, wenn der Schuldner ordnungsgemäß erfüllt hätte. Er kann damit gemäß § 252 BGB den entgangenen Gewinn verlangen.

Handelt es sich um eine Geldschuld, kann der Gläubiger vom Schuldner gemäß § 288 I BGB **Verzugszinsen** verlangen. Das Gesetz schreibt prinzipiell einen Zinssatz von 5 % über dem Basiszinssatz vor, sofern der im Verzug befindliche Vertragspartner ein Verbraucher im Sinne des § 13 BGB ist.

Angegebene Zinssätze beziehen sich jeweils auf ein volles Kalenderjahr, wobei pro Jahr von 360 Zinstagen ausgegangen wird. Der Basiszinssatz ist ein von der Deutschen Bundesbank veröffentlichter Zinssatz, dessen Höhe sich nach der aktuellen Zinslandschaft richtet, die von der Europäischen Zentralbank vorgegeben wird. Der Basiszinssatz wird halbjährlich aktualisiert.
Der Basiszinssatz für Januar bis Juni 2015 liegt im negativen Bereich bei –0,83 %.

Herr Thomann hat vor mehreren Wochen im Holzhandel Parkettboden erworben, der noch nicht bezahlt wurde. Thomann befindet sich mit einer Geldschuld in Höhe von 5.000,00 € seit sechs Wochen in Verzug.

Bei einem Basiszinssatz in Höhe von –0,83 % kann der Holzhandel 4,17 % Zinsen auf die Geldschuld verlangen und hat somit einen Anspruch auf 5.000,00 € x 4,17 % = 208,50 € pro Jahr, d. h. für 360 Zinstage.

Bezogen auf 42 Zinstage ergibt sich ein Anspruch auf Verzugszinsen in Höhe von 208,50 € : 360 x 42 = 24,33 €.

Für Unternehmer besteht gemäß § 288 II BGB sogar ein Anspruch auf 9 % über dem **Basiszinssatz**. Der Unternehmer könnte im vorliegenden Fall also sogar 47,66 € verlangen.

Der Verzugszins ist ein Mindestzins, den der Gläubiger verlangen kann. Nach § 288 Abs. 3 BGB kann der Schuldner aus einem anderen Rechtsgrund zu höheren Zinszahlungen verpflichtet sein, als es die §§ 288 I uns II BGB vorgeben. Ein anderer Rechtsgrund kann z. B. sein, dass die Parteien von vornherein vertraglich vereinbart haben, dass im Falle des Verzuges höherer Zins zu entrichten ist. Dies ist im Rahmen der Privatautonomie durchaus zulässig. Ebenso kann der Gläubiger einen höheren Zins verlangen, wenn eine höhere Zinslast entsteht. Durch die Regelung in § 288 III BGB wird gewährleistet, dass der in Verzug befindliche Schuldner durch seine Pflichtverletzung nicht noch einen zusätzlichen Vorteil zieht. Schließlich kann der Gläubiger gemäß § 288 IV BGB auch weitergehende Schadensersatzansprüche stellen, wenn diese in direktem Zusammenhang mit dem Verzug stehen, wie z. B. Anwalts- oder Mahnkosten.

1. Recherchieren Sie den aktuellen Basiszinssatz, und berechnen Sie die Verzugszinsen aus dem Beispiel auf der Grundlage dieses Zinssatzes.

Befindet sich ein Schuldner in Verzug, sieht das Gesetz neben der Verpflichtung zur Leistung und dem Ersatz des Verzögerungsschadens eine Haftungsverschärfung vor. Gemäß § 287 BGB hat der Schuldner während des Verzugs jede Fahrlässigkeit zu vertreten. Diese Haftung ergibt sich grundsätzlich bereits aus den Regelungen des § 276 BGB. Die Regelung des § 287 BGB schließt neben der üblichen Haftung für Fahrlässigkeit auch jede Fahrlässigkeit ein, für die üblicherweise eine Haftungsbeschränkung gilt. Beispiele für solche Haftungsbeschränkungen findet man etwa in den §§ 521 oder 690 BGB. Für den Fall des Verzugs gelten diese Haftungsbeschränkungen nicht mehr, auch Verwahrer und Schenker haften für Fahrlässigkeit.

Gerd leiht sich das Auto seines Freundes Fritz, um eine Wochenendspritztour zu unternehmen. Vereinbart wird die Rückgabe am Sonntagabend um 20:00 Uhr. Gerd gibt das Fahrzeug nicht rechtzeitig zurück und gerät in Verzug. Während der Verzugszeit wird das Fahrzeug durch einen Starkregen mit Hagel erheblich verbeult. Der Schaden beträgt 3.000,00 €.

Laut § 287 S.2 BGB haftet der sich im Verzug befindende Schuldner auch für den Zufall, es sei denn, der zufällig entstehende Schaden wäre auch bei Nichtvorliegen des Verzugs eingetreten. Hintergrund dieser Regelung ist, dass der Gesetzgeber zugunsten des Gläubigers sieht, dass die Leistung weiter beim Gläubiger wäre, wenn der Schuldner rechtzeitig geleistet hätte. Hätte Gerd das Fahrzeug rechtzeitig zurückgegeben, hätte Fritz sich darum kümmern können. Für den Fall, dass die Wohngegend von Fritz nicht vom Hagelschlag betroffen wäre oder dass das Fahrzeug üblicherweise geschützt in der Garage geparkt worden wäre, muss Gerd für den zufällig entstandenen Schaden einstehen, da das Fahrzeug bei rechtzeitiger Rückgabe noch unbeschädigt wäre.

Als Rechtsfolge des Verzugs kann auch der Schadensersatz statt der Leistung oder statt der ganzen Leistung in Betracht kommen, wenn die zusätzlichen Bedingungen, wie das Setzen einer angemessenen Frist und gegebenenfalls Erheblichkeit, wie sie der § 281 I BGB fordert, erfüllt werden.

Jana plant am Freitag in ihrem Restaurant einen Tanzabend mit Buffet. Dafür hat sie beim Gemüsehändler Gutmann mehrere Kilo Gemüse verschiedener Sorten geordert. Das Buffet soll um 19:00 Uhr beginnen. Um 12:00 Uhr sollte die Gemüselieferung erfolgen. Um 12:15 Uhr ruft Jana beim Gemüsehändler an und fordert die Lieferung bis 13:30 Uhr.

Ebenso besteht die Möglichkeit, bei vorliegendem Verzug vom Vertrag zurückzutreten, wenn die Tatbestandsmerkmale des Rücktritts gemäß § 323 BGB erfüllt werden. Voraussetzung ist das Vorliegen eines gegenseitigen Vertrages und das erfolglose Verstreichen einer Nachfrist. Das Setzen der Nachfrist ist im Falle der Verzögerung der Leistung auch schon möglich, bevor der Verzug eintritt. Das bedeutet für den Gläubiger, dass er die Frist bereits in Zusammenhang mit der Mahnung aussprechen kann, zu einem Zeitpunkt, zu dem der Schuldner sich noch nicht in Verzug befindet. Jana kann in oben geschildertem Fall vom Vertrag zurücktreten und das Gemüse anderweitig beschaffen.

1. Anna leiht sich von ihrer Freundin Bärbel ein Wirtschaftslehrebuch für die Vorbereitung auf die Abiturprüfung. Da Bärbel auch noch lernen muss, vereinbaren sie die Rückgabe am 10.4. Am 11.4. hat Anna das Buch noch nicht zurückgegeben und Bärbel fordert es telefonisch zurück. Als sie es auch am 20.4. noch nicht zurückhat, leiht sich Bärbel ein entsprechendes Exemplar in der Bibliothek. Hier fallen Gebühren in Höhe von 3,00 € an.
   a) Prüfen Sie, ob Anna in Verzug geraten ist.
   b) Prüfen Sie, ob Bärbel Anspruch auf Ersatz der angefallenen Gebühr hat.

2. Tags darauf lässt Anna das Buch auf dem Gartentisch liegen. Der plötzlich einsetzende Regen durchweicht das Buch, sodass es nicht mehr zu gebrauchen ist.
   a) Prüfen Sie, welche Ansprüche Bärbel gegen Anna hinsichtlich des Buches geltend machen kann.
   b) Beurteilen Sie die Regelung, wonach ein Schuldner im Verzug auch für den Zufall haften muss.

Schuldnerverzug ist ein häufig eintretender Tatbestand, der je nach wirtschaftlicher Lage in der Bundesrepublik Deutschland gewissen Schwankungen unterworfen ist. Die statistisch erfassten Zwangsmaßnahmen in Folge des Verzugs zeigen für das Jahr 2008 57 % eidesstattliche Versicherungen, 35 % Haftanordnungen und 8 % Privatinsolvenzen.

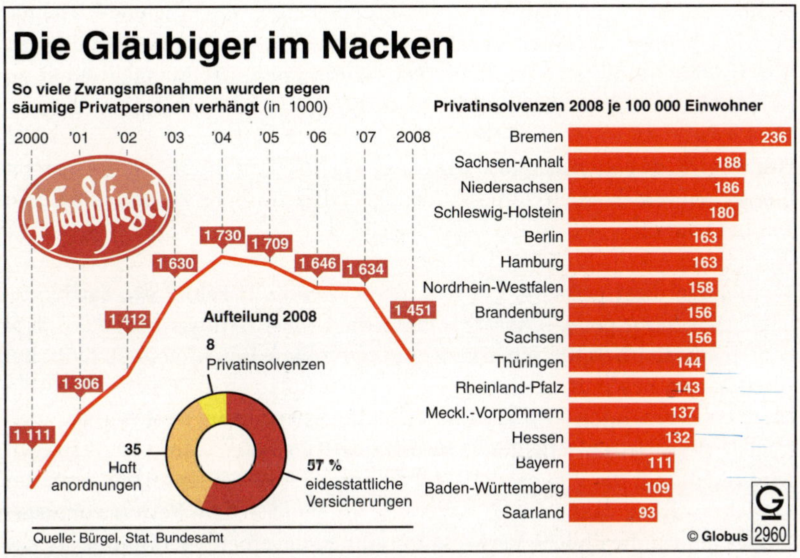

Die hohen Zahlen der Zwangsmaßnahmen zeigen die Relevanz der rechtlichen Regelungen zum Verzug, schaffen sie doch für den Gläubiger ein gewisses Maß an Rechtssicherheit, um seine Ansprüche gegenüber dem Schuldner durchsetzen zu können. Ergibt sich eine Verzugssituation, kann der Gläubiger dem Rechtsstaat vertrauen und entsprechende Schadensersatzleistungen durchsetzen.

Der Gesetzgeber versucht, über die Rechtsfolgen des Schuldnerverzugs einerseits Rechtsicherheit zu schaffen und andererseits die Interessen der Beteiligten angemessen zu berücksichtigen.

Vor dem Hintergrund des Grundsatzes „pacta sunt servanda" liegt seit der Schuldrechtsreform im Jahr 2002 ein Hauptaugenmerk darauf, dass geschlossene Verträge vorrangig erfüllt werden sollen. Im Rahmen des Schuldnerverzugs bedeutet dies, dass bei Nichterfüllung zunächst mittels Mahnung die Einhaltung des Vertrages erwirkt werden soll. Erst wenn dies vergeblich ist, sollen weitere Konsequenzen folgen. Immer noch vor dem Hintergrund des Erhalts des Erfüllungsinteresses können Verzugszinsen geltend gemacht werden. Das erhält den Vertrag und schützt gleichzeitig den Gläubiger, der durch das Versäumnis des Schuldners Nachteile in Kauf nehmen muss. Da dem Gläubiger ein Verzug des Schuldners nur bedingt zugemutet werden soll, sieht der Gesetzgeber, wenn die Bemühungen des Gläubigers, die Vertragserfüllung zu erreichen, vergeblich sind, weitere Rechte – Rücktritt und Schadensersatz – vor. Dies ist jedoch, wie beschrieben, an weitere Voraussetzungen – Setzen einer Nachfrist und Fristablauf – gebunden.

3 Mangelhafte Leistung beim Kauf

3.1 Arten des Sachmangels

Frau Martin bestellt beim Sportartikelhändler Trimmfit einen Heimtrainer, der auch alsbald geliefert wird. Nach zwei Wochen beim morgendlichen Fitnesstraining bricht eine Pedalstange des Heimtrainers, sodass sich dieser nicht mehr benutzen lässt. Frau Martin ist sehr ärgerlich und verlangt vom Händler ein neues Gerät.

Im nebenstehenden Fall hat Frau Martin mit dem Sportartikelhändler eine Kaufvertrag gemäß der §§ 145, 147, 433 BGB geschlossen. Aus diesem schuldrechtlichen Rechtsgeschäft erwächst für den Händler die Pflicht auf Übergabe und Übereignung einer mangelfreien Sache. Übergabe und Übereignung haben offenkundig stattgefunden, sodass die Frage der Mangelfreiheit zu prüfen ist, wenn Frau Martin Ansprüche geltend machen will.

Der Begriff des Sachmangels wird in § 434 BGB definiert und beschreibt hier sieben verschiedene Tatbestände, die in drei Gruppen zusammengefasst werden können.

Sachmangel liegt gemäß § 434 I BGB vor, wenn ein **Fehler der Sache** vorliegt. Dies kann gemäß Absatz 1 Satz 1 im Umkehrschluss bedeuten, dass der Sache beim Gefahrenübergang eine vereinbarte Beschaffenheit fehlt. Bei vereinbarten Beschaffenheiten spielt es keine Rolle, ob die Eigenschaft üblicherweise vorhanden ist; ausschließlich die Vereinbarung zwischen den Vertragspartnern ist entscheidend. In der überwiegenden Zahl von Verträgen wird nicht über die Eigenschaften der Kaufsache verhandelt. Hier kann der Käufer erwarten, dass sich die Kaufsache für die nach dem Vertrag **vorausgesetzte oder für die übliche Verwendung** eignet. Bei einem Heimtrainer ist die übliche Verwendung, dass man sich pedaltrampelnderweise fit trimmt. Der Heimtrainer von Frau Martin eignet sich nicht für die übliche Verwendung, weil die gebrochene Pedalstange die weitere Benutzung unmöglich macht.

Der Käufer hat neben dem Anspruch auf eine sachmangelfreie Sache auch den Anspruch auf eine rechtsmangelfreie Sache. Eine Sache ist gemäß § 435 BGB rechtsmangelfrei, wenn Dritte – also außerhalb des Vertrags stehende Personen – an der Sache keine Rechte haben oder die Rechte bereits im Kaufvertrag klargestellt wurden.

Zur Beschaffenheit einer Sache gehören seit der Schuldrechtsreform im Jahr 2002 insbesondere auch Eigenschaften, die der Käufer erwarten kann, weil sie aus **öffentlichen Äußerungen** des Verkäufers, des Herstellers oder seines Gehilfen zu entnehmen sind. Dazu zählen auch Eigenschaften, die der Käufer infolge von Äußerungen in der Werbung erwarten kann.

„Mit diesem Heimtrainer verlieren Sie in drei Wochen vier Kilo, wenn Sie täglich 30 Minuten mit einer Geschwindigkeit von 15 km/h strampeln ..."

Diese Äußerung verpflichtet zu der Eigenschaft der Ware und stellt bei Nichterfüllung dieses Erfolges einen Sachmangel dar. Natürlich können nur Äußerungen gewertet werden, die den Käufer veranlassen, diese Eigenschaft anzunehmen. Wenn Getränkehersteller metaphorisch damit werben, dass ein Getränk „Flügel verleihe", ist dies eine Äußerung, die der Kunde nicht wörtlich nehmen kann und sich damit auch nicht auf Sachmangel berufen kann.

Wenn die öffentlichen Äußerungen die Kaufentscheidung nicht beeinflusst haben, begründen sie auch keinen Sachmangel. Ebenso verhält es sich, wenn der Verkäufer die Äußerung nicht kannte oder nicht kennen musste. Das gilt auch, wenn die öffentliche Äußerung zum Zeitpunkt des Vertragsschlusses bereits berichtigt war.

Frau Martin bestellt beim Sportartikelhändler Trimmfit einen Heimtrainer. Das Gerät muss noch montiert werden. In der Montageanleitung, die aus dem Japanischen übersetzt ist, liest Frau Martin:
„... biegen Pedal um vordere Stange, bis knackt ...“

Aufgrund der Beschreibung bricht beim Zusammenbau die Pedalstange, sodass das Gerät nicht mehr benutzt werden kann.
Gemäß § 434 II BGB ist ein Sachmangel auch dann gegeben, wenn sich ein Fehler im Zusammenhang mit der Montage ergibt. Im vorliegenden Fall wird das Gerät als Folge der **unzureichenden Montageanleitung** beschädigt. Dies begründet gemäß § 434 II S. 2 BGB einen Sachmangel. Glückt die Montage trotz mangelhafter Montageanleitung, liegt kein Sachmangel vor. Für die Feststellung des entstandenen Mangels ist die handwerkliche Begabung des Kunden im Übrigen unerheblich, es zählt allein das Ergebnis.

Ein Sachmangel hätte auch vorgelegen, wenn anstelle von Frau Martin der Verkäufer oder ein Erfüllungsgehilfe des Verkäufers die Montage vorgenommen und dabei den Schaden am Gerät verursacht hätte, sofern die Montage bereits im Kaufvertrag vereinbart worden wäre.

Frau Martin bestellt beim Sportartikelhändler Trimmfit einen Heimtrainer des Typs Fit 2009. Statt des Heimtrainers 2009 wird aber das Modell 2007 geliefert, welches nur über einen Teil der Eigenschaften verfügt.

Aus § 434 III BGB geht hervor, dass ein Sachmangel auch dann vorliegt, wenn eine andere Sache als die geschuldete geliefert wird, eine sogenannte **Aliudlieferung**. Im vorliegenden Fall wird zwar ein Heimtrainer geliefert, das Modell entspricht aber nicht dem geschuldeten. Folglich ist ein Sachmangel gegeben. Ebenso unterliegt dem Sachmangelbegriff die Lieferung einer zu geringen Menge, d. h. eine **Mankolieferung**.

1. Entscheiden Sie, welche Art des Sachmangels vorliegt, wenn
   a) sich beim neu erworbenen elektrischen Stabmixer nur einer der beiden Stäbe dreht;
   b) das Waschmittel trotz blumiger Ankündigung in der Werbung die Flecken nicht entfernt;
   c) das Regal sich nicht zusammenbauen lässt, weil aus der Anleitung nicht klar hervorgeht, welches Bauteil die Muffe M ist.

Übersicht Sachmangel

Fehler in der Beschaffenheit § 434 I BGB				**Montagefehler** § 434 II BGB		**falsche Lieferung** § 434 III BGB	
Fehler in der Beschaffenheit		Fehler in der Verwendbarkeit		unsachgemäße vereinbarte Montage		Aliudlieferung	Mankolieferung
fehlende vereinbarte Beschaffenheit	fehlende übliche bzw. erwartete Beschaffenheit	ungeeignet für die vertragliche Verwendung	ungeeignet für die gewöhnliche Verwendung	durch Verkäufer oder Erfüllungsgehilfen	wegen mangelhafter Montageanleitung		
	fehlende Eigenschaft lt. öffentlicher Äußerungen						

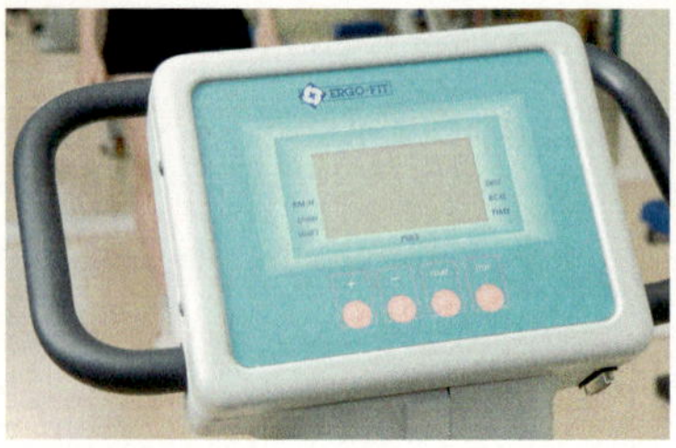

Ob Frau Martin den Heimtrainer wegen einer gebrochenen Pedalstange, wegen einer unzureichenden Montageanleitung oder wegen einer Falschlieferung beanstandet, alle Fälle begründen den Sachmangel. Die Ansprüche, die sich aus dem Sachmangel ableiten können, hängen wesentlich davon ab, wann der Mangel aufgetreten ist. § 434 BGB fordert das Vorliegen des Sachmangels bei **Gefahrübergang**. Gemäß § 446 BGB geht die Gefahr auf den Käufer über, wenn die Übergabe der Sache erfolgt.
Besondere Regelungen gibt es beim Versendungskauf. Hier geht gemäß § 447 I BGB die Gefahr auf den Käufer über, wenn die Sache an den Spediteur oder eine sonstige für den Transport bestimmte Person übergeben wird. Der Käufer trägt das Risiko des Transportes, es sei denn, dass der Käufer eine Versandart für die Ware festgelegt hat, und der Verkäufer weicht davon ab.

Besonderen Schutz genießen im Kaufrecht die Verbraucher. Ist der Käufer ein **Verbraucher** im Sinne des § 13 BGB und der Verkäufer ein **Unternehmer** im Sinne des § 14 BGB, so geht die Gefahr gemäß § 474 II BGB erst dann auf den Verbraucher über, wenn die Übergabe tatsächlich erfolgt. Zudem wird gemäß § 476 BGB zu dessen Gunsten angenommen, dass ein Fehler, der innerhalb von sechs Monate nach Gefahrübergang auftritt, bereits bei der Übergabe vorlag, wenn das mit der Art der Sache vereinbar ist.

Herr Müller bestellt am 1.3. beim Autohändler Zebelein ein Neufahrzeug. Das pünktlich gelieferte Fahrzeug hat nach nur 5.000 km Laufleistung am 3.9. einen Motorschaden.

Die Rechte aus dem Sachmangel kann der Käufer gemäß § 442 I BGB insgesamt nur dann geltend machen, wenn er beim Abschluss des Kaufvertrages den Mangel an der Sache nicht kannte. Für den Fall, dass der Mangel infolge grober Fahrlässigkeit unbekannt war, kann der Käufer keine Rechte geltend machen, es sei denn, der Verkäufer hat dem Käufer den Mangel arglistig verschwiegen oder eine Garantie für die Beschaffenheit der Sache übernommen. Im Falle des Autokaufs kann Herr Müller Sachmangel geltend machen, da zu erwarten ist, dass ein Neufahrzeug eine höhere Laufleistung als 5.000 km hat. Auch konnte Herr Müller den Mangel zum Zeitpunkt des Kaufs nicht kennen, da das Fahrzeug zu der Zeit noch nicht hergestellt war.

Frau Werder kauft beim Autohändler Zebelein ein Fahrzeug, welches einige Wochen als Vorführwagen verwendet wurde. Der Verkäufer weist darauf hin, dass die Polster des Beifahrersitzes Flecken haben, weil ein Kunde bei einer Probefahrt ein Eis fallen ließ, und betont, dass es sich ansonsten um ein einwandfreies Fahrzeug handelt. Dem Verkäufer ist bekannt, dass der Kunde das Eis fallen ließ, weil er einen Auffahrunfall verursachte.

Der Verkäufer weist Frau Werder auf den Mangel hin, sodass sie die Rechte aus einem Sachmangel nicht geltend machen kann, wenn sie sich auf den Kaufvertrag einlässt. Die Tatsache, dass das Fahrzeug ein Unfallfahrzeug ist, verschweigt der Verkäufer, obwohl es ihm bekannt ist. Stellt sich zu einem späteren Zeitpunkt heraus, dass das Fahrzeug nicht unfallfrei war, kann Frau Werder Sachmangelansprüche geltend machen.

Ansprüche kann ein Gläubiger – und im Zusammenhang mit Sachmangel – ein Käufer nur geltend machen, wenn diese noch nicht verjährt sind. Verjährung beschreibt den Ablauf einer bestimmten Frist, nach der das Recht, einen bestimmten Anspruch einzufordern, erlischt. Ist die Verjährungsfrist abgelaufen, kann der Schuldner gegenüber dem Gläubiger die Einrede der Verjährung geltend machen. Er braucht nicht mehr zu erfüllen.

© Erich Schmidt Verlag 128 045

Die regelmäßige Verjährungsfrist beträgt gemäß § 195 BGB drei volle Kalenderjahre. Die Frist beginnt somit erst mit Ablauf des Kalenderjahres, in dem der Anspruch entstanden ist. Neben der regelmäßigen Verjährungsfrist (vgl. § 438 BGB) gibt es zwei-, fünf-, zehn- und 30-jährige Verjährungsfristen.

Die 30-jährige Verjährungsfrist betrifft Ansprüche wegen Körperverletzungen, Verletzungen der Gesundheit, Freiheit oder des Lebens und umfassen Herausgabeansprüche des Eigentums. Ebenso verjähren familien- und erbrechtliche Ansprüche erst nach 30 Jahren. So lange haben auch vollstreckbare Titel bestand, z. B. Vollstreckungsbescheide, die man infolge erfolgloser Mahnverfahren erwirkt hat.

Die zehnjährige Verjährungsfrist betrifft alle Schadensersatzansprüche, die nicht der 30-jährigen Verjährung unterliegen, z. B. Herausgabeansprüche aus unerlaubten Handlungen.

Die fünfjährige Verjährungsfrist gilt gemäß § 438 I, 2 BGB für Ansprüche aus Verträgen mit Bauwerken, z. B. Baumängel.

Die gewöhnliche Verjährungsfrist beträgt gemäß § 438 I,3 BGB bei Sachmängeln zwei Jahre. Die Verjährungsfrist beginnt mit dem Gefahrübergang der Ware und nicht erst am Ende des Kalenderjahres, in dem der Anspruch begründet wurde. Die Frist verlängert sich gemäß § 438 III BGB nur dann, wenn der Verkäufer den Mangel arglistig verschwiegen hat.

Ansprüche aus Sachmangel entstehen, wenn ...
- eine Voraussetzung der Sachmängelfälle aus § 434 BGB vorliegt,
- der Sachmangel bei Gefahrübergang vorhanden ist,
- der Käufer den Mangel beim Kauf nicht kannte,
- die Ansprüche noch nicht verjährt sind.

3.2 Rechte des Käufers beim Sachmangel

Treffen alle Tatbestandsmerkmale des Sachmangels zu, kann der Käufer gegenüber dem Verkäufer seine Ansprüche anmelden. § 437 BGB fasst zusammen, welche Rechte prinzipiell vorgesehen sind.

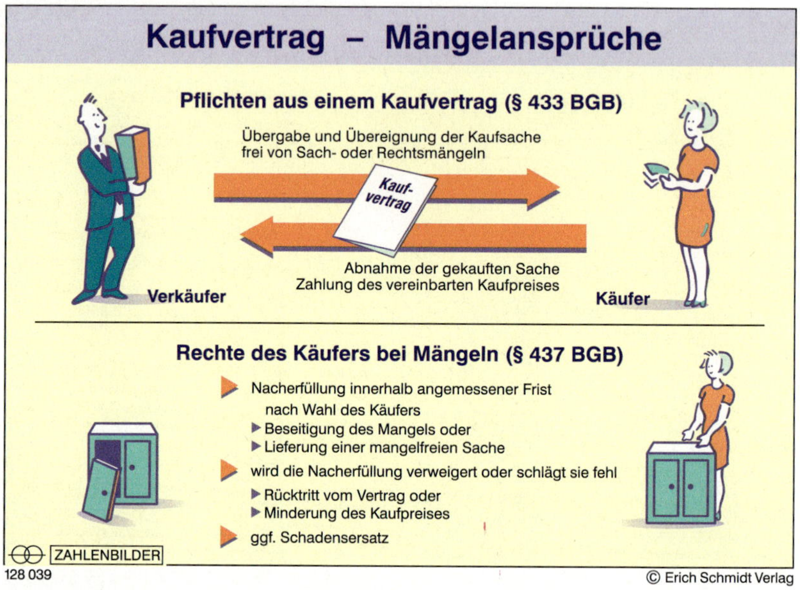

Der § 437 BGB bildet dabei nicht die Anspruchsgrundlage für die Rechte aus Sachmangel, sondern stellt einen Rechtsgrundverweis dar, d. h., er beschreibt nur die Rechtsquellen, in denen die Ansprüche geregelt sind.
Die Rechte, die ein Käufer geltend machen kann, sind Nacherfüllung, Rücktritt vom Vertrag, Minderung und Schadensersatz.

pacta sunt servanda (lat.): Verträge sind einzuhalten

Seit der Schuldrechtsreform im Jahr 2002 steht im Vordergrund des Rechts, dass bestehende Verträge getreu dem Grundsatz „pacta sunt servanda" eingehalten werden sollen und nach Möglichkeit ein vertragsgerechter Zustand hergestellt wird. Dies soll beiden Vertragsparteien gerecht werden, die irgendwann aus freien Stücken einen Vertrag geschlossen haben und dabei eine Erfüllungsabsicht verfolgten. Vor diesem Hintergrund ist das vorrangige Recht im Falle des Sachmangels das Recht auf Nacherfüllung.

Nacherfüllung bedeutet gemäß § 439 I BGB, dass der bisher schlecht oder unzureichend erfüllte Vertrag eine zweite Chance zur Erfüllung bekommt. Da der Fokus auf Vertragserhaltung gerichtet ist, hat der Gesetzgeber geregelt, dass alle weiteren Rechte aus Sachmangel erst geltend gemacht werden können, wenn die Nacherfüllung fehlgeschlagen ist bzw. keine Aussicht auf Nacherfüllung des Vertragsanspruchs besteht. Die Bedingung der ersten Andienung ergibt sich aus der Formulierung, die man z. B. dem § 441 I S. 1 BGB entnehmen kann, „statt zurückzutreten". Damit ist gemeint, dass der § 441 BGB erst zur Anwendung kommen kann, wenn die Voraussetzungen des Rücktritts gemäß § 323 I BGB erfüllt sind. Dieser fordert eine erfolglos abgelaufene Fristsetzung bzw. eine erfolglose Nacherfüllung. Daraus ergibt sich die Zweistufigkeit der Sachmangelrechte mit vorrangiger Nacherfüllung und Nachrangigkeit der Rechte Rücktritt, Minderung und Schadensersatz.

Nacherfüllung

Im Rahmen der Nacherfüllung liegt es in der Wahlfreiheit des Käufers, ob er den **Mangel** an der Sache **beseitigen** lassen möchte oder Anspruch auf eine andere, **mangelfreie Sache** erhebt. Dieses Wahlrecht kann der Käufer natürlich nur geltend machen, wenn es sich bei der geschuldeten Sache um eine Gattungsschuld handelt. Im Falle der Stückschuld ist die Lieferung einer anderen mangelfreien Sache schon von Natur aus nicht möglich. Für diesen Fall legt das BGB eigene rechtliche Regelungen zugrunde, die hier nicht aufgegriffen werden sollen.

Im Schuldrecht unterscheidet das BGB grundsätzlich zwischen Stück- und Gattungsschuld.
Bei der **Stückschuld** schuldet der Schuldner ein ganz bestimmtes Stück, das im Rahmen des Vertrages festgelegt wurde, z. B. ein bestimmtes Kleid in einem Second-Hand-Laden.
Wird das geschuldete Einzelstück – hier das Kleid – vor dem Gefahrübergang zerstört, ist eine Stückschuld unmöglich.
Eine **Gattungsschuld** liegt vor, wenn der Schuldner kein genau bestimmtes Einzelstück schuldet, sondern nur zur Leistung einer der Gattung nach bestimmten Sache verpflichtet ist (sogenannte Gattungware), z. B. die Jeans einer Marke in gerader Form, Größe 36, Farbe blau.

Zur Nacherfüllung gehören laut § 439 II BGB auch alle Aufwendungen, die mit der Nacherfüllung verbunden sind. Dazu zählen insbesondere Transportkosten, die z. B. dafür anfallen, dass die mangelhafte Sache vom Käufer zum Verkäufer geschafft werden muss, oder Wege-, Arbeits- und Materialkosten. Über die im Gesetz beispielhaft genannten Kosten müssen vom Verkäufer auch andere Positionen beglichen werden, so etwa die Aufwendungen, die dem Käufer entstehen, weil er die mangelhafte Sache im eigenen Hause demontiert oder selbst zurücksendet.

Rita kauft eine Flasche kohlensäurehaltige Limonade. Beim Öffnen der Flasche stellt sich heraus, dass wegen eines defekten Verschlusses die Kohlensäure entwichen ist.

Der Verkäufer kann die gewählte Art der Nacherfüllung gemäß § 439 III BGB nur dann verweigern, wenn sie mit unverhältnismäßig hohen Kosten verbunden ist. Die Verhältnismäßigkeit ist hier natürlich nicht objektiv zu beurteilen. Jedoch spielt es beim Recht auf Ablehnung eine Rolle, in welchem Wert der Mangel zur mangelfreien Sache steht und ob der Käufer durch die andere Art der Nacherfüllung eventuell erhebliche Nachteile in Kauf nehmen muss. In unserem Beispiel kann man davon ausgehen, dass Rita im Falle der Nacherfüllung keinen Anspruch auf Nachbesserung geltend machen kann. Für den Verkäufer ist es unverhältnismäßig aufwändig, die bereits gelieferte Flasche unter lebensmittelrechtlichen Bedingungen mit Kohlensäure zu versetzen. Es stellt für den Käufer offenkundig auch keinen Nachteil dar, wenn er stattdessen eine andere sachmangelfreie Flasche erhält.

An der neuen Heizungsanlage im Wert von 15.000,00 € ist ein Ventil defekt, sodass am Heizkörper Wasser austritt. Das Ventil hat einen Warenwert von 2,95 € und kann durch einen Heizungsmonteur leicht ersetzt werden.

Im Falle der Heizungsanlage steht die Neulieferung in keinem Verhältnis zur Reparatur. Auch ist nicht erkennbar, dass der Kunde einen erheblichen Nachteil in Kauf nehmen muss, wenn der Verkäufer die Reparatur durchführt. Eher ist zu erwarten, dass die Reparatur wegen der schnellen Durchführbarkeit auch für den Käufer vorteilhaft ist. Die Verhältnismäßigkeitsprüfung erfasst nicht, ob es dem Verkäufer möglich ist, die Nachbesserung selbst durchzuführen oder nicht. Hier spielt nur die Frage eine Rolle, wie aufwändig die Nachbesserung insgesamt ist. Dabei wird gegebenenfalls der Marktpreis bzw. die Beschaffbarkeit der Leistung auf dem Markt zugrunde gelegt.

Die Reparatur eines Mangels an einem Kraftfahrzeug kann der Verkäufer nicht mit der Begründung ablehnen, dass er über keine eigene Werkstatt verfügt, da es eine Vielzahl von Kfz-Werkstätten gibt, in denen Reparaturleistungen durchgeführt werden können.

Rücktritt vom Kaufvertrag

Die nachrangigen Rechte kommen erst zum Tragen, wenn die Nacherfüllung fehlgeschlagen ist. Als fehlgeschlagen gilt die Nacherfüllung gemäß § 440 BGB, wenn zwei erfolglose Versuche der Nachbesserung durchgeführt wurden. Dabei spielt nur die gewählte Art der Nacherfüllung eine Rolle. Die Frage, ob die Nacherfüllung auch bei der anderen Art fehlgeschlagen wäre, ist nicht von Belang.

Die Meyer & Söhne KG lässt sich vom Softwarehaus Intelligent GmbH eine Warenwirtschaftssoftware entwickeln, die genau auf das Unternehmen abgestimmt ist. Bei der Installation der Software im Unternehmen werden verschiedene Programmfehler entdeckt.

Für den Fall, dass sich aus der Art des Mangels etwas anderes ergibt, können Abweichungen von der Regelung zum Tragen kommen. So muss der Käufer etwa einen weiteren Nacherfüllungsversuch zulassen, wenn der Fehler sehr komplex war. Im Falle der Softwareentwicklung ist dies zu erwarten.

Wählt der Käufer statt der Reparatur die Neulieferung der Ware, gilt die Nacherfüllung bereits als fehlgeschlagen, wenn die nächste gelieferte Sache wieder einen Fehler hat. Hier muss angenommen werden, dass es prinzipiell ein Problem mit der Qualität der Sache gibt.

Familie Schmidt lässt sich einen neuen Parkettboden legen. Das gekaufte Holz weist Mängel in der Beschichtung auf, sodass es beim Verlegen erhebliche Kratzer bekommt. Der Parkettleger bediente sich aus den Vorräten in der Küche und rauchte im Haus der Nichtraucherfamilie.

Rücktrittsansprüche kann der Käufer auch geltend machen, wenn die beiden Arten der Nacherfüllung nicht möglich sind oder vom Verkäufer ernsthaft und endgültig verweigert werden bzw. sie ihm nicht zumutbar sind. Ob eine Nacherfüllung als unzumutbar gilt, wird aus der Perspektive des Käufers beurteilt. Im Falle der Familie Schmidt kann die Nacherfüllung als unzumutbar eingestuft werden.

Unter der Annahme, dass die Nacherfüllung als fehlgeschlagen oder unzumutbar gilt, kann der Käufer **vom Vertrag zurücktreten**. Der Tatbestand des gegenseitigen Vertrages, der in § 323 BGB gefordert ist, wird vom Kaufvertrag erfüllt. Voraussetzung des Rücktritts ist jedoch das Vorliegen eines erheblichen Mangels, wie sich aus dem § 323 V S. 2 BGB im Umkehrschluss entnehmen lässt.

Das Rücktrittsrecht ist ein **Gestaltungsrecht**. Das bedeutet, dass durch einseitige, empfangsbedürftige Willenserklärung eine neue Rechtslage geschaffen wird. Mit Empfang der Rücktrittserklärung wird der Rücktritt wirksam. Der Käufer kann jetzt nicht mehr auf ein anderes Recht, wie z. B. Minderung, wechseln. Ferner sind gemäß § 346 BGB die empfangenen Gegenstände zurückzugewähren. Der Anspruch auf Schadensersatz bleibt davon unberührt.

Minderung des Kaufpreises

Gemäß der Regelungen des § 441 I BGB kann der Käufer bei fehlgeschlagener Nacherfüllung statt des Rücktritts vom Vertrag auch die Minderung des Kaufpreises wählen. Dieses Recht kann sogar auch dann geltend gemacht werden, wenn der Sachmangel nur unerheblich ist. Daher wird ausdrücklich die Regelung des § 323 V S. 2 BGB ausgeschlossen. Wie der Rücktritt ist auch die Minderung ein Gestaltungsrecht und wird durch Willenserklärung gegenüber dem Vertragspartner wirksam.

Wählt der Käufer das Recht auf Minderung, bleibt der Kaufvertrag weiter bestehen. Das nicht erfüllte Recht auf Sachmangelfreiheit wird dann durch die Kaufpreisminderung abgegolten. Dabei muss eine Regelung für einen angemessenen Minderungsbetrag gefunden werden. Gemäß § 441 III BGB wird eine Minderungsformel vorgegeben, die das Verhältnis des Werts der mangelhaften Sache zum Wert der mangelfreien stellt und dies mit dem Verhältnis des geminderten Kaufpreises zum gezahlten Kaufpreis stellt.

Probleme kann die Wertbestimmung in der Praxis bereiten, da es üblicherweise keine so exakten Orientierungsmöglichkeiten an Marktpreisen gibt, wie es die Berechnungsformel vorsieht. Häufig wird daher der Reparaturwert als Minderwert kalkuliert, den man zur Beseitigung des Mangels aufbringen müsste.

$$\frac{\text{Wert der mangelhaften Sache}}{\text{Wert der mangelfreien Sache}} = \frac{\text{geminderter Kaufpreis}}{\text{tatsächlicher Kaufpreis}}$$

Die Berechnung der Minderung basiert auf dem Gedanken, dass die Vertragspartner ursprünglich ein Verhältnis des Warenwerts zum Kaufpreis angenommen und auf dieser Basis einen Vertrag geschlossen haben. Es spielt dabei keine Rolle, welchen Wert die Sache üblicherweise hat, auch wenn in dem Vertrag aufgrund der Preisfindung eine Seite erheblich im Vorteil ist.

Katrin erwirbt einen gebrauchten Laptop, der auf dem Markt normalerweise für einen Preis in Höhe von 1.000,00 € gehandelt wird, für 800,00 €. Nach zwei Wochen stellt sich heraus, dass der Laptop einen Mangel an der Speichereinheit hat, die den Wert um 20 % sinken lässt.
Durch den Sachmangel ausgelöst ergibt sich, sofern die Nacherfüllung fehlschlägt, ein Recht auf Minderung in folgender Höhe:

$$\text{geminderter Kaufpreis} = \frac{800{,}00\ €}{1.000{,}00\ €} \times 800{,}00\ € = 640{,}00\ €$$

Katrin kann den Kaufpreis um 160,00 € mindern, da ein 20 %-iger Wertverlust eingetreten ist. Ein Argument des Verkäufers, dass der Laptop eigentlich einen Wert vom 1.000,00 € hätte und der Käufer mit dem vorliegenden Mangel den üblichen Marktpreis entrichtet hat, den ein solches mangelhaftes Gerät kostete, kann nicht geltend gemacht werden. Ebenso verhielte sich die Situation, wenn der Käufer ein überteuertes Produkt gekauft hätte. Für diesen Fall hätte er aber die Möglichkeit, bei Erheblichkeit des Mangels vom Vertrag zurückzutreten und an anderer Stelle ein gleichwertiges, aber preiswerteres Gerät zu erstehen. Wesentlich ist, dass sich die Feststellung des Wertes auf die Zeit des Vertragsschlusses bezieht.

Schadensersatzansprüche im Gewährleistungsrecht
Schadensersatzansprüche sind im Schuldrecht allgemeine Rechtsansprüche, die infolge unterschiedlicher Pflichtverletzungen ausgelöst werden können. Liegt ein Sachmangel vor, kann ein Schadensersatzanspruch bezogen auf die mangelhafte Leistung nur nachrangig nach erfolgloser oder entbehrlicher Nacherfüllung eingefordert werden. Der gemäß § 281 BGB beschriebene Schadensersatz statt der Leistung, der im Rahmen der Gewährleistung auf die mangelhafte Erfüllung bezogen wird, beinhaltet alle Vermögensvorteile, die dem Käufer entgangen sind, weil der Sachmangel vorlag.

Firma Heinrich betreibt ein Callcenter, dessen Geschäft darauf basiert, telefonische Kundenkontakte herzustellen und zu halten, erwirbt für 8.000,00 € eine Telefonanlage, die die bestehenden Telefone ersetzen soll. Als die Handwerker, die die Anlage installiert haben, das Haus wieder verlassen, stellt sich heraus, dass die Anlage nur eingehende Anrufe zulässt. Anrufe aus dem Unternehmen sind nicht möglich. Die Nachbesserung schlägt fehl. Erst nach drei Tagen können die alten Apparate wieder aktiviert werden. Es entsteht eine finanzielle Einbuße in Höhe von 10.000,00 €.

Übersicht:
Recht aus Sachmangel

vorrangig:
Nacherfüllung

bei Fehlschlagen der Nacherfüllung:

nachrangig wahlweise:
Minderung
Rücktritt
Schadensersatz

Unter der Annahme, dass alle Tatbestandsmerkmale des Sachmangels zutreffen und die Nacherfüllung nicht zum gewünschten Erfolg führte, kann das Unternehmen ein Recht der zweiten Andienung geltend machen. Hierbei kann der Käufer wählen, ob er vom Vertrag zurücktritt, den Kaufpreis mindert oder Schadensersatzansprüche geltend macht. Gemäß § 325 BGB schließen sich Rücktritt und Schadensersatzansprüche nicht aus.

Entscheidet er sich für den Ersatz des Schadens statt der Leistung gemäß § 281 I BGB, werden, wie in einem früheren Kapitel bereits dargestellt, alle Schäden ersetzt, die dem Käufer daraus entstanden sind, weil der er auf die ordnungsgemäße Erfüllung des Vertrages vertraut hat. Dazu gehören z. B. der entgangene Gewinn oder der Nutzungsausfall.

Das Callcenter stellt durch die Blockade der Telefonanlage eine Gewinneinbuße in Höhe von 10.000,00 € fest, ein Betrag, der durch die Schadensersatzregelung statt der Leistung abgedeckt ist, sodass Anspruch auf die 10.000,00 € besteht.

An der neuen Heizungsanlage im Wert von 15.000,00 € ist ein Ventil defekt, sodass am Heizkörper Wasser austritt. Das Ventil hat einen Warenwert von 2,95 € und kann durch einen Heizungsmonteur leicht ersetzt werden. Durch das undichte Ventil wird der Parkettboden im Wohnzimmer stark beschädigt, sodass sich ein Mangelfolgeschaden in Höhe von 5.000,00 € ergibt.

Das Problem des Heizungsventils unterliegt den Regelungen des Sachmangels. Die überwiegenden Kosten werden aber in Folge des Schadens verursacht, ein Schaden, der neben der Leistung steht. Im vorliegenden Beispiel unterliegt das Heizungsventil den Sachmangelregelungen mit dem Recht auf Nachbesserung. Der Folgeschaden wird gemäß § 280 I BGB ersetzt.

Voraussetzungen des Verzugs:

– zu vertretendes
– Nichtleisten
– trotz Fälligkeit
=
Verzögerung der Leistung
+ Mahnung*
=
Verzug

* Der Mahnung bedarf es nicht in den Fällen des § 286 (2) BGB, wenn z. B. für die Leistung eine Zeit nach dem Kalender bestimmt ist oder der Schuldner die Leistung ernsthaft und endgültig verweigert.

Rechtsfolgen des Verzugs:

grundsätzlich:
- **Anspruch auf Erfüllung und Ersatz des Verzögerungsschadens**

weitere Ansprüche nur bei Vorliegen weiterer Voraussetzungen:
- **Schadenersatz statt der Leistung nur bei Setzen einer angemessenen Frist zur Leistung, die erfolglos abgelaufen ist** **
- **Rücktritt vom Vertrag nur bei gegenseitigen Verträgen und dem erfolglosen Verstreichen einer angemessenen Frist zur Leistungserbringung** **

Beide Ansprüche sind gleichzeitig möglich.

** Ausnahmen sind in den §§ 281 (2) und 323 (2) BGB geregelt (Entbehrlichkeit der Fristsetzung).

Arten des Sachmangels sind gemäß § 434 BGB

I: Fehler in der Beschaffenheit,
II: Montagefehler,
III: Aliud- oder Mankolieferung.

Weitere Voraussetzungen des § 434 BGB sind das Vorliegen des Fehlers bei Gefahrübergang (§ 446 BGB) und Unkenntnis des Käufers über den Fehler der Sache beim Kauf (§ 442 BGB).

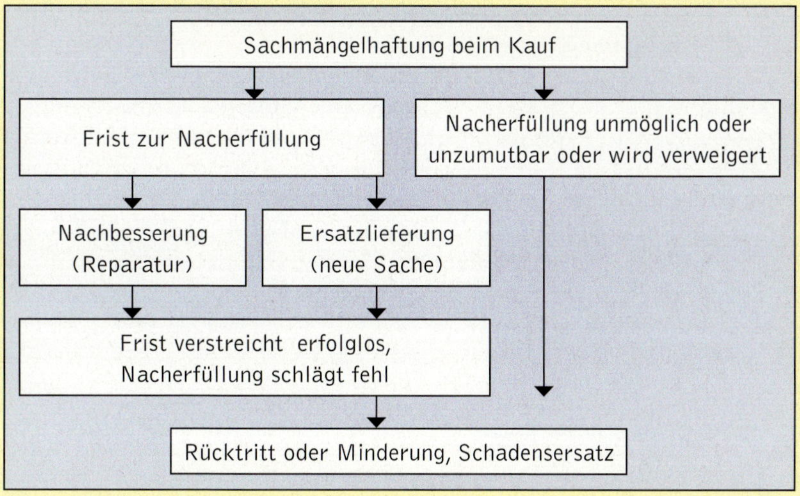

Sinn der Fristsetzung ist der Erfüllungsgedanke im Sinne von „pacta sunt servanda". Nach Fristablauf kann der Gläubiger weitere Rechte geltend machen (Gläubigerschutz).

Wichtige Begriffe:
Fälligkeit
Gefahrübergang
Mahnung
Minderung
Nacherfüllung
Nichtleistung
Rücktritt
Sachmangel
Schadensersatz
Vertretenmüssen
Verzug

1. Stellen Sie die Voraussetzungen des Schuldnerverzugs zusammen: Handwerker Frank hat mit dem Bauherrn Büttner am 15.3. einen Vertrag über die Installation einer Solaranlage zum Preis von 10.000,00 € geschlossen. Frank hat vereinbarungsgemäß seine Leistung am 30.4 ordnungsgemäß erbracht, was Bauherr Büttner auch durch entsprechende Abnahme schriftlich bestätigt. Am 3.5. erhält Büttner eine Rechnung über 10.000,00 €, in der Frank ausdrücklich auch auf die Bestimmungen des § 286 III BGB hinweist. Inzwischen hat Büttner die gleiche Leistung von zwei anderen Handwerkern für 9.000,00 € angeboten bekommen und ist über das schlechte Geschäft mit Frank verärgert. Er zögert die Zahlung daher hinaus, um Frank zu bewegen, schließlich doch einen niedrigeren Preis zu akzeptieren. Als Frank am 20.7. immer noch kein Geld erhalten hat, verlangt er von Büttner neben der Zahlung von 10.000,00 € auch noch Verzugszinsen.
   a) Prüfen Sie, ob Büttner mit der Zahlung in Verzug ist.
   b) Ermitteln Sie die Verzugszinsen, die Frank zustehen.
   c) Ermitteln Sie die Verzugszinsen, wenn Frank wegen der Nichtzahlung des Büttner sein Konto überziehen musste und dafür 12 % Überziehungszinsen bezahlen muss.
   d) Erläutern Sie, warum Frank den Preis nicht senken muss, obwohl Konkurrenzunternehmen die gleiche Leistung für einen geringeren Betrag anbieten.
2. Erarbeiten Sie die Tatbestandsmerkmale des § 434 BGB, und erstellen Sie eine Übersicht über die verschiedenen Arten des Sachmangels.
3. Erarbeiten Sie aus dem Gesetz unter Angabe der entsprechenden Normen die möglichen Rechtsfolgen des Sachmangels.
4. Waschsalonbetreiber W kauft bei V eine Waschmaschine. Infolge eines fahrlässigen Montagefehlers bei der Lieferung ist die Tür der Waschmaschine undicht. Wasser läuft aus und zerstört den Boden des Waschsalons.
   a) Klären Sie unter Auswertung der einschlägigen Normen des BGB, ob W von V Schadensersatz für den beschädigten Boden verlangen kann.
   b) Prüfen Sie, ob W von V eine neue Waschmaschine verlangen kann.
   c) Prüfen Sie, ob W von V die Reparatur der Waschmaschine verlangen kann.
   d) Stellen Sie fest, unter welchen Voraussetzungen V die Reparatur der Waschmaschine verweigern kann.
   e) Prüfen Sie, ob sich die Rechtslage ändert, wenn W die Waschmaschine nicht für seinen Salon, sondern für seinen privaten Haushalt kauft.
5. Huber kauft im Elektrofachmarkt ein Mikrowellengerät für seine Küche. Beim Einbau stellt er fest, dass ein Scharnier der Tür defekt ist. Da er das Gerät aber nicht mehr ausbauen möchte, beschließt er gegenüber dem Verkäufer eine Kaufpreisminderung durchzusetzen.
   Prüfen Sie, ob Huber auf Minderung des Kaufpreises bestehen kann.
6. Erläutern Sie, inwieweit die Rechtsfolgen des Verzugs den Gedanken der Rechtssicherheit und einer gerechten Interessenabwägung zwischen den Parteien Rechnung tragen.

4 Verbraucherschutz und Vertragsfreiheit

4.1 Soziale Marktwirtschaft und Verbraucherschutz

Bereits Ludwig Erhard formulierte für die **soziale Marktwirtschaft**: „Unsere Wirtschaftspolitik dient dem Verbraucher; er allein ist Maßstab und Richter allen wirtschaftlichen Tuns." Unter diesem Aspekt hat der Staat einerseits dem Verbraucher so viel Freiheit wie möglich zu geben, andererseits, so fordert man, hat er einzugreifen, wenn das Verbraucherwohl gefährdet ist.

§ 13 BGB definiert den Verbraucher als natürliche Person, die ein Rechtsgeschäft zu Zwecken abschließt, die überwiegend weder ihrer gewerblichen noch ihrer selbstständigen beruflichen Tätigkeit zugerechnet werden können. Dabei geht die Rechtssprechung grundsätzlich von einem durchschnittlich informierten, verständigen Verbraucher aus.

§ 13 BGB Verbraucher
Verbraucher ist jede natürliche Person, die ein Rechtsgeschäft zu Zwecken abschließt, die überwiegend weder ihrer gewerblichen noch ihrer selbständigen beruflichen Tätigkeit zugerechnet werden können.

Die soziale Marktwirtschaft der Bundesrepublik Deutschland ist ein Kompromiss zwischen den beiden extremen Wirtschaftssystemen einer freien Marktwirtschaft und einer Zentralverwaltungswirtschaft. Es handelt sich um eine an sozialen Zielen orientierte, staatlich beeinflusste Marktwirtschaft.

Man versucht, die Vorteile der beiden Systeme zu vereinen, nämlich wirtschaftliche Freiheit, hohe Produktivität und technischer Fortschritt einerseits, hohes Beschäftigungsniveau und geringe Krisenanfälligkeit andererseits.
Der Staat greift zum Wohle der Allgemeinheit und der sozial Schwachen in das Wirtschaftsgeschehen ein.
Leistungswettbewerb soll das Gewinn- bzw. Nutzenstreben des Einzelnen in Wohlstand und sozialen Frieden umwandeln.

Notwendige Voraussetzung dafür ist eine vom Staat geschaffene und kontrollierte Wettbewerbsordnung, durch die Marktmachtmissbrauch (z. B. Monopolbildung oder Kartellabsprachen) ausgeschaltet wird.
Dabei ist der Mensch als Sozialwesen zu begreifen, denn er ist kein Individuum, das Verantwortung nur für sich selbst trägt. Nach dem Subsidiaritätsprinzip wird ihm auch geholfen, wenn er sich selbst nicht mehr helfen kann.

Der Staat bedient sich dabei marktkonformer und marktkonträrer Eingriffe. Für diese Eingriffe schafft er den ordnungspolitischen Rahmen mit einer Vielzahl von Gesetzen und Verordnungen.

Nach Artikel 12 des Grundgesetzes (GG) besteht für alle Deutschen grundsätzlich das Recht, Arbeitsplatz und Arbeitsstätte frei zu wählen. Diese Berufswahlfreiheit wird jedoch faktisch begrenzt durch den Mangel an Arbeitsplätzen. Der Staat leistet jedoch den Arbeitslosen gegenüber eine finanzielle Unterstützung. Er behält sich dabei das Recht vor, diese staatliche Hilfe zu entziehen, falls sich der Arbeitslose weigert, eine angebotene Stelle anzunehmen.

Artikel 14 (1) GG schützt das Eigentum. Gleichzeitig zeigt Artikel 14 (2) GG die Sozialpflichtigkeit des Eigentums auf. Der Gebrauch des Eigentums soll dem Wohle der Allgemeinheit dienen. Eine Enteignung aufgrund eines Gesetzes ist zum Wohle der Allgemeinheit zulässig.

Art.2 Abs.1 GG
Jeder hat das Recht auf die freie Entfaltung seiner Persönlichkeit, soweit er nicht die Rechte anderer verletzt und nicht gegen die verfassungsmäßige Ordnung oder das Sittengesetz verstößt.

4.2 Vertragsfreiheit und ihre Beschränkungen

Die Basis des freiheitlichen Menschenbildes in der Marktwirtschaft ist die **Privatautonomie** oder allgemeine Handlungsfreiheit. Sie ist ein in Art. 2 des Grundgesetzes der Bundesrepublik Deutschland verankertes Grundrecht.

Die Privatautonomie kommt u. a. zum Ausdruck in der
- Vereinigungsfreiheit (Art. 9 Abs. 1 GG): „Alle Deutschen haben das Recht, Vereine und Gesellschaften zu bilden."
- Eigentumsfreiheit (§ 903 Satz 1 BGB): „Der Eigentümer einer Sache kann, soweit nicht das Gesetz oder Rechte Dritter entgegenstehen, mit der Sache nach Belieben verfahren."
- Testierfähigkeit (§ 1937 BGB): „Der Erblasser kann durch einseitige Verfügung von Todes wegen den Erben bestimmen."

Die Privatautonomie ist Grundsatz des Zivilrechts. Viele Vorschriften des BGB sind **dispositives Recht**, d. h., sie sind grundsätzlich abänderbar, können also durch abweichende Veränderungen ersetzt werden. Ausdruck der Privatautonomie ist vor allem die **Vertragsfreiheit**:

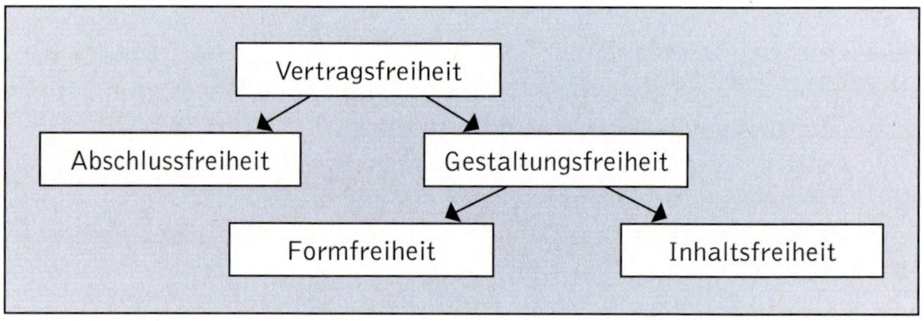

Jeder Einzelne kann frei entscheiden, ob und mit wem er einen Vertrag abschließen will (**Abschlussfreiheit**).
Die Gestaltungsfreiheit lässt ihm freies Spiel, in welcher Form (z. B. mündlich oder schriftlich) er einen Vertrag eingehen will (**Formfreiheit**) und welchen Inhalt dieser Vertrag haben soll (**Inhaltsfreiheit**).

So kann sich z. B. ein Bäcker weigern, ein Stück Torte an einen Kunden abzugeben, ohne dies zu begründen. Er kann nicht zum Abschluss eines Kaufvertrages gezwungen werden. Der Kauf eines neuen Automobils bedarf nicht zwingend der Schriftform, es genügt z. B. ein Vertragsabschluss in mündlicher Form, vielleicht besiegelt per Handschlag.
Auch der Inhalt eines Vertrages kann im Allgemeinen frei gestaltet werden. So kann ein Verkäufer im Internet durchaus mit seinem Kunden eine Vorauszahlung vier Wochen vorab vereinbaren, wenn dieser damit einverstanden ist. Diese Vertragsfreiheit gilt für das Schuldrecht. Im Sachenrecht findet sich der sogenannte Typenzwang. Jede dingliche Vereinbarung muss ausdrücklich im BGB geregelt sein (z. B. Eigentum, Besitz usw.).
Damit die Freiheiten im Schuldrecht nicht missbräuchlich genutzt werden, sind sie durch gesetzliche Regelungen und durch die Rechtssprechung eingeschränkt. Die Vertragsfreiheit muss überall dort ihre Schranken finden, wo überragende Interessen der Allgemeinheit oder grundlegende Werte der Rechtsordnung gefährdet sind. Beschränkungen der Abschlussfreiheit sind in zwei Richtungen denkbar:

1. Finden Sie Beispiele für Beschränkungen der Privatautonomie bezüglich der Vereinigungsfreiheit (Art. 9 Abs. 1 GG).

- Zum einen gibt es **Abschlussverbote**, z. B. im Jugendschutzgesetz (JuSchuG) § 9. Nach Absatz 1 dürfen in Gaststätten, Verkaufsstellen oder sonst in der Öffentlichkeit Branntwein, branntweinhaltige Getränke oder Lebensmittel, die Branntwein nicht nur in geringfügigen Mengen enthalten, an Kinder und Jugendliche weder abgegeben noch deren Verzehr gestattet werden.
  Grundsätzlich dürfen andere alkoholische Getränke (z. B. Bier, Wein und Sekt) an Kinder und Jugendliche unter 16 Jahren weder abgegeben werden noch darf ihnen der Konsum gestattet werden (es sei denn, der Jugendliche wird von einer personensorgeberechtigten Person begleitet).

- Zum anderen existiert ein **Kontrahierungszwang** (Abschlusszwang) in Bereichen, in denen Leistungen, die zur Erfüllung existenzieller Bedürfnisse allein von einem Einzelnen angeboten werden. Entsprechende Normen finden sich z. B. im Personenbeförderungsgesetz und im Energiewirtschaftsgesetz.
  Kontrahierungszwang bedeutet eine rechtliche Verpflichtung zum Abschluss eines Vertrags, also die Verpflichtung, mit einer anderen Person ein Rechtsverhältnis einzugehen. Da der Kontrahierungszwang im Widerspruch zur Privatautonomie steht, ist er nur in wenigen Ausnahmefällen zugelassen. Er ist immer dann angebracht, wenn eine monopolartige oder marktbeherrschende Stellung des Anbieters gegeben ist und dieser sich weigert, die Leistung zu erbringen (mittelbarer Kontrahierungszwang). Bei einer Verweigerung eines Abschlusses im Falle eines Kontrahierungszwanges besteht für einen Geschädigten nach § 826 BGB ein Schadensersatzanspruch, da eine sittenwidrige Schädigung vorliegt.Unmittelbarer Kontrahierungszwang liegt dann vor, wenn er gesetzlich geregelt ist. Dieser führt immer zum Abschluss eines Vertrages. Geltungsbereich für solche Fälle ist die Daseinsvorsorge, wie z. B. die Energieversorgung.

Wichtige Beispiele für Kontrahierungszwang:
- Die **gesetzlichen Krankenversicherungen** sind zur Aufnahme neuer Mitglieder unabhängig von deren Gesundheitsstatus oder finanzieller Leistungskraft verpflichtet.
  Die Fortentwicklung des Rechts zeigt sich unter anderem daran, dass mit dem Inkrafttreten des GKV-Wettbewerbstärkungsgesetzes zum 1.1.2009 nun auch die privaten Krankenversicherer in gewisser Weise dem Kontrahierungszwang unterliegen. Denn ab diesem Zeitpunkt erhalten alle Personen ohne Absicherung im Krankheitsfall eine Rückkehrmöglichkeit in die letzte gesetzliche bzw. private Krankenversicherung. Die privaten Krankenversicherungen müssen zumindest einen Basis- bzw. Standardtarif anbieten.
- In der **Kfz-Haftpflichtversicherung** kann der Versicherer nicht grundlos Anträge auf Versicherungsschutz ablehnen.
- **Verkehrsbetriebe**, ob Bahn, Bus oder Taxi, müssen grundsätzlich jeden nach den Bedingungen des amtlichen Tarifs befördern (Beförderungspflicht).
- **Apotheken** müssen ärztliche Verordnungen ausführen, sie dürfen dies nur verweigern, wenn eine Verordnung zur Gesundheitsgefährdung eines Kunden führen kann.
- Die **Deutsche Post und Telekom** müssen ihre jeweiligen Universaldienstleistungen auf den Gebieten der Postdienste bzw. der Telekommunikationsdienste für jedermann erbringen.

§ 1 JuSchuG
Begriffsbestimmungen
(1) Im Sinne dieses Gesetzes
1. sind Kinder Personen, die noch nicht 14 Jahre alt sind,
2. sind Jugendliche Personen, die 14 aber noch nicht 18 Jahre alt sind,
3. ist personensorgeberechtigte Person, wem allein oder gemeinsam mit einer anderen Person nach den Vorschriften des Bürgerlichen Gesetzbuchs die Personensorge zusteht. [...]

§ 125 BGB Nichtigkeit wegen Formmangels
Ein Rechtsgeschäft, welches der durch Gesetz vorgeschriebenen Form ermangelt, ist nichtig. Der Mangel, der durch Rechtsgeschäft bestimmten Form hat im Zweifel gleichfalls Nichtigkeit zur Folge.

§ 766 BGB Schriftform der Bürgschaftserklärung
Zur Gültigkeit des Bürgschaftsvertrags ist schriftliche Erteilung der Bürgschaftserklärung erforderlich. Die Erteilung der Bürgschaftserklärung in elektronischer Form ist ausgeschlossen. Soweit der Bürge die Hauptverbindlichkeit erfüllt, wird der Mangel der Form geheilt.

§ 311 b BGB Verträge über Grundstücke, das Vermögen und den Nachlass
(1) Ein Vertrag, durch den sich der eine Teil verpflichtet, das Eigentum an einem Grundstück zu übertragen oder zu erwerben, bedarf der notariellen Beurkundung. Ein ohne Beachtung dieser Form geschlossener Vertrag wird seinem ganzen Inhalt nach gültig, wenn die Auflassung und die Eintragung in das Grundbuch erfolgen. [...]

Nach dem Grundsatz der Vertragsfreiheit dürfen Rechtsgeschäfte in jeder erdenklichen Form abgeschlossen werden. Dabei unterscheidet das BGB folgende Formen des Vertragsschlusses:
Schriftform (§ 126), elektronische Form (§ 126 a), Textform (§ 126 b), notarielle Beurkundung (§ 128) und öffentliche Beglaubigung (§ 129).
Die Parteien eines Vertrags können Formerfordernisse auch selbst vereinbaren (gewillkürte Form), z. B. durch Aufnahme von Klauseln in den Vertragstext, wie beispielsweise „Änderung des Vertrags bedürfen der Schriftform".
Bestimmte Rechtsgeschäfte bedürfen jedoch der **gesetzlichen Form**, das heißt, sie sind nur gültig, wenn sie in der im Gesetz vorgeschriebenen Form abgeschlossen wurden.

Gründe für die gesetzlich vorgeschriebenen Formen sind folgende:
- **Warnfunktion** (Schutz vor übereiltem Abschluss),
- **Beweisfunktion** (Beweiserleichterung bezüglich des Bestehens bzw. des Inhalts eines Rechtsgeschäfts),
- **Kontrollfunktion** (Kontrolle der Rechtsgeschäfte im Interesse Dritter und der Allgemeinheit),
- **Beratungsfunktion** (Sicherung einer Beratung der Beteiligten z. B. durch einen Notar).

Wird ein Rechtsgeschäft ohne Einhaltung der vom Gesetz vorgeschriebenen Form vorgenommen, so ist es wegen **Formmangels** nichtig (§ 125 BGB).
Später angestrebte Vertragsänderungen sind ebenfalls nur in der vorgegebenen Form wirksam.
Schriftform erfordert die Erstellung eines Schriftstückes, das vom Aussteller eigenhändig zu unterzeichnen ist. Das Schriftstück selbst muss dabei in der Regel nicht handschriftlich verfasst werden (Ausnahme: eigenhändiges Testament § 2247 BGB). Eine Bürgschaftserklärung bedarf nach § 766 BGB der Schriftform.
Die **elektronische Form** erfordert, dass der Aussteller der Erklärung seinen Namen hinzufügt und das Dokument mit einer qualifizierten elektronischen Signatur versehen ist.
Bei der **Textform** muss eine lesbare Erklärung, in der die Person des Erklärenden genannt ist, auf einem dauerhaften Datenträger abgegeben werden.

Wenn das Gesetz eine **öffentliche Beglaubigung** fordert, so ist die Echtheit der Unterschrift unter dem Schriftstück durch einen Notar zu beglaubigen. Der Beweiswert des Dokuments bezieht sich damit nicht auf dessen Inhalt. Amtliche Beglaubigungen können von Behörden (z. B. von der Gemeinde) ausgestellt werden (vgl. §§ 36–43 Beurkundungsgesetz).
Eine **öffentliche Beurkundung** kann von einem Notar, dem Amtsgericht, einem Standesbeamten oder vom Jugendamt vorgenommen werden. Die Anerkennung der Vaterschaft bedarf beispielsweise der öffentlichen Beurkundung.

1. Suchen Sie weitere Vertragsformen, die der Schriftform bedürfen.
2. Erläutern Sie den letzten Satz von § 766 BGB.

Bei der **notariellen Beurkundung** wird auch der Inhalt der Urkunde durch den Notar bestätigt bzw. von diesem selbst verfasst. Er hat darüber hinaus auch eine Prüfungs- und Belehrungspflicht. Dies ist z. B. der Fall bei Grundstückskaufverträgen (§ 311 b BGB). Auch bei der Eigentumsübertragung an Immobilien bedarf es der notariellen Beurkundung. Die Auflassung muss gemäß § 925 BGB in Anwesenheit der Vertragsparteien vor einem Notar beschlossen werden.

Die Vertragsfreiheit erlaubt grundsätzlich auch **freie Gestaltung des Inhalts** von Verpflichtungsgeschäften. Selbstverständlich gibt es auch hier Einschränkungen. So darf der Inhalt des Rechtsgeschäftes nicht gegen **gesetzliches Verbot** verstoßen.

Beispiel: Hans kauft von Dieter einen MP3-Player, obwohl er weiß, dass dieser aus einem Einbruch stammt. Der Kauf und der Verkauf gestohlener Sachen (Hehlerei) sind nach § 259 StGB strafbar und damit verboten. Der Kaufvertrag zwischen Hans und Dieter ist gemäß § 134 BGB nichtig.

Auch sittenwidrige Rechtsgeschäfte sind nach § 138 I BGB nichtig. Was dabei unter **Sittenwidrigkeit** zu verstehen ist, kann vielfältig gedeutet werden. Dabei können Rechtsgeschäfte betroffen sein, welche die Kommerzialisierung des Intimbereichs betreffen, aber auch solche, welche die Ausnutzung einer wirtschaftlichen Monopolstellung bzw. der Zwangslage des Vertragspartners beinhalten.

So sind z. B. Ratenkreditverträge sittenwidrig, wenn zwischen Leistung und Gegenleistung ein auffälliges Missverhältnis besteht und der Kreditgeber die schwächere Position des Kreditnehmers ausnutzt. Bei Verbraucherkrediten wird dies vermutet. Ein auffälliges Missverhältnis besteht in der Regel, wenn der Zinssatz über zwölf Prozentpunkte über dem Marktzins liegt.

Sittenwidrigkeit ist sowohl ein Begriff des Rechts als auch der Moral, sodass es gilt, diese beiden Ebenen voneinander zu trennen. Im Recht geht es um die Ausgestaltung von Rechtsgeschäften, die moralische Einstellung ist eine individuelle Entscheidung, die jedoch von der gesellschaftlichen Entwicklung geprägt ist.

Niemand sollte sich Vorteile dadurch verschaffen können, dass er Rechtsgeschäfte abschließt, die in den Augen der überwiegenden Mehrheit als unsittliche gelten. § 138 BGB stellt in Absatz 2 als speziellen Tatbestand den Wucher heraus. Dabei kann es sich um einen Preis-, Zins- oder Mietwucher handeln. In allen Fällen müssen Leistung und Gegenleistung in einem auffälligen Missverhältnis stehen, Weiterhin müssen Unerfahrenheit, Leichtsinn oder eine Notlage seitens des Benachteiligten vom Vertragspartner bewusst ausgenutzt werden.

In 1. Absatz von § 138 BGB wird der generelle Tatbestand der Sittenwidrigkeit geregelt. Dabei muss entweder eine Abhängigkeitsbeziehung aufgrund intellektueller oder wirtschaftlicher Überlegenheit ausgenutzt werden, oder es muss durch ein Rechtsgeschäft jemand zu einem Treuebruch veranlasst werden. Auch gemeinschaftswidrige Abmachungen, also Verstöße gegen die Interessen der Allgemeinheit oder Dritter, sind sittenwidrig.

Beispiel: Der Manager des Fußballvereins FC Trifftnicht bezahlt dem Torwart des Gegners SV Trittnach 3.000,00 € dafür, dass er den Sieg des FC zulässt.

Es lässt sich allgemein feststellen, dass Sittenwidrigkeit als zeitgebundener Begriff zu sehen ist, der differenziert betrachtet werden muss und dem gesellschaftlichen Wandel und seinen moralischen Ausprägungen unterliegt.

§ 134 BGB Gesetzliches Verbot
Ein Rechtsgeschäft, das gegen ein gesetzliches Gebot verstößt, ist nichtig, wenn sich nicht aus dem Gesetz ein anderes ergibt.

§ 138 BGB Sittenwidriges Rechtsgeschäft; Wucher
(1) Ein Rechtsgeschäft, das gegen die guten Sitten verstößt, ist nichtig.
(2) Nichtig ist insbesondere ein Rechtsgeschäft, durch das jemand unter Ausbeutung der Zwangslage, der Unerfahrenheit, des Mangels an Urteilsvermögen oder der erheblichen Willensschwäche eines anderen sich oder einem Dritten für eine Leistung Vermögensvorteile versprechen oder gewähren lässt, die in einem auffälligen Missverhältnis zu der Leistung stehen.

1. Lesen Sie die §§ 134 und 138 BGB, und finden Sie weitere Beispiele für Verstöße gegen diese Paragraphen.

§ 305 BGB Einbeziehung Allgemeiner Geschäftsbedingungen in den Vertrag
(1) Allgemeine Geschäftsbedingungen sind alle für eine Vielzahl von Verträgen vorformulierten Vertragsbedingungen, die eine Vertragspartei (Verwender) der anderen Vertragspartei bei Abschluss eines Vertrags stellt. Gleichgültig ist, ob die Bestimmungen einen äußerlich gesonderten Bestandteil des Vertrags bilden oder in die Vertragsurkunde selbst aufgenommen werden, welchen Umfang sie haben, in welcher Schriftart sie verfasst sind und welche Form der Vertrag hat. Allgemeine Geschäftsbedingungen liegen nicht vor, soweit die Vertragsbedingungen zwischen den Vertragsparteien im Einzelnen ausgehandelt sind.
(2) Allgemeine Geschäftsbedingungen werden nur dann Bestandteil eines Vertrags, wenn der Verwender bei Vertragsschluss
1. die andere Vertragspartei ausdrücklich oder [...] durch deutlich sichtbaren Aushang am Orte des Vertragsschlusses auf sie hinweist und
2. der anderen Vertragspartei die Möglichkeit verschafft, in zumutbarer Weise [...] vom Inhalt Kenntnis zu nehmen.
[...]

4.3 Vertragsfreiheit und Allgemeine Geschäftsbedingungen

Die Vertragsfreiheit ermöglicht es den Geschäftspartnern, bei Vertragsschluss ergänzende bzw. von der Norm abweichende Regelungen zu treffen.

Um den Geschäftsverkehr zu beschleunigen, zu vereinfachen und ständige Wiederholungen zu vermeiden, haben die Unternehmen häufig sogenannte „**Allgemeine Geschäftsbedingungen**" (AGB) entwickelt. Darunter sind alle für eine Vielzahl von Verbrauchern vorformulierte Vertragsbedingungen aufgeführt, die eine Vertragspartei (meist der Unternehmer) der anderen Vertragspartei (meist dem Verbraucher) beim Abschluss eines Vertrages stellt. Die darin formulierten Bedingungen wirkten sich häufig ungünstig für den unerfahrenen Verbraucher aus.

So entwickelte der Gesetzgeber zum 1.4.1977 ein eigenes „AGB-Gesetz", das zum 31.12.2001 außer Kraft trat. Mit der Schuldrechtsmodernisierung wurden zum 1.1.2002 die meisten Vorschriften des „AGB-Gesetzes" mit anderen Verbraucherschutzbestimmungen fast inhaltsgleich ins BGB (§§ 305–310) integriert. Die deutschen Regelungen zu den AGB wurden auch weitgehend in das europäische Gemeinschaftsrecht übernommen. Man kann demnach als Verbraucher in allen EU-Ländern damit rechnen, dass für Unternehmer als Verwender von AGB im Grunde ähnliche Beschränkungen bestehen wie in Deutschland.
Die Regelungen zu den AGB im BGB stärken das Recht der Verbraucher und schützen ihn vor unbilligen Beschneidungen seiner Rechte, wie z. B. der Gewährleistungsrechte, Gerichtszuständigkeiten, abgeänderte Risikoverteilungen usw.

Individuell ausgehandelte Vereinbarungen sind keine „Allgemeinen Geschäftsbedingungen". Darüber hinaus haben sie – bei Existenz von AGB – Vorrang vor diesen (§ 305 b BGB).

Der Gesetzgeber schützt in den §§ 305 bis 310 BGB den Verbraucher vor Übervorteilung durch AGB.

Damit AGB überhaupt wirksamer Vertragsbestandteil werden, müssen folgende Bedingungen (§ 305 II BGB) erfüllt sein:
- Der Vertragspartner muss **ausdrücklich** auf das Vorhandensein von AGB **hingewiesen** werden, oder diese müssen deutlich sichtbar am Ort des Vertragsabschlusses aushängen.
- Der Vertragspartner muss in für ihn zumutbarer Weise die Möglichkeit haben, vom Inhalt der AGB **Kenntnis** zu nehmen.
- Der Vertragspartner muss sich mit der Geltung der AGB **einverstanden** erklären.

Nach § 306 (1) BGB bleibt der zugrunde liegende Vertrag weiterhin wirksam, auch wenn AGB zum Teil oder insgesamt nicht Vertragsbestandteil geworden oder unwirksam sind.

Überraschende Klauseln in den AGB sind nach § 305 c BGB ungültig. Eine solche überraschende Klausel würde z. B. dann vorliegen, wenn man sich laut akzeptierter AGB beim Kauf einer Kaffeemaschine dazu verpflichtet hätte, monatlich eine Packung Filterpapier abzunehmen.

Insbesondere die §§ 308 und 309 BGB enthalten eine Vielfalt von problematischen AGB-Inhalten:

- § 308 BGB enthält Vorschriften mit Wertungsmöglichkeit. In diesen Fällen hat das Gericht zu entscheiden, ob die AGB-Klauseln wirksam oder unwirksam sind.

- § 309 BGB enthält Vorschriften ohne Wertungsmöglichkeit. Diese Klauseln sind automatisch unwirksam.
  Die AGB dürfen nach § 309 Nr. 8 keine Veränderungen der gesetzlich garantierten Ansprüche zu Ungunsten der Kunden beim Kauf neuer Ware beinhalten.

Vorteile und Probleme von AGB

Vorteile	Probleme
Zeit- und Kostenersparnis, da die Vertragsinhalte bereits vorformuliert sind. Mehr Markttransparenz für Verbraucher und Unternehmer. Anwendung vereinheitlichter, auf die jeweilige Sparte und seine Bedürfnisse bezogener AGB, dadurch Begrenzung des unternehmerischen Risikos.	Kundeninteressen werden nicht angemessen berücksichtigt. Mangelndes Verständnis der AGB-Formulierungen bei Kunden, da meist eine juristische Vorbildung fehlt. Gefahr des Machtmissbrauchs durch den Verwender und Übervorteilung des Kunden insbesondere bei monopolähnlichen Marktpositionen (beispielsweise bei Lieferungs- und Zahlungskonditionen).

Es empfiehlt sich für den Verwender der AGB, diese übersichtlich und für den „Durchschnittskunden" klar und verständlich zu formulieren. Zweifel bei der Auslegung von „Allgemeinen Geschäftsbedingungen" gehen zu Lasten des Verwenders, was auch gerecht erscheint, da er diese Geschäftsbedingungen vorgegeben hat.

§ 305 b BGB Vorrang der Individualabrede
Individuelle Vertragsabreden haben Vorrang vor Allgemeinen Geschäftsbedingungen.

§ 305 c BGB Überraschende und mehrdeutige Klauseln
(1) Bestimmungen in Allgemeinen Geschäftsbedingungen, die nach den Umständen, insbesondere nach dem äußeren Erscheinungsbild des Vertrags, so ungewöhnlich sind, dass der Vertragspartner des Verwenders mit ihnen nicht zu rechnen braucht, werden nicht Vertragsbestandteil.
(2) Zweifel bei der Auslegung Allgemeiner Geschäftsbedingungen gehen zu Lasten des Verwenders.

Spezielle AGB:
Eine Reihe von Branchen haben einheitliche AGB. Diese werden häufig von Verbänden entwickelt und von den Mitgliedern verwendet. Sie werden auch nicht immer als AGB bezeichnet. Beispiele:
- Allgemeine Bausparbedingungen;
- Allgemeine Reisebedingungen;
- Allgemeine Versicherungsbedingungen;
- Allgemeine Vertragsbedingungen für die Ausführung von Bauleistungen (VOB)

4.4 Verbraucherrecht

Wird die bestellte Couch nicht geliefert, funktioniert der neue MP3-Player nicht oder sind die neuen Gummistiefel nicht wasserdicht, muss das der Käufer so nicht hinnehmen. Jeder Vertrag zieht für beide Vertragspartner Rechte und Pflichten nach sich.

Doch nicht jeder kennt seine Rechte, und darüber hinaus versuchen Unternehmer manchmal, ihr Risiko durch Vertragsklauseln zu verringern.

Der Gesetzgeber hat in den vergangenen Jahren versucht, solchen Bestrebungen entgegenzuwirken. Artikel 114 des Vertrages über die Arbeitsweise der EU (REUV) gibt vor, dass in der Europäischen Union einheitliche Regelungen im Bereich des Verbraucherschutzes geschaffen werden. Dabei ist von einem hohen Schutzniveau auszugehen. Mit der Schuldrechtsreform im Jahr 2002 hat die Bundesrepublik Deutschland die Position des Verbrauchers gestärkt.

Verbraucherrecht betrifft jedoch nicht nur Pflichtverletzungen bei Kauf- oder Werkverträgen. Es gibt eine Menge Verbraucherfragen, die keine gesetzliche Regelung im BGB finden.

Immer wieder werden Bürger Opfer einer Telefonwerbung. Die Lotteriegesellschaft ruft völlig unerwartet an und lockt mit einer 100 % Gewinn-Quote! Die Telefongesellschaft verspricht künftig kostenloses Telefonieren. Eine Gewinnbenachrichtigung über einen Sachgewinn von bis zu 3.000,00 Euro wird im Internet versprochen. Solche „Cold Calls“ oder „Kaltaquisen“ sind ohne vorherige Einwilligung des Verbrauchers verboten.

Hauptsächlich sind es Telekommunikationsfirmen, Zeitschriften- oder Lotterieanbieter, die Telefonwerbung betreiben. Da besonders in diesen Wirtschaftszweigen ein harter Wettbewerb herrscht, „buhlen“ Unternehmen aus diesen Bereichen sehr intensiv um jeden Kunden.

Telefonwerbung kann den Verbraucher regelrecht überrumpeln. Oft bleibt kaum Zeit für Überlegungen, ob das fernmündliche Angebot sinnvoll bzw. der zu zahlende Preis angemessen ist. Deshalb sind Werbeanrufe nur mit ausdrücklicher Einwilligung des Verbrauchers zulässig, die bereits vor dem Anruf vorliegen muss und nicht erst während des Gesprächs eingeholt werden darf. Allerdings geben Verbraucher häufig unwissentlich, z. B. im Internet oder bei einem Preisausschreiben, eine solche Einwilligung ab, die sie jedoch jederzeit widerrufen können. Gegen die Anrufe selbst kann man sich zunächst aber kaum wehren.

Verbraucherschützer empfehlen, sich Namen, Firma und Grund des Anrufes nennen zu lassen und diese Daten an die zuständige Verbraucherzentrale weiterzuleiten. Ferner sollte man den Werbenden darauf hinweisen, dass weitere Anrufe unerwünscht sind und Löschung der Daten verlangen.

Gelegentlich werden bei Werbeanrufen – obwohl nicht mehr zulässig – die Rufnummern nicht angezeigt. In solchen Fällen kann man als Telefonkunde bei seinem Anbieter beantragen, die Anrufe mit unterdrückter Nummer nicht mehr durchstellen zu lassen.

i

UWG = Gesetz gegen den unlauteren Wettbewerb

Eine ständige Weiterentwicklung und Anpassung der Gesetze ist notwendig, hier z. B. in Form von § 7 UWG, um den Verbraucher vor „schwarzen Schafen“ auf der Unternehmerseite zu schützen. Verbraucherbildung und Verbraucherinformation alleine reichen leider nicht aus.

Verbraucherrecht im Überblick

Unter **Verbraucherschutz** versteht man die Summe von Maßnahmen, welche die natürlichen Personen als Nachfrager nach Sachgütern und Dienstleistungen schützen. Dadurch soll ein Ungleichgewicht ausgeglichen werden, das sich daraus ergibt, dass die Verbraucher aufgrund mangelnder Erfahrung und Fachkenntnis den Unternehmen unterlegen sind.

In Deutschland existiert kein einheitliches „Verbraucherschutzgesetz“, das alle Gesetze zum Verbraucherschutz zusammenfasst. Deshalb sind seine Rechte wenig transparent. Ferner fehlt eine zentrale Behörde, welche die Einhaltung der Verbraucherschutzbestimmungen überwacht. Zum Teil werden Verbraucherschutzbestimmungen, bewusst oder unbewusst, von Unternehmen ignoriert, wie zum Beispiel beim **Datenschutz**.

In den letzten Jahren mussten darüber hinaus sehr viele Vorgaben der Europäischen Union in das deutsche Verbraucherrecht eingebaut werden, was dieses einerseits noch unübersichtlicher machte, andererseits jedoch sehr große Fortschritte brachte, wie z. B. die Verlängerung der Gewährleistungsfristen von sechs Monaten auf zwei Jahre. Leider gibt es immer noch einige Lücken im Verbraucherschutz, die jedoch nach und nach geschlossen werden sollen.

Bahnkunden müssen immer wieder lange Wartezeiten und Verspätungen in Kauf nehmen, bedingt durch Streiks oder das Wetter. Lange Zeit war man in solchen Fällen auf die Kulanz der Verkehrsbetriebe angewiesen, seit dem 29. Juli 2009 gibt es eine gesetzliche Regelung. Danach werden für eine Verspätung von 60 Minuten 25 % des Ticketpreises, bei mehr als 120 Minuten sogar 50 % erstattet. Ein etwaiger ICE-Zuschlag wird bereits ab 30 Minuten Verspätung ausbezahlt.
Entscheidend für den Anspruch des Reisenden ist dabei immer die verspätete Ankunft am Zielbahnhof. Bei einer erwarteten Verspätung von mindestens 60 Minuten kann der Bahnkunde alternativ zurücktreten und die Erstattung des vollen Fahrpreises verlangen.
Im Nahverkehr gelten andere Regelungen, auch deshalb, weil hier auch andere Nahverkehrs-Unternehmen als Anbieter auftreten.

Der Verbraucherschutz in der Bundesrepublik Deutschland umfasst jedoch mehr als nur als Verbraucherverbände und die Stiftung Warentest. Der Verbraucherschutz ist als Rechtsgebiet nicht eindeutig abgrenzbar. Er findet seinen Niederschlag sowohl im Privatrecht als auch im öffentlichen Recht. Teilweise verfolgen die dort niedergeschriebenen Normen darüber hinaus noch andere Zielsetzungen. So kann z. B. eine Vorschrift zum Umgang mit Chemikalien einerseits dem Arbeitsschutz, andererseits dem Umweltschutz und unter Umständen eben auch dem Verbraucherschutz dienen.

!

1. Recherchieren Sie im Internet, wo sich die Ihrem Wohnort nächstgelegene Beratungsstelle der Verbraucherzentrale befindet.

Unlautere Geschäftspraktiken:

Dach- oder Fassadenhaie:

„Fassandenrenovierung gefällig? Superpreise und beste Qualität!“

„Dach- oder Fassadenhaie" bieten an der Haustüre pauschal Dachumdeckungen oder Sanierungen zu verlockenden Preisen an, die dann häufig laienhaft ausgeführt werden. Für Gewährleistungsansprüche sind die Betriebe dann mangels eines festen Geschäftssitzes nicht mehr greifbar.

Mondpreise:
Unter Mondpreisen versteht man eine äußerst trickreiche Art der Preispolitik. Zunächst setzt man für kurze Zeit einen besonders hohen Preis für das entsprechende Produkt an, um diesen dann schnell wieder zu reduzieren, nicht jedoch ohne die Preissenkung vorher aufwändig publik gemacht zu haben.

Einige wichtige Normen zum Verbraucherschutz im Überblick
Im Privatrecht finden sich insbesondere Vorschriften
- zu den Allgemeinen Geschäftsbedingungen (§§ 305–310 BGB),
- zu außerhalb von Geschäftsräumen geschlossenen Verträgen (§ 312 b BGB),
- zu Fernabsatzverträgen (§ 312 c BGB),
- zu Verträgen im elektronischen Geschäftsverkehr (§§ 312 i–j BGB),
- zum Verbrauchsgüterkauf (§§ 474–479).

All diese Vorschriften dienen direkt oder zumindest indirekt dem Schutz des Verbrauchers.

Im **öffentlichen Recht** können u. a. folgende Gesetzeswerke zum Verbraucherschutz gerechnet werden:
- Lebensmittel- und Futtermittelgesetz (LFGB),
- Kosmetikverordnung (KosmetikV),
- Arzneimittelgesetz (AMG),
- Insolvenzordnung (InsO).

Die Vorschriften des öffentlichen Rechts sind über eine Vielzahl einzelner Gesetzeswerke verteilt. Etliche von ihnen dienen dem Schutz der Gesundheit der Verbraucher. Durch sie werden die Produzenten und die Verteiler dieser Waren verpflichtet, Mindeststandards bei der Herstellung einzuhalten, was die Zugabe von eventuell schädigenden Stoffen, die Anwendung bestimmter Herstellungsverfahren oder die Verwendung von Verpackungsmaterial betrifft.

Die **Anforderungen** an einen modernen Verbraucherschutz nehmen ebenso kontinuierlich zu wie die Geschwindigkeit, mit welcher Neuerungen bei Produkten und Dienstleistungen die Rechtssprechung vor neue Herausforderungen stellt. Es erscheint erforderlich, dass die Rechtssprechung sich ständig weiterentwickelt, um mit dem Tempo der technischen Entwicklung mithalten zu können. Immer häufiger fordern in den letzten Jahren auch unseriöse Geschäftspraktiken den Verbraucherschutz heraus.

Die **Probleme** des Verbraucherschutzes liegen insbesondere darin, dass es nicht immer einfach ist, die Regelungen auch juristisch durchzusetzen. Die Gründe dafür liegen einerseits darin, dass häufig keine Interessenvertretung besteht, die Sammelklagen erhebt bzw. kostenlose Beratung gewährt. So bleiben viele Verstöße gegen das Verbraucherrecht ungeahndet.

Am 22.11.2011 wurde eine EU-Richtlinie über die Rechte der Verbraucher verkündet. Die EU-Mitgliedstaaten hatten bis 13.12.2013 Zeit, die Verbraucherrechterichtlinie in innerstaatliches Recht umzusetzen. In der Bundesrepublik Deutschland erfolgte dies mit der Verabschiedung des „Gesetzes zur Umsetzung der Verbraucherrechterichtlinie und zur Änderung des Gesetzes zur Regelung der Wohnungsvermittlung“ am 14.06.2013. Die neuen Vorschriften traten am 13.06.2014 in Kraft.

Dazu mussten zahlreiche Paragraphen des BGB geändert bzw. neu gefasst werden. Auch die Artikel 246 und 247 des Einführungsgesetzes zum Bürgerlichen Gesetzbuch (EGBGB) wurden umstrukturiert und neu gestaltet.

4.5 Sonderregelungen beim Verbrauchsgüterkauf

Ein **Verbrauchsgüterkauf** ist ein Vertrag, bei dem ein Verbraucher eine bewegliche Sache von einem Unternehmer kauft. Ein Verbrauchsgüterkauf liegt ebenfalls vor, wenn der Vertrag neben dem Verkauf der beweglichen Sache auch die Erbringung einer Dienstleistung durch den Unternehmer zum Gegenstand hat. Dies wäre z. B. der Fall, wenn ein Händler, bei dem ein Kunde Rauchmelder kauft, diese auch installiert. Die Kombination von Kauf- und Dienstleistungsvertrag stellt somit insgesamt einen Verbrauchsgüterkauf dar und unterliegt damit dem Kaufrecht.

Nach § 13 BGB ist ein **Verbraucher** jede natürliche Person, die ein Rechtsgeschäft zu Zwecken abschließt, die **überwiegend** weder ihrer gewerblichen noch ihrer selbstständigen beruflichen Tätigkeit zugerechnet werden können. Juristische Personen(z. B. Kapitalgesellschaften) können demnach keine Verbraucher sein.

Unternehmer ist nach § 14 BGB eine natürliche oder juristische Person oder eine rechtsfähige Personengesellschaft, die bei Abschluss eines Rechtsgeschäfts in Ausübung ihrer gewerblichen oder selbstständigen beruflichen Tätigkeit handelt.

Eine selbstständige Fußpflegerin erwirbt einen Pkw, den sie sowohl privat als auch beruflich, z. B. für Hausbesuche und Einkäufe für ihre Praxis nutzen möchte. Nutzt sie das Auto überwiegend für private Fahrten, gelten für sie die Verbraucherschutzrechte nach § 13 BGB. Überwiegt die berufliche Nutzung des Pkw gilt die Fußpflegerin als Unternehmerin im Sinne des § 14 BGB. Letzteres gilt auch für Fall, dass sie den Wagen an einen Verbraucher verkauft.

Die Vorschriften der §§ 474 bis 479 BGB gelten beim Verbrauchsgüterkauf grundsätzlich zwingend. Die Vertragsparteien dürfen von den Vorschriften nicht zum Nachteil des Verbrauchers abweichen, weder durch Allgemeine Geschäftsbedingungen noch durch Individualabreden.

Ausgenommen von den Vorschriften der §§ 474 bis 479 BGB sind lediglich gebrauchte Sachen, die in einer öffentlich zugänglichen Versteigerung verkauft werden, an welcher der Verbraucher persönlich teilnehmen kann (§ 474 (2) BGB).

In § 474 (3) BGB wird der Leistungszeitpunkt bei Verbraucherverträgen neu geregelt. Wenn kein bestimmter Zeitpunkt für die Leistung vereinbart wurde oder sonst erkennbar ist, kann die Leistung durch den Verbraucher nur unverzüglich verlangt werden. Dies zieht eine Leistungspflicht des Unternehmers innerhalb von 30 Tagen nach sich. Natürlich können beide Parteien ihren Verpflichtungen auch sofort nachkommen. „Unverzüglich" heißt „ohne schuldhaftes Zögern", duldet also im Gegensatz zu „sofort" kleine Verzögerungen, wenn sie unverschuldet sind.

§ 474 BGB Begriff des Verbrauchsgüterkaufs; anwendbare Vorschriften
(1) Verbrauchsgüterkäufe sind Verträge, durch die ein Verbraucher von einem Unternehmer eine bewegliche Sache kauft. Um einen Verbrauchsgüterkauf handelt es sich auch bei einem Vertrag, der neben dem Verkauf einer beweglichen Sache die Erbringung einer Dienstleistung durch den Unternehmer zum Gegenstand hat.
(2) Für den Verbrauchsgüterkauf gelten ergänzend die folgenden Vorschriften dieses Untertitels. Dies gilt nicht für gebrauchte Sachen, die in einer öffentlich zugänglichen Versteigerung verkauft werden, an der der Verbraucher persönlich teilnehmen kann.
(3) Ist eine Zeit für die nach § 433 zu erbringenden Leistungen weder bestimmt noch aus den Umständen zu entnehmen, so kann der Gläubiger diese Leistungen abweichend von § 271 Absatz 1 nur unverzüglich verlangen. Der Unternehmer muss die Sache in diesem Fall spätestens 30 Tage nach Vertragsschluss übergeben. Die Vertragsparteien können die Leistungen sofort bewirken.

§ 474 BGB Begriff des Verbrauchsgüterkaufs; anwendbare Vorschriften
(4) § 447 Absatz 1 gilt mit der Maßgabe, dass die Gefahr des zufälligen Untergangs und der zufälligen Verschlechterung nur dann auf den Käufer übergeht, wenn der Käufer den Spediteur, den Frachtführer oder die sonst zur Ausführung der Versendung bestimmte Person oder Anstalt mit der Ausführung beauftragt hat und der Unternehmer dem Käufer diese Person oder Anstalt nicht zuvor benannt hat.
(5) Auf die in diesem Untertitel geregelten Kaufverträge ist § 439 Absatz 4 mit der Maßgabe anzuwenden, dass Nutzungen nicht herauszugeben oder durch ihren Wert zu ersetzen sind. Die §§ 445 und 447 Absatz 2 sind nicht anzuwenden.

§ 475 BGB Abweichende Vereinbarungen
(1) Auf eine vor Mitteilung eines Mangels an den Unternehmer getroffene Vereinbarung, die zum Nachteil des Verbrauchers von den §§ 433 bis 435, 437, 439 bis 443 sowie von den Vorschriften dieses Untertitels abweicht, kann der Unternehmer sich nicht berufen. Die in Satz 1 bezeichneten Vorschriften finden auch Anwendung, wenn sie durch anderweitige Gestaltungen umgangen werden.
[...]

§ 476 BGB Beweislastumkehr
Zeigt sich innerhalb von sechs Monaten seit Gefahrübergang ein Sachmangel, so wird vermutet, dass die Sache bereits bei Gefahrübergang mangelhaft war, es sei denn, diese Vermutung ist mit der Art der Sache oder des Mangels unvereinbar.

Die Sonderregelung des § 474 (1) BGB gilt für den **Versendungskauf**. Versendet der Verkäufer auf Verlangen des Käufers die Kaufsache an einen anderen Ort als den Erfüllungsort, so geht die Gefahr des zufälligen Untergangs sowie der zufälligen Verschlechterung auf den Käufer über, sobald der Verkäufer die Sache dem Spediteur bzw. Überbringer übergeben hat. Für den Verbrauchsgülterkauf gilt ergänzend § 474 (4) BGB. So gilt § 447 (1) BGB mit der Maßgabe, dass die Gefahr des zufälligen Untergangs bzw. der zufälligen Verschlechterung nur dann auf den Käufer übergeht, wenn die mit der Versendung bestimmte Person bzw. Anstalt nicht vorher vom Verkäufer benannt wurde. Es muss also eine vollkommen eigenständige Auswahl des „Spediteurs" durch den Käufer vorliegen.

Wird in Folge eines Sachmangels bei einem Kaufvertrag nacherfüllt (§ 439 BGB), so kann der Verkäufer zwar die Rückgabe der mangelhaften Sache verlangen, nicht jedoch die Herausgabe der gezogenen Nutzungen oder einen entsprechenden Wertersatz dafür (§ 474 (5) BGB).

Nach § 475 BGB darf ein Unternehmer weder von der gesetzlich vorgeschriebenen Haftung für Sachmängel abweichen (kein Ausschluss von Gewährleistungsrechten) noch darf er die gesetzliche Gewährleistungsfrist von zwei Jahren verkürzen. Lediglich beim Verkauf gebrauchter Sachen ist eine Herabsetzung dieser Frist auf ein Jahr möglich.
Macht ein Käufer einer Sache Ansprüche aus einem Sachmangel geltend, so muss er beweisen, dass dieser Mangel schon bei Gefahrübergang (§ 363 BGB) vorhanden war. Aber es gilt beim Verbrauchsgüterkauf nach § 476 BGB eine **Beweislastumkehr**. Dieser Nachweis wird in vielen Fällen nicht einfach sein.

Beim Verbrauchsgüterkauf vermutet das Gesetz, wenn dieser Mangel innerhalb der ersten sechs Monate auftritt, dass dieser Mangel schon von Anfang an vorhanden war. Der Verkäufer muss somit das Gegenteil beweisen, nämlich, dass diese Sache schon bei der Ablieferung mangelfrei war. Dies nachzuweisen wird in der Regel nicht gelingen. Durch die Beweislastumkehr, die einer Garantie nahekommt, wird der Verbraucher rechtlich sehr gut gestellt.
Die Beweislastumkehr greift jedoch nicht, wenn sie mit der Art der Sache oder des Mangels nicht vereinbar ist.

Verbraucher Viktor kauft im Feinkostladen frisch geräucherte Makrele. Nach drei Monaten reklamiert er, dass der Fisch zwischenzeitlich verdorben ist, und verlangt, dass ihm eine neue geräucherte Makrele ausgehändigt wird.

Es ist in diesem Fall mit der Art der Sache nicht zu vereinbaren, dass die Makrele von Anfang an verdorben war, handelt es sich dabei doch um eine verderbliche Ware.

4.6 Verbraucherschutz bei besonderen Vertriebsformen

Es gilt der Grundsatz des deutschen Rechts: „pacta sunt servanda" (Verträge müssen gehalten werden). Nur wenn man bei Vertragsschluss ein Rückgabe- oder Rücktrittsrecht ausdrücklich vereinbart hat, kann man sich von den Vertragspflichten lösen. Von Gesetzes wegen kann man nur in bestimmten Ausnahmefällen von einem geschlossenen Vertrag loskommen.

Im Jahr 2002 wurden, bedingt durch die Entwicklung in der Technik und der Findung neuer Absatzwege, Gesetzestexte zu „besonderen Vertriebsformen" ins BGB aufgenommen. Die Weiterentwicklung durch die Verbraucherrechterichtlinie brachte 2014 weitere Veränderungen mit sich. Sie betreffen Verträge über den Kauf von Waren zwischen Unternehmern und Verbrauchern: Einkäufe in einem Ladengeschäft, Käufe im Versandhandel sowie außerhalb von Geschäftsräumen getätigten Käufe.
Nach § 312 (1) BGB sind die relevanten Vorschriften der Kapitel 1 und 2 nur auf Verbraucherverträge im Sinne des § 310 (3) BGB anzuwenden, die eine entgeltliche Leistung des Unternehmers zum Gegenstand haben. Einschränkungen dieses Grundsatzes sind in § 312 (2) BGB geregelt.

Ein neuer Begriff taucht seitdem im BGB auf, nämlich der des **„außerhalb von Geschäftsräumen geschlossenen Vertrages"** (AGV). Damit entfällt der bisherige Begriff des „Haustürgeschäfts".

Nach § 312 b (1) BGB gelten die Vorschriften zum AGV, wenn ein Vertrag
1. an einem Ort geschlossen wird, der kein Geschäftsraum des Unternehmers ist – selbst nach Vertragsanbahnung durch den Verbraucher, d.h. wenn er die andere Vertragspartei ins Haus bestellt hat (z.B. Hausbesuch eines Versicherungsvertreters),
2. im Geschäftsraum des Unternehmers geschlossen wird oder per Fernkommunikation zustande kommt, Verbraucher und Unternehmer aber vorher an einem Ort außerhalb persönlich und individuell miteinander gesprochen haben (Beratung im Hause eines Kunden z.B. durch einen Mitarbeiter einer Bank und Vertragsabschluss in der Bank),
3. auf Verkaufs- und Werbefahrten („Kaffeefahrten") geschlossen wird, wenn dieser Ausflug vom Unternehmer (mit-)organisiert wurde.

Ausnahmen von der Gültigkeit des besonderen Verbraucherschutzes bleiben Geschäfte bis zu einem Wert von 40 Euro, bei denen die Leistung sofort erbracht und bezahlt wird (§ 312 (2) Nr.12 BGB).

Fernabsatzverträge (§ 312 c BGB) sind Verträge, die ausschließlich über Fernkommunikationsmittel wie Kataloge, Telefon, E-Mails, SMS sowie Telemedien zustande kommen. Für diese Rechtsgeschäfte gelten grundsätzlich dieselben Vorschriften wie für die sogenannten „AGV" (mit Ausnahme der oben angeführten 40-Euro-Klausel).

Wichtig sind bei außerhalb von Geschäftsräumen geschlossenen Verträgen und Fernabsatzverträgen die Vorschriften zur vorvertraglichen Informationspflicht und zum Widerrufsrecht.
1. Die **vorvertragliche Informationspflicht** (§ 312 d BGB) verpflichten den Unternehmer, den Verbraucher, „bevor dieser ‚Ja' sagt", über alle wesentlichen Aspekte für eine fundierte Entscheidungsfindung zu informieren.

§ 312 b BGB Außerhalb von Geschäftsräumen geschlossene Verträge
(1) Außerhalb von Geschäftsräumen geschlossene Verträge sind Verträge,
1. die bei gleichzeitiger körperlicher Anwesenheit des Verbrauchers und des Unternehmers an einem Ort geschlossen werden, der kein Geschäftsraum des Unternehmers ist,
2. für die der Verbraucher unter den in Nummer 1 genannten Umständen ein Angebot abgegeben hat,
3. die in den Geschäftsräumen des Unternehmers oder durch Fernkommunikationsmittel geschlossen werden, bei denen der Verbraucher jedoch unmittelbar zuvor außerhalb der Geschäftsräume des Unternehmers bei gleichzeitiger körperlicher Anwesenheit des Verbrauchers und des Unternehmers persönlich und individuell angesprochen wurde, oder
4. die auf einem Ausflug geschlossen werden, der von dem Unternehmer oder mit seiner Hilfe organisiert wurde, um beim Verbraucher für den Verkauf von Waren oder die Erbringung von Dienstleistungen zu werben und mit ihm entsprechende Verträge abzuschließen.
Dem Unternehmer stehen Personen gleich, die in seinem Namen oder Auftrag handeln. (...)

!

1. Lesen Sie die §§ 312 b–e sowie § 312 g BGB.

Insbesondere gehören dazu:
- die wesentlichen Merkmale des Produktes,
- Identität, Anschrift und Telefonnummer des Unternehmers,
- Preis einschließlich aller Steuern und Abgaben,
- Liefer- und Zahlungstermine,
- alle zusätzlichen Kosten für Versand, Lieferung, Zustellung.

Die strengen Informationspflichten für Verbraucherverträge und das Widerrufsrecht gelten natürlich nur für entgeltliche Verträge (§ 312 (1) BGB). Daneben existiert eine ganze Reihe von Ausnahmen (§ 312 (2) bis (6) BGB). Dazu zählen u. a. Immobilienverträge, notariell beurkundete Verträge, Behandlungsverträge, Pauschalreiseverträge bei Abschluss über Fernabsatz, Wohnraummietverträge.

2. Dem Verbraucher steht ein **Widerrufsrecht** zu (§§ 312g i. V. mit § 355 BGB). Nach gegenwärtigem Stand der Rechtsprechung genügt zum Widerruf nicht die einfache Rücksendung der Ware, er muss ausdrücklich erklärt werden. Die Gerichte müssen entscheiden, ob die bloße Rücksendung der Ware nicht eine konkludente Erklärung darstellt, die zum Widerruf genügt. Widerruft ein Verbraucher den Vertrag, muss der Unternehmer den Kaufpreis zurückzahlen (§ 357 (1) BGB) und zwar binnen 14 Tagen, die ab Erklärung des Widerrufs zu laufen beginnen. Der Unternehmer muss grundsätzlich dazu das gleiche Zahlungsmittel wählen, das vorher der Verbraucher genutzt hat. Dies gilt nicht, wenn ausdrücklich etwas anderes vereinbart wurde und dem Verbraucher keine Kosten entstehen (§ 357 (3) BGB). Der Unternehmer kann jedoch die Rückzahlung solange verweigern, bis er die Ware zurückerhalten hat oder der Verbraucher nachweist, dass er die Ware abgesandt hat (§ 357 (4) BGB). Der Verbraucher seinerseits muss die Ware nach seinem Widerruf binnen 14 Tagen zurücksenden (§ 357 (1) BGB). Für die Rücksendung trägt grundsätzlich der Verbraucher die Kosten, vorausgesetzt der Unternehmer hat ihn darüber vorab informiert.
   Unterläuft dem Unternehmer bei der Belehrung über das Widerrufsrecht ein Fehler (§ 356 (3) BGB), so ist das Widerrufsrecht auf 12 Monate und 14 Tage nach Fristbeginn beschränkt, danach erlischt es.
   Ausnahmen vom Widerrufrecht finden sich in § 312 g (2) BGB.

3. Es existiert zwar ein gesetzliches „Muster-Widerrufs-Formular", über welches der Unternehmer den Verbraucher informieren muss. Dessen Nutzung ist jedoch für den Verbraucher optional. Nach § 355 (1) BGB muss die Erklärung des Widerrufs nicht mehr der Textform genügen, sondern kann in jeglicher Form, auch mündlich, erfolgen.

Durch die neuen Bestimmungen der VerbRRL wird der Verbraucherschutz in vielen Bereichen gestärkt, insbesondere auch bei Online-Auktionen. Daneben wird der Schutz vor aggressiven Verkaufsmethoden bei Rechtsgeschäften außerhalb von Geschäftsräumen erhöht.

Die Neuregelungen der VerbRRL bringen jedoch nicht nur Veränderungen für die Verbraucherverträge und besondere Betriebsformen. Ihr Anwendungsbereich erstreckt sich auch auf Teilzeit-Wohnrechtsverträge (§§ 481 ff. BGB), Verbraucherdarlehensverträge (§§ 491 ff. BGB) sowie Ratenlieferungsverträge (§§ 10 ff. BGB).

Schutz des Verbrauchers durch Verbraucherpolitik
Der einzelwirtschaftliche Ansatz der Verbraucherpolitik stellt die Interessen und Bedürfnisse des Einzelnen in den Vordergrund. Der Staat betrachtet es als seine Aufgabe, die Bürger zu mündigen Verbrauchern zu bilden. Darüber hinaus sieht er sich in der Pflicht, den Verbraucher über Verfehlungen von Anbietern zu informieren und ihn vor solchen Übergriffen zu schützen. Hierfür bedarf es demnach der Verbraucherbildung, der Verbraucherinformation und der Verbraucherrechte.

Verbraucherbildung

Alltagskompetenz und Verbraucherbildung in Schulen stärken
20.10.2008 – Verbraucherbildung muss in allen Schulen Pflichtunterricht werden. Das fordert der Verbraucherzentrale Bundesverband (vzbv) anlässlich des Bildungsgipfels am 22. Oktober. „Deutschland braucht nicht nur qualifizierte Arbeitskräfte, sondern auch kompetente Verbraucher", sagt Vorstand Gerd Billen. Die Finanzmarktkrise habe auf dramatische Weise offenbart, dass Verbraucherbildung als zentrales Thema auf der Agenda des Gipfels stehen müsse. Billen: „Niemand darf einen Abschluss machen, ohne das Ein-mal-eins des Konsumalltags gelernt zu haben." Die Schule müsse gebildete Verbraucher ins Leben entlassen und keine Konsumanalphabeten.
Quelle: Verbraucherzentrale, Bundesverband, Pressemitteilungen, www.vzbv.de/go/presse/1071 (16.06.2009)

Um Verbraucher zu kritischen Nachfragern zu erziehen, sollte schon in der Kindheit angesetzt werden. Verbraucherrechte sind nur dann wirksam, wenn sie wahrgenommen werden und sich der Konsument seiner Rolle bewusst ist. Im Kindes- bzw. Jugendlichenalter ist Verbraucherbildung in erster Linie Aufgabe des Elternhauses. Aber auch Schulen, z. T. auch Kindergärten, betreiben Verbraucherbildung. Die Gestaltung bzw. der Aufbau eines Supermarktes, Ziele und Methoden der Werbung, das Haushalten mit dem Taschengeld, das Handy als Schuldenfalle oder eine sinnvolle Freizeitgestaltung stehen auf dem Stundenplan.

Verbraucherbildung endet aber nicht mit dem Schulbesuch. Auch Erwachsene müssen ständig dazulernen. Allein z. B. die Fortschritte in der Technik erfordern eine ständige Anpassung sowie Fort- und Weiterbildung – eben auch im Bereich des Verbraucherschutzes.

Verbraucherinformation
„Der Kunde ist König – aber nur, wenn er seine Rechte kennt!"

Durch die sogenannte Verbraucherrechterichtlinie (VerbRRL) der EU vom 25.10.2011 wurde der Verbraucherschutz einen wesentlichen Schritt weitergebracht, insbesondere was die Angleichung der derzeitigen nationalen Rechtsvorschriften zum Verbraucherschutz innerhalb der Mitgliedstaaten betrifft.

1. Diskutieren Sie darüber, in welchen Fächern die Schule konkret einen Beitrag zur Verbraucherbildung leistet.
2. Erklären Sie den Begriff „Ein-mal-eins des Konsumalltags".
3. Informieren Sie sich auf den Internetseiten des vzbv über die aktuellen Verbraucherratschläge.

Urteil des BGH vom 12.7.2007 [I ZR 82/05]
BGH schränkt Schulwerbung ein
Musterklage der Verbraucherzentrale gegen einen Cornflakes-Hersteller in dritter Instanz erfolgreich.
Der Bundesgerichtshof hat eine im Jahr 2003 durchgeführte Werbeaktion eines Cornflakes-Herstellers als wettbewerbswidrig erachtet. Die Werbung sei geeignet, die geschäftliche Unerfahrenheit von Kindern und Jugendlichen auszunutzen. Die Firma hatte auf Verpackungen und im Internet mit einer Aussage geworben, nach der Schülerinnen und Schüler durch den Kauf von Produkten aus ihrem Sortiment Rabattpunkte sammeln sollten, die sie dann in einem Sammelheft gegen Sportmaterialien für ihre Schule eintauschen konnten.
Der Wettbewerbssenat untersagte die Aktion vor allem, weil dadurch eine Art Gruppenzwang zum Sammeln von Rabattpunkten ausgelöst worden sei.
Quelle: verändert nach www.kostenlose-urteile.de/newsview4572C.htm (25.03.2009)

Das deutsche Recht setzt beim Verbraucherschutz in erster Linie auf den **Marktmechanismus**. In einer Marktwirtschaft stehen sich auf dem Markt Unternehmen als Anbieter und Verbraucher als Nachfrager gegenüber. Die Vertragspartner sind an grundlegende Pflichten (z. B. Garantieverpflichtungen) gebunden, für deren Durchsetzung sie selbst sorgen können.

Da der Verbraucherschutz in Deutschland unübersichtlich geordnet ist, spielen die **Verbraucherzentralen** eine wichtige Rolle.
In manchen Fällen des Verbraucherschutzes sind sogar nur diese Verbraucherzentralen berechtigt, gerichtlich gegen Unternehmen vorzugehen, z. B. dann, wenn durch Werbung die Unwissenheit bzw. Unerfahrenheit von Kindern und Jugendlichen ausgenutzt wird.
Neben den Verbraucherzentralen (je Bundesland eine) sind weitere 22 Verbraucherorganisationen in einem Dachverband (Verbraucherzentrale Bundesverband) zusammengeschlossen.

Die Verbraucherzentralen mit ihren über 200 Beratungsstellen bieten Beratung, schriftlich, per Telefon oder per E-Mail, zu allen Bereichen des Verbraucherschutzes, insbesondere zu folgenden Schwerpunktbereichen:
Ernährung, Bauen und Baufinanzierung, Energiesparen, Altersvorsorge, Versicherungen, Telekommunikation sowie allgemeine Rechtsberatung (z. B. bezüglich Reklamationen zu Kaufverträgen).

Einige Beratungsstellen bieten auch weitere Angebote z. B. zu Schulden, Reisen oder Umwelt an.

Die Beratung ist im Allgemeinen kostenpflichtig, wobei sich die Kosten nach der Intensität, dem zeitlichen Umfang der Beratung, richten. Eine Übersicht zu den Gebühren ist ebenso im Internet abzurufen wie eine Übersicht über die Themen und die Öffnungszeiten der Beratungsstellen.
Weiterhin informieren die Verbraucherzentralen über ein umfangreiches Angebot an Broschüren zu verbraucherrelevanten Themen.

Eine wichtige Säule des Verbraucherschutzes ist die **Stiftung Warentest**, die 1964 auf Beschluss des Bundestages gegründet wurde, um in vergleichenden Tests von Waren und Dienstleistungen den Verbrauchern eine unabhängige, objektive Hilfestellung zu geben.

Über uns – Die Stiftung Warentest stellt sich vor
- Wir kaufen – anonym im Handel, nehmen Dienstleistungen verdeckt in Anspruch.
- Wir testen – mit wissenschaftlichen Methoden in unabhängigen Instituten nach unseren Vorgaben.
- Wir bewerten – von „sehr gut“ bis „mangelhaft“, ausschließlich auf Basis der objektivierten Untersuchungsergebnisse.
- Wir veröffentlichen – anzeigenfrei in unseren Zeitschriften „test“ und „Finanztest“ und im Internet unter „www.test.de“.

Quelle: www.test.de/unternehmen (03.10.2008)

Die Entwicklung des Verbraucherschutzes in Deutschland

Mit Beginn der Industrialisierung verschob sich das Gleichgewicht zwischen der Angebots- und der Nachfrageseite. Die Verbraucher sahen sich nicht mehr kleinen Handwerkern und Bauern als Anbieter gegenüber, sie hatten es nun mit immer größeren Unternehmen zu tun.

Die Industrie gab vielen Menschen Arbeit und Brot, jedoch geriet ein immer größerer Teil dieser Arbeiterschaft in existenzielle soziale Abhängigkeit von den Unternehmen. Die Massenproduktion ermöglichte eine erstmals ausreichende Versorgung der breiten Bevölkerung.

Im 19. Jahrhundert entstanden mit den **Konsumgenossenschaften** die ersten Verbraucherorganisationen im engeren Sinne. Diese griffen durch preiswerte Beschaffung von Gütern für ihre Mitglieder aktiv in das Marktgeschehen ein.

Als zweite tragende Säule des Verbraucherschutzes entstanden zu Beginn des 20. Jahrhunderts **Hausfrauenvereinigungen** (z. B. 1915 Deutscher Hausfrauen-Bund), die auch heute noch ihren Schwerpunkt in der Hausfrauenberatung sehen.

In den 1920er-Jahren gab es einen weiteren Aufschwung für den Verbraucherschutz durch die Gründung von **Wohnungsbaugesellschaften** und Mietervereinen. Die Arbeitnehmer machten sich im Bereich des Wohnens stark. Die sich daraus entwickelnde „Bauhaus-Kultur" bemühte sich auch darum, den einzelnen Verbrauchern Zugang zu funktionalen und ästhetischen Produkten zu erschwinglichen Preisen zu verschaffen. Diese Entwicklung wurde durch den Nationalsozialismus gestoppt.

Erst nach der Gründung der Bundesrepublik Deutschland rückte das Ziel, eine starke **Verbraucherorganisation** als Gegenpol zu den Interessenverbänden der Wirtschaft zu schaffen, wieder in den Vordergrund. In den 1950er-Jahren kam es dann zur Gründung der „Arbeitsgemeinschaft der Verbraucherverbände e.V." (AgV) und des „Deutschen Mieterbundes". Diese AgV führte dann 1961 die ersten Warentests (bei Waschmitteln) durch.

1964 beschloss die Bundesregierung die Schaffung einer Stiftung des privaten Rechts, der **Stiftung Warentest**.

In den 70er-Jahren reagierte man auf Missstände. Die Änderungen im Arzneimittelgesetz, die Zulassungsrichtlinien von Arzneimitteln betreffend, waren Reaktionen auf Missbildungen bei vielen Neugeborenen, die das Beruhigungsmittel Contergan hervorgerufen hatte. Es kam zu einem Erstarken des Verbraucherschutzes:

- Gründung eines Verbraucherbeirats im Bundeswirtschaftsministerium,
- Reformen bei einer Vielzahl von Gesetzen: z. B. Kartellgesetz, Abzahlungsgesetz, Lebensmittelrecht und eben Arzneimittelrecht.

Seit 1977 beschäftigt sich ein Fachausschuss im Europäischen Parlament mit dem Verbraucherschutz. Die Einheitliche Europäische Akte von 1987 betont, auf einen starken Schutz von Gesundheit, Sicherheit, Umwelt- und Verbraucherschutz im Binnenmarkt zu achten.

1992 wird im Vertrag von Maastricht die Verbraucherpolitik als eigenständige, vom Ziel der Erreichung des Binnenmarktes unabhängige Politik genannt.

Nach der Wiedervereinigung 1990 war eine Strukturreform der Verbraucherverbände nötig, die im Jahr 2000 mit der Gründung eines **Bundesverbands der Verbraucherzentralen** (vzbz) endet, fast auf den Tag genau mit dem größten Lebensmittelskandal in Deutschland, dem BSE-Skandal.

Am 16. Dezember 1964 übergab der damalige Bundeswirtschaftsminister Kurt Schmücker den Vorstandsmitgliedern der Stiftung Warentest eine Urkunde.

In einer sozialen Marktwirtschaft gilt das Prinzip der Konsumentensouveränität. Der Staat greift jedoch in das Wirtschaftsgeschehen ein, wenn das Wohl des Verbrauchers gefährdet ist.

Verbraucherschutz bedeutet neben Verbraucherbildung und Verbraucherinformation auch Verbraucherrecht.
Das deutsche Recht setzt zunächst grundsätzlich auf den Marktmechanismus. Der Verbraucher bedarf jedoch des Schutzes, da er den Unternehmen gegenüber häufig aufgrund mangelnder Fachkenntnis, nicht ausreichender Informationen bzw. Erfahrungen benachteiligt ist.
Der Verbraucherschutz ist in Deutschland unübersichtlich geordnet. Insbesondere bei der Verbraucherbildung und der Verbraucherinformation spielen die Stiftung Warentest und die Verbraucherzentralen eine wichtige Rolle.

Das Verbraucherrecht muss sich ständig weiterentwickeln, um mit dem Tempo der technischen Entwicklung mithalten zu können. Immer häufiger fordern in den letzten Jahren unseriöse Geschäftspraktiken den Verbraucherschutz heraus. Darüber hinaus ist es nicht immer einfach, die Regelungen zum Verbraucherschutz auch juristisch durchzusetzen.
Andererseits hält man dem Verbraucherschutz vor, dass er die Vertragsfreiheit einschränkt. So besteht für bestimmte Unternehmen, wie z. B. die gesetzlichen Krankenversicherungen, ein Kontrahierungszwang. Weiterhin schreibt der Gesetzgeber bei bestimmten Verträgen eine bestimmte Form vor, wie z. B. die notarielle Beurkundung bei der Veräußerung von Grundstücken. Auch bestimmte Vertragsinhalte sind unzulässig, wenn diese z. B. gegen die guten Sitten verstoßen.

Um den Geschäftsverkehr zu beschleunigen, zu vereinfachen und ständige Wiederholungen zu vermeiden, haben die Unternehmen häufig sogenannte „Allgemeine Geschäftsbedingungen" entwickelt. Die darin vorformulierten Bedingungen wirkten sich häufig zum Nachteil für den einzelnen Verbraucher aus. Deshalb griff der Gesetzgeber ein und schützt nun in den §§ 305 bis 310 BGB den Verbraucher vor solchen Übervorteilungen durch die Unternehmer.

Immer, wenn ein Verbraucher eine bewegliche Sache bei einem Unternehmer kauft, bzw. wenn der Vertrag neben dem Verkauf dieser Sache die Erbringung einer Dienstleistung durch den Unternehmer zum Gegenstand hat, liegt ein Verbrauchsgüterkauf vor. In diesen Fällen verdient der Verbraucher einen besonderen Schutz. So gilt in diesem Fall die sogenannte Beweislastumkehr, d. h., im Falle eines Sachmangels, der innerhalb der ersten sechs Monate auftritt, wird zugunsten des Verbrauchers vermutet, dass der Mangel schon zum Zeitpunkt der Übergabe vorhanden war, es sei denn, der Unternehmer kann das Gegenteil nachweisen.

Bei „Fernabsatzverträgen" und bei „außerhalb von Geschäftsräumen geschlossenen Verträgen" unterliegt der Verbraucher einem besonderen Schutz. Er soll vor übereilten Vertragsabschlüssen geschützt werden. Deshalb hat der Gesetzgeber dem Unternehmer eine Informationspflicht auferlegt und dem Verbraucher ein Widerrufrecht eingeräumt.

Wichtige Begriffe:
AGB (Allgemeine Geschäftsbedingungen)
Beweislastumkehr
dispositives Recht
Fernabsatzgeschäft
Konsumentensouveränität
Kontrahierungszwang
Marktmechanismus
Privatautonomie
Sittenwidrigkeit
soziale Marktwirtschaft
Unternehmer
Verbraucher
Verbraucherbildung
Verbraucherinformation
Verbraucherpolitik
Verbraucherrecht
Verbraucherschutz
Verbraucherzentralen
Verbrauchsgüterkauf
Versendungskauf
Vertragsfreiheit

1. Erläutern Sie die Aussage: „Verbraucherschutz besteht nicht nur aus Verbraucherschutzgesetzen."
2. Erläutern Sie anhand einer Kaufhandlung, dass es sich bei vielen Vorschriften des BGB um dispositives Recht handelt.
3. Erklären Sie, was man unter Vertragsfreiheit versteht.
4. Erläutern Sie jeweils anhand von Beispielen, inwieweit in Deutschland die Vertragsfreiheit eingeschränkt wird.
5. Aus welchen Gründen schreibt der Gesetzgeber bei der Veräußerung von Grundstücken notarielle Beurkundung vor?
6. Erklären Sie, was man unter AGB versteht und unter welchen Bedingungen sie in Kraft treten.
7. Schildern Sie die Vor- und Nachteile von AGB.
8. Erläutern Sie folgende Begriffe:
   a) „Beweislastumkehr",
   b) „Verbrauchsgüterkauf".
9. Sie bestellen per Telefon beim Pizzaservice „Pronto" eine Pizza. Als der Auslieferer an der Haustüre erscheint, erklären Sie ihm, dass Sie es sich anders überlegt hätten und Sie hiermit die Bestellung widerrufen würden. Beurteilen und begründen Sie die Sachlage.
10. Interpretieren Sie nachfolgende Karikatur, und diskutieren Sie ihre Kernaussage anhand der §§ 474 und 476 BGB.

§ 474 BGB Begriff des Verbrauchsgüterkaufs

(1) Verbrauchsgüterkäufe sind Verträge, durch die ein Verbraucher von einem Unternehmer eine bewegliche Sache kauft. Um einen Verbrauchsgüterkauf handelt es sich auch bei einem Vertrag, der neben dem Verkauf einer beweglichen Sache die Erbringung einer Dienstleistung durch den Unternehmer zum Gegenstand hat.
(2) Für den Verbrauchsgüterkauf gelten ergänzend die folgenden Vorschriften dieses Untertitels. Dies gilt nicht für gebrauchte Sachen, die in einer öffentlich zugänglichen Versteigerung verkauft werden, an der der Verbraucher persönlich teilnehmen kann.
(4) § 447 Absatz 1 gilt mit der Maßgabe, dass die Gefahr des zufälligen Untergangs und der zufälligen Verschlechterung nur dann auf den Käufer übergeht, wenn der Käufer den Spediteur, den Frachtführer oder die sonst zur Ausführung der Versendung bestimmte Person oder Anstalt mit der Ausführung beauftragt hat und der Unternehmer dem Käufer diese Person oder Anstalt nicht zuvor benannt hat.

§ 476 BGB Beweislastumkehr

Zeigt sich innerhalb von sechs Monaten seit Gefahrübergang ein Sachmangel, so wird vermutet, dass die Sache bereits bei Gefahrübergang mangelhaft war, es sei denn, diese Vermutung ist mit der Art der Sache oder des Mangels unvereinbar.

Anhang: Aufgaben zur Vorbereitung auf die Abiturprüfung

In der schriftlichen Abiturprüfung werden die Aufgaben im Fach Wirtschaft und Recht entsprechend den „Einheitlichen Prüfungsanforderungen in der Abiturprüfung" gestellt. Eine Abiturprüfung besteht aus einem umfangreichen **Materialteil** und einem davon getrennten **Aufgabenteil**. Material- und Aufgabenteil enthalten Angaben sowohl zum Fachbereich Wirtschaft wie zum Fachbereich Recht. Jeder Fachbereich stellt unterschiedliche inhaltliche Anforderungen.

Abitur – eine besondere Prüfungssituation

Anforderungen im Fachbereich Wirtschaft
Im Fachbereich Wirtschaft wird vor allem die Fähigkeit verlangt, einzel- und gesamtwirtschaftliche Ausgangslagen zu analysieren. Hierbei kann zur besseren Durchdringung ein modellgestütztes Vorgehen gefordert werden. Jede Ausgangslage enthält Probleme, die zu erkennen sind und aus denen mögliche Zielsetzungen resultieren. Die Zielerreichung verlangt wiederum den überlegten Einsatz unterschiedlicher wirtschaftspolitischer Maßnahmen. Anhand der wirtschaftlichen Fachterminologie werden die Ursachen, Konfliktsituationen, Interessenslagen und Werthaltungen ökonomischer Situationen reflektiert. Die Prüfungsaufgaben bestehen aus einem Materialteil, in dem Grafiken, Statistiken, Textauszüge, Karikaturen usw. präsentiert werden. Im Aufgabenteil finden sich Fragen, in denen der Prüfling seine Fähigkeit zur zielgerichteten Informationsauswertung und kritischen Ergebnisreflektion zeigen soll.

Anforderungen im Fachbereich Recht
Im Fachbereich Recht findet häufig die Methode der Subsumtion Anwendung, d.h., Sachverhalte werden anhand der entsprechenden Tatbestandmerkmale von Paragraphen analysiert bzw. eingeordnet und die entsprechende Rechtsfolge daraus gezogen. Darüber hinaus sind Textquellen, Abbildungen, Grafiken usw. unter Anwendung juristischer Arbeitstechniken sinnvoll auszuwerten und zum Teil mit unterschiedlichen Positionen und Werturteilen zu beleuchten. Die Prüfungsaufgaben bestehen im Materialteil aus Situationsbeschreibungen, Textauszügen, Grafiken und Tabellen. Der Aufgabenteil verlangt sehr oft die Analyse und Anwendung einschlägiger Normen.

In der konkreten Prüfungssituation werden dem Prüfling zwei Abituraufgaben vorgelegt, wobei er jedoch nur eine Aufgabe zu bearbeiten hat. Jede der beiden Aufgaben umfasst die Fachgebiete Wirtschaft und Recht, jedoch mit unterschiedlicher Schwerpunktsetzung. Die Aufgabe mit dem Schwerpunkt Wirtschaft enthält einen Anteil von ca. 2/3 Wirtschaft und ca. 1/3 Recht. Die Aufgabe mit dem Schwerpunkt Recht enthält einen Anteil von ca. 2/3 Recht und ca. 1/3 Wirtschaft.

Um bereits nach der Behandlung des Lehrplanabschnitts Wirtschaft bzw. Recht entsprechende Prüfungsaufgaben zu lösen, wurde von einer Vermischung wirtschaftlicher und rechtlicher Themen bei den folgenden Aufgaben Abstand genommen, ebenso wie von einer Bewertung der Aufgaben.

Materialsammlung Fachbereich Wirtschaft

M1

Bruttoinlandsprodukt

Quartalswerte – reale Veränderung gegenüber Vorjahr in Prozent

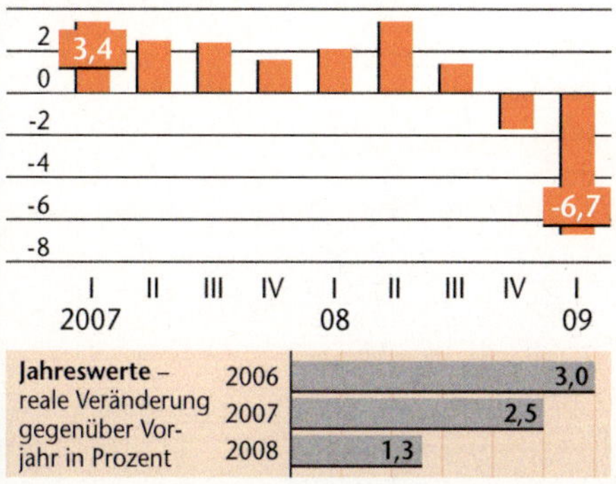

Verwendung des Inlandsprodukts	Reale Veränderung gegenüber Vorjahr in Prozent I. Quartal 2009
Inlandsnachfrage	-1,3
Privater Konsum	-0,1
Staatlicher Konsum	0,8
Ausrüstungsinvestitionen	-18,6
Bauinvestitionen	-7,8
Sonstige Anlagen	10,8
Ausfuhr	-17,2
Einfuhr	-7,0

Quelle: Statistisches Bundesamt

Institut der deutschen Wirtschaft Köln

M2

Industrieproduktion

Monatswerte
2005 = 100; saisonbereinigt

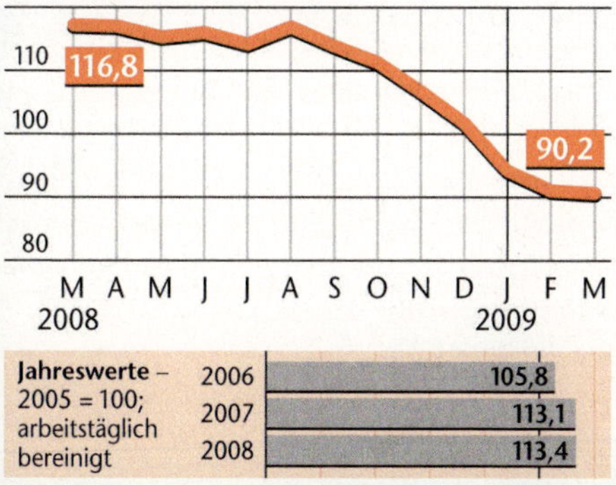

Produktion nach Wirtschaftsgruppen	Veränderung gegenüber Vorjahr in Prozent März 2009
Industrie	-22,8
– Vorleistungsgüter	-26,1
– Investitionsgüter	-24,8
– Gebrauchsgüter	-22,7
– Verbrauchsgüter	-7,1
Energie	-8,1
Bauhauptgewerbe	5,3
Produzierendes Gewerbe	-20,4
arbeitstäglich bereinigte Werte	

Industrie: Produzierendes Gewerbe ohne Energie und Bauleistungen
Quellen: Statistisches Bundesamt, Deutsche Bundesbank

Institut der deutschen Wirtschaft Köln

M3

Arbeitslosigkeit

Arbeitslose in Deutschland in 1.000

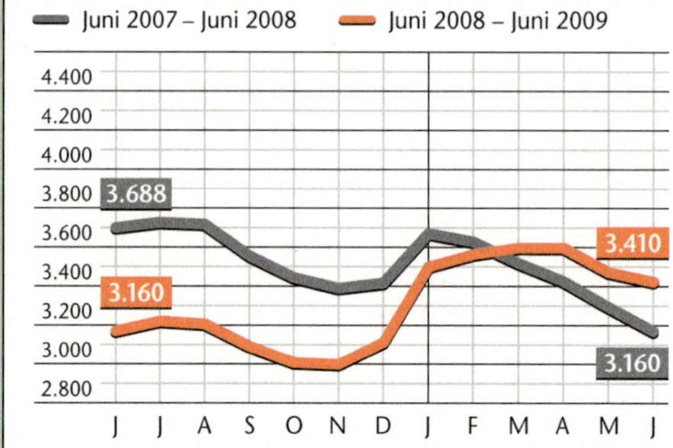

Quote		West	Ost
2008	J	6,2	12,7
	J	6,4	12,8
	A	6,3	12,8
	S	6,1	12,2
	O	6,0	11,8
	N	6,0	11,8
	D	6,2	12,2
2009	J	6,9	13,9
	F	7,0	14,1
	M	7,1	14,2
	A	7,2	13,9
	M	6,9	13,3
	J	6,9	12,9

Quelle: Bundesagentur für Arbeit

Institut der deutschen Wirtschaft Köln

M4

Die Entwicklung des Arbeits- und Ausbildungsmarktes im Juni 2009

Arbeitsmarktbericht: Frühjahrsbelebung reduziert weiter Arbeitslosigkeit – saisonbereinigt allerdings deutlicher Anstieg.

Die deutsche Wirtschaft befindet sich in der schwersten Rezession seit Bestehen der Bundesrepublik. Das reale Bruttoinlandsprodukt ist im ersten Quartal 2009 saison- und kalenderbereingt um 3,8 % geschrumpft, nach 2,2 % im vierten Quartal 2008. Für das gesamte Jahr 2009 wird nach jüngsten Prognosen ein Rückgang des Bruttoinlandsprodukts von 6 % erwartet. Die Rezession zeigt deutlich Spuren auf dem Arbeitsmarkt. So nahmen nach den vorliegenden saisonbereinigten Daten Erwerbstätigkeit und sozialversicherungspflichtige Beschäftigung ab und die Arbeitslosigkeit zu. Angesichts des massiven Einbruchs der Produktion sind die bisherigen Veränderungen aber noch vergleichsweise moderat, insbesondere die starke Inanspruchnahme von Kurzarbeit stabilisiert den Arbeitsmarkt.

Quelle: www.pub.arbeitsagentur.de/ht/services/statistik/interim/index/index.shmtl (13.07.2009)

M5

PROGNOSEN DER ARBEITSLOSENZAHLEN – VOLLBESCHÄFTIGUNG IST IN SICHT

M6

AHK-Blitzumfrage zu den außenwirtschaftlichen Auswirkungen der Finanzkrise

(DIHK) Der DIHK hat zum Jahresende eine Blitzumfrage unter den deutschen Auslandshandelskammern (AHK) zu den wirtschaftlichen Aussichten gemacht. Danach bleiben die deutschen Exporte im nächsten Jahr mit einem Minus von ungefähr 1% nur leicht unter dem Niveau von 2008. Die Exporte in die meisten Hauptpartner Deutschlands im EU-Raum stagnieren 2009; aus anderen wichtigen Absatzmärkten wie den USA, Japan oder Korea melden die AHKs sogar eine stark sinkende Nachfrage. Positive Impulse sind dagegen hauptsächlich von den Schwellenmärkten der BRIC-Staaten (Brasilien, Russland, Indien, China) und einigen mittel- und osteuropäischen Ländern zu erwarten. Diese können aber die Verluste für die deutschen Exporte nicht vollständig ausgleichen.

Quelle: www.nordschwarzwald.ihk24.de Dokument-Nr. 22032 (17.07.2009)

M7

Nach Einschätzung der Deutschen Bundesbank hat der wirtschaftliche Abschwung in Deutschland im Frühjahr stark an Dynamik verloren. Wie die Bundesbank schreibt, hat sich die rezessive Grundtendenz im zweiten Quartal „deutlich abgeschwächt". „Den vorliegenden Indikatoren zufolge dürfte die gesamtwirtschaftliche Erzeugung im Frühjahr saison- und kalenderbereinigt gegenüber dem Vorquartal nur noch leicht zurückgegangen sein", heißt es dazu.

In den beiden Vorquartalen war die deutsche Wirtschaft hingegen noch kräftig geschrumpft. So war das Bruttoinlandsprodukt (BIP) im vierten Quartal 2008 um 2,2 % auf Quartalssicht gesunken, im ersten Quartal 2009 war ein Rekordminus von 3,8 % verzeichnet worden.

Die Bundesbank verweist darauf, dass die außenwirtschaftlichen Bremseffekte spürbar nachgelassen hätten und der massive Vertrauensschock weltweit an Wirkung verliere. Zwar dürfte das deutsche Exportgeschäft im zweiten Quartal nochmals einen Dämpfer erhalten haben, „dennoch könnte der Außenhandel erstmals seit Zuspitzung der Finanzkrise rein rechnerisch einen positiven Beitrag zur gesamtwirtschaftlichen Entwicklung geleistet haben, da die Importe von Waren und Dienstleistungen diesmal noch stärker eingeschränkt wurden".

Nach Einschätzung vieler Beobachter scheint die deutsche Wirtschaft früher als erwartet aus ihrer schweren Rezession herauszukommen.

Für 2010 prognostiziert sie eine Stagnation des BIP.

M8

7. Mai 2009 EZB senkt Leitzins auf neues Rekordtief

Im Kampf gegen die Wirtschafts- und Finanzkrise hat die Europäische Zentralbank (EZB) die Zinsen für die Eurozone auf ein weiteres historisches Tief gesenkt. Die Währungshüter lockerten den Leitzins um 0,25 Prozentpunkte auf 1,0 Prozent, wie die EZB in Frankfurt am Main mitteilte. Der neue Schritt ist die siebte Zinssenkung seit Oktober. Finanzexperten hatten mit der Entscheidung gerechnet. Nach Einschätzung des Präsidenten der Europäischen Zentralbank (EZB), Jean-Claude Trichet, sind die Leitzinsen in der Eurozone „angemessen". „Das derzeitige Zinsniveau ist aber nicht unter allen Umständen das niedrigstmögliche Niveau", sagte Trichet in Frankfurt. Durch die niedrigen Zinsen will die EZB der kriselnden Wirtschaft neuen Schub geben. Ziel der Zinssenkung ist, dass sich Banken bei der Zentralbank günstiger mit Geld versorgen können und in Folge auch billigere Kredite an Unternehmen und Verbraucher vergeben. Geldanlageexperten zufolge sind die Kreditzinsen in den vergangenen Monaten aber trotz vorheriger Zinssenkungen und Maßnahmen kaum gesunken. Sparer hingegen erleben seit Oktober eine regelrechte Talfahrt der Zinsen etwa für Tages- oder Festgeld. Nach dem neuen Zinsschritt wird sich den Experten zufolge dieser Abwärtstrend auch weiter fortsetzen. [...]

Quelle: www.wirtschaft.t-online.de/c/18/66/34/66/18663466.html (21.07.2009)

M9

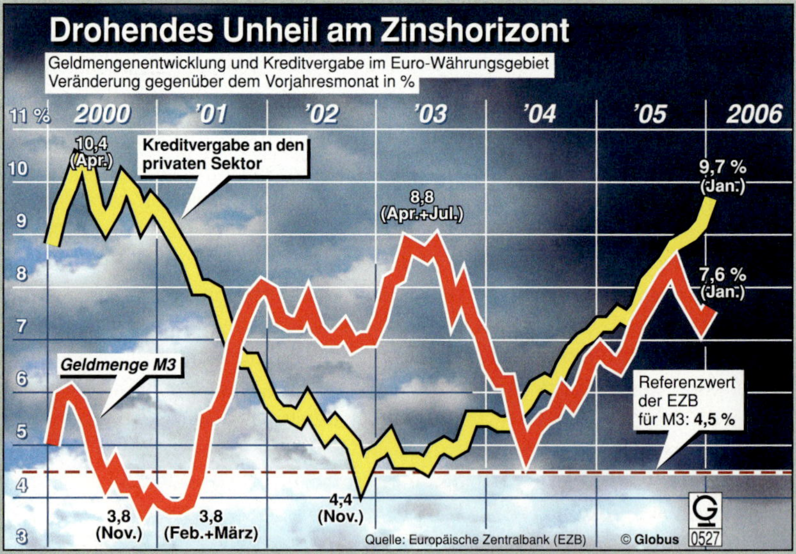

Musteraufgaben Fachbereich Wirtschaft

Für die Weltwirtschaft ist Mitte 2008 ein überaus dynamischer, lange anhaltender Konjunkturzyklus abrupt zu Ende gegangen, und es kam zu einer internationalen Finanzkrise mit der Gefahr einer Weltwirtschaftskrise.

1. Beschreiben Sie anhand wichtiger Konjunkturindikatoren die Finanzkrise 2008/2009.
2. Da die Bundesrepublik Deutschland sehr stark in das Geflecht der globalen Wirtschaftsbeziehungen eingebunden ist, hatte die Finanzkrise starke Auswirkungen auf die konjunkturelle Ausgangslage.

2.1 Analysieren Sie anhand der Materialien M1 bis M4 ausführlich die konjunkturelle Ausgangslage der Bundesrepublik Deutschland, und berücksichtigen Sie dabei die Entwicklung der Teilkomponenten der gesamtwirtschaftlichen Nachfrage.

2.2 Beurteilen Sie unter Zuhilfenahme von M3 und M4 die besondere Entwicklung am Arbeitsmarkt.

2.3 Interpretieren Sie unter dem Gesichtspunkt von wirtschaftspolitischen Zielsetzungen und Maßnahmen die Karikatur M5.

3. Ein Problem der Finanzkrise in der Bundesrepublik Deutschland ist die stark zunehmende Staatsverschuldung der Gebietskörperschaften, die sich im Laufe mehrerer Wellen angehäuft hat.

3.1 Erörtern Sie die unterschiedlichen Ursachen für die hohe Gesamtverschuldung in Deutschland.

3.2 Nehmen Sie ausführlich zu den kurzfristigen und langfristigen Auswirkungen einer hohen Staatsverschuldung Stellung.

4. Deutschland gehört neben China und den USA zu den großen Exportnationen, und seine Ausfuhren sichern langfristig viele Arbeitsplätze.

4.1 Beurteilen Sie die Bedeutung der außenwirtschaftlichen Beziehungen für die Bundesrepublik Deutschland.

4.2 Beschreiben Sie unter Zuhilfenahme von M6 die möglichen Auswirkungen der Finanzkrise auf die Realwirtschaft der Bundesrepublik.

5. In ihrem Monatsbericht von Juli 2009 wird die aktuelle wirtschaftliche Lage analysiert und eine Prognose abgegeben.

5.1 Werten Sie die Quelle M7 aus, und geben Sie an, welche wirtschaftliche Entwicklung beschrieben ist.

5.2 Erläutern Sie, welche Gründe die Kehrtwende der Wirtschaftslage eingeläutet haben.

6. Am 7. Mai 2009 senkte die EZB die Leitzinsen in einem weiteren Zinsschritt auf ein „historisches Tief" (M8).

6.1 Zeigen Sie, welche Zielsetzung die EZB mit der Zinssenkung verfolgt. Stellen Sie dabei auch die idealtypische Wirkung der betroffenen geldpolitischen Instrumente dar.

6.2 Nehmen Sie kritisch Stellung zu der zu erwartenden Wirksamkeit des Zinsschrittes.

7 Werten Sie die Grafik M9 „Drohendes Unheil am Zinshorizont" aus.

7.1 Beurteilen Sie die dargestellten Entwicklungen.

7.2 Erläutern Sie den Hintergrund des Titels der Grafik, und gleichen Sie dies mit der Entwicklung ab, die sich seit Herbst 2008 gezeigt hat.

Materialsammlung Fachbereich Recht

M1

M2

M3

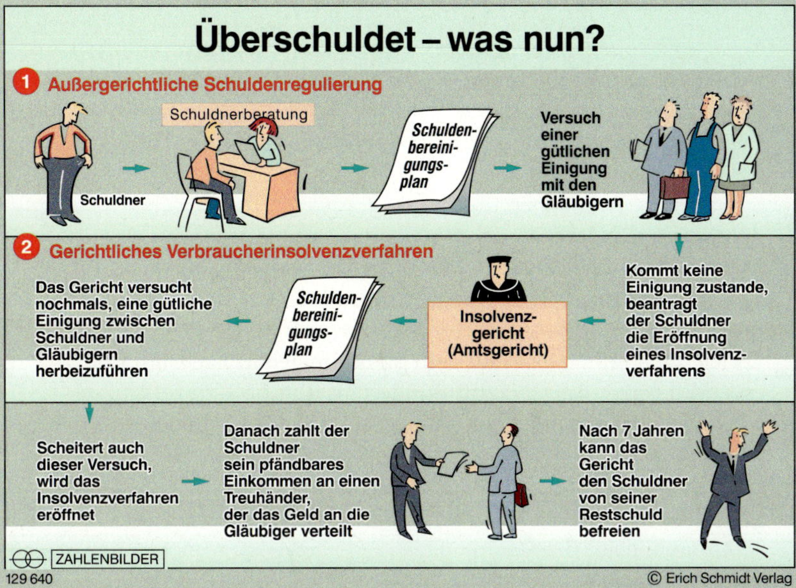

M4

Notebook 15 Zoll AMD Dual Prozessor 2.0; 3 GB Arbeitsspeicher, 250 GB Festplatte, Grafikkarte, WIN XP, 18 Monate alt, Topzustand, VB 350,00 €
Tel: 0170/ 123… oder per email: info@guenterguenstig.de

M5

Von: susisuper@email.com 24.02.2013 13.28 Uhr
An: info@guenterguenstig.de

Betreff: Ihr Zeitungsinserat

Sehr geehrter Herr Günstig,
in der Zeitung sah ich Ihr Verkaufsangebot über ein Notebook zum Preis von 350,00 €. Ich bin an dem Notebook interessiert und würde es gern umgehend bei Ihnen abholen. Mir wäre recht, wenn wir die Bezahlung per Überweisung regeln könnten.

Mit freundlichen Grüßen
Susi Super

M6

Von: info@guenterguenstig.de 25.02.2013 11.57 Uhr
An: susisuper@email.com

Betreff: Zeitungsinserat Notebook – Ihre Mail vom 24.02.2010

Sehr geehrte Frau Super,
ich freue mich, dass Sie sich für das inserierte Notebook interessieren, muss Ihnen aber leider mitteilen, dass der Preis von 350,00 € nur eine Verhandlungsbasis ist.

Da ich mich mittlerweile auf dem Markt umgehört habe, bin ich nur noch bereit, das Gerät für mindestens 400,00 € zu verkaufen. Ich hoffe, wir kommen dennoch ins Geschäft. Gern können Sie heute oder morgen bei mir vorbeischauen. Ich bin ganztägig erreichbar.

Mit freundlichen Grüßen
Günter Günstig

M7

Kulmbach – Offensichtlich wenig gelernt hat ein inzwischen 33-jähriger Kulmbacher. Seit seiner frühen Jugend handelt er sich in schnellem Rhythmus Vorstrafen ein und saß am Freitag wieder wegen diverser Straftaten auf der Anklagebank. Zwölf Eintragungen im Sündenregister waren dabei eine zu schwere Hypothek, wie sich im Laufe der Verhandlung am Amtsgericht herausstellen sollte:
Diebstähle, Rauschgifthandel und -schmuggel, Waffenbesitz, Unterschlagung, Beleidigung, Nötigung und immer wieder auch Gewalttaten: Der 33-Jährige hat das Strafgesetzbuch gewissermaßen von vorne bis hinter durch. Mit Ausnahme eines Jugendarrestes hatte er es bisher jedoch immer geschafft, um das Gefängnis herumzukommen.

Das Ende der Fahnenstange schien für den Angeklagten bereits vor vier Jahren erreicht, als er in Kulmbach zu einer Haftstrafe ohne Bewährung verurteilt worden war. In der Berufung vor dem Landgericht hatte er sich jedoch mit Ach und Krach noch einmal eine Bewährungschance erkämpft. Vor gut zwei Jahren konnte er die Richter davon überzeugen, dass er endlich bereit war, etwas gegen seine Alkohol- und Aggressionsprobleme zu unternehmen.

Musteraufgaben Fachbereich Recht

1. Ein Automobilhersteller wirbt in verschiedenen Medien damit, dass seine Fahrzeuge besonders geländetauglich seien. Die Wagen sind u. a. mit einem neuartigen Allradantrieb im Wert von 2.000,00 € ausgestattet.
   Einige der im November 2012 hergestellten Allradantriebe können bei niedrigen Temperaturen ausfallen. Bei der Endkontrolle des Herstellers wurde dieser Fehler übersehen.
   Der Gastwirt Huber, der auf einer hoch gelegenen Alm eine Skihütte betreibt und ein geländegängiges Fahrzeug benötigt, erwirbt bei dem Vertragshändler Schubert Anfang Januar 2013 einen solchen Neuwagen zum Preis von 35.000,00 €.
   Als dem Hersteller Ende Dezember mehrere Antriebsausfälle bekannt werden, informiert er sofort seine Vertragshändler – unter anderem auch Schubert – und teilt ihnen mit, dass wegen der Störung für Ende Januar 2010 eine Rückrufaktion an die Käufer dieser Fahrzeuge zur Überprüfung des Allradantriebs geplant ist.
   Als Huber mit seinem Wagen am 15. Januar ins Gebirge fährt, fällt der Allradantrieb aus, sodass er nicht mehr weiterfahren kann. Wegen eines Funklochs kann er sein Mobiltelefon nicht nutzen, und er muss mehrere Stunden im Auto ausharren, bis ein zufällig vorbeikommendes Fahrzeug anhält und Huber Hilfe bekommt.
   Prüfen Sie im Gutachtenstil, welche Gewährleistungsansprüche Huber gegenüber dem Verkäufer geltend machen kann.
2. Der Vertragshändler Schubert verweist den Kunden Huber an den Hersteller mit dem Hinweis, dass in den nächsten Tagen sowieso eine Rückrufaktion gestartet werden soll. Daher sei er, der Händler, für den vorliegenden Fall nicht zuständig.

2.1 Beurteilen Sie unter Verwendung einschlägiger Normen aus dem BGB, ob der Händler im Recht ist.

2.2 Beurteilen Sie, ob der Händler im Falle, dass er die Ansprüche Hubers selbst übernehmen muss, Ansprüche gegenüber dem Hersteller geltend machen kann.

3. Interpretieren Sie die Karikatur M1, und erläutern Sie anhand von zwei Beispielen, wie der Gesetzgeber im BGB den Verbraucher schützt.
4. Interpretieren Sie mit Blick auf den Verbraucherschutz die Karikatur M2.
5. Die „Mahnung“ ist ein Begriff aus dem Schuldrecht.

5.1 Zeigen Sie an einem selbst gewählten Beispiel die Funktion einer Mahnung im Schuldrecht.

5.2 Zeigen Sie, welche weiteren Voraussetzungen erfüllt sein müssen, damit durch die Mahnung eine Rechtsfolge im Schuldrecht herbeigeführt wird, und erläutern Sie diese einzelnen Voraussetzungen.

6. Im Rahmen der Fortentwicklung des Rechts hat der Gesetzgeber bereits Jahre vor Einführung des besonderen Verbraucherschutzrechts, welches im BGB in den §§ 474 ff. verankert ist, das Verbraucherinsolvenzverfahren geschaffen.

6.1 Erarbeiten Sie aus der Quelle M3 die Voraussetzungen und Rechtsfolgen des Verbraucherinsolvenzverfahrens.

6.2 Erläutern Sie, inwiefern dieses Verfahren dem Schutz der Verbraucher gerecht wird.

6.3 Beurteilen Sie das Verbraucherinsolvenzrecht vor dem Hintergrund der Aspekte Rechtsicherheit und Gerechtigkeit.

7. Lesen Sie zur Bearbeitung der folgenden Aufgaben die Materialien M4 bis M6.
Susi Super, die dringend ein Notebook benötigt, fährt zu Günter Günstig und behauptet, sie hätte
– Anspruch auf Erfüllung des Kaufvertrages über das im Inserat beschriebene Notebook,
– ein Recht darauf, dass das Notebook für 350,00 € veräußert wird.

7.1 Stellen Sie dar, welche Rechtsgeschäfte im vorliegenden Sachverhalt zustande gekommen sind, und belegen Sie dies mit den einschlägigen Normen aus dem BGB.

7.2 Nehmen Sie begründet Stellung zu der Behauptung, dass Susi Super Anspruch auf die Erfüllung des Kaufvertrages über das beschriebene Notebook hat.

7.3 Nehmen Sie begründet Stellung zu der Behauptung, Günter Günstig müsse das Notebook zum Preis von 350,00 € verkaufen.

8. Günter Günstig und Susi Super werden handelseinig. Susi Super nimmt das Notebook mit und vereinbart mit Günstig Ratenzahlung in sieben Raten. Da Günstig bereits schlechte Erfahrungen mit Ratenzahlern gemacht hat, möchte er sich absichern, damit er in jedem Falle das Geld bekommt.

8.1 Zeigen Sie einen geeigneten Weg auf, der Günstig rechtlich absichert und auch die Interessen der Käuferin berücksichtigt, die das Notebook sofort benötigt.
Zeigen Sie in diesem Zusammenhang auch den zeitlichen Ablauf der zu vollziehenden Rechtsgeschäfte und Realakte auf.

8.2 Erläutern Sie an dem vorliegenden Fallbeispiel das Abstraktionsprinzip.

9. Das Strafrecht sieht eine Reihe unterschiedlicher Rechtsfolgen vor.
Verwenden Sie die Quelle M7, und begründen Sie die in den genannten Rechtsfolgen erkennbaren Straftheorien.

Abgabenquote
Die Abgabenquote ist der Anteil der Steuern und Sozialleistungen im Verhältnis zum Bruttoinlandsprodukt in Prozent.

AGB (Allgemeine Geschäftsbedingungen)
Für eine Vielzahl von Verträgen vorformulierte, standardisierte Vertragsbedingungen, die von beiden Vertragspartnern akzeptiert werden müssen, wenn es zum Abschluss eines Vertrages kommt. Sie regeln die wichtigsten Bestandteile der Geschäftsbeziehungen zwischen den Vertragspartnern.

Antizyklische Finanzpolitik
Die antizyklische Finanzpolitik will durch eine Reduzierung der Staatsausgaben in der Hochkonjunktur und durch eine kredit- bzw. rücklagenfinanzierte Steigerung in der Depression eine Verstetigung des Konjunkturverlaufs erreichen.

Arbeitgeberverbände
Arbeitgeberverbände sind Zusammenschlüsse von Unternehmern bzw. Unternehmen zur Wahrung kollektiver Arbeitgeberinteressen.

Außenhandelsquote
Unter Außenhandelsquote versteht man den prozentualen Anteil der Summe von Im- und Exporten am Bruttoinlandsprodukt. Sie ist ein Indikator für die Einbindung eines Landes in die Weltmärkte.

Außenwirtschaft
Unter Außenwirtschaft versteht man die Summe aller Wirtschaftsbeziehungen, wie die Ein- und Ausfuhren von Waren und Dienstleistungen sowie den Geld- und Kapitalverkehr eines Landes mit anderen Ländern.

Beweislastumkehr
Grundsätzlich muss der Käufer, der Ansprüche aus der Sachmängelhaftung geltend machen will, beweisen, dass der Mangel bereits bei Gefahrübergang bestand. Dies gilt jedoch nicht bei einem Verbrauchsgüterkauf. Nach § 476 BGB wird in den ersten sechs Monaten vermutet, dass der Sachmangel bereits vor Gefahrübergang bestand. Nun müsste umgekehrt der Verkäufer beweisen, dass die Sache bei Gefahrübergang mangelfrei war.

Crowding out
Der Begriff meint die Verdrängung z. B. privater Investitionen durch öffentliche Investitionen.

Datenschutz
Er ist der Schutz der allgemeinen Persönlichkeitsrechte von natürlichen Personen, insbesondere hinsichtlich des Anspruchs auf Achtung der Privatsphäre vor missbräuchlicher Datenverwendung.

Deregulierung
Unter Deregulierung des Arbeitsmarktes versteht man den Abbau bzw. die Änderung einer Vielzahl von staatlichen Gesetzen und Verordnungen, um den Arbeitsmarkt flexibler zu gestalten.

Dispositives Recht
Es umfasst alle gesetzlichen Regelungen, von denen im Einzelfall durch Vertrag abgewichen werden kann.

Einkommenseffekt
Er wird von den Gewerkschaften vertreten und besagt, dass Lohnerhöhungen den Konsum erhöhen und damit Arbeitsplätze schaffen bzw. sichern.

Einlagefazilität
Hierbei handelt es sich um eine Übernachteinlage der Geschäftsbanken bei der EZB.

Europäisches System der Zentralbanken (ESZB)
Es besteht aus der Europäischen Zentralbank und den nationalen Zentralbanken der Staaten der Europäischen Union.

Europäische Zentralbank
Die Zentralbank Europas ist im Eurowährungsraum für die Überwachung des Bankensystems und für die Regulierung der Geldmenge zuständig.

Fälligkeit
Es ist der Zeitpunkt, zu dem eine Leistung zu erbringen ist.

Fernabsatzgeschäft
Einem Fernabsatzgeschäft liegt ein Vertrag über eine Lieferung von Waren oder über die Erbringung von Dienstleistungen zugrunde. Dieser wird zwischen einem Unternehmer und einem Verbraucher mithilfe von Fernkommunikationsmitteln abgeschlossen (z. B. E-Commerce, Telefonorder, nach Katalog).

Fiskalismus
Das Konzept des Fiskalismus beruht auf der Theorie von John Maynard Keynes und sieht vor, dass sich der Staat mit seiner Haushaltspolitik antizyklisch zum Konjunkturverlauf verhält.

Flexibler Wechselkurs
Dies ist der Preis, zu dem eine Währung mit einer anderen erworben werden kann, wobei die Preisbildung durch Angebot und Nachfrage an den Devisenbörsen erfolgt.

Freihandel
Unter Freihandel versteht man den völlig ungehinderten internationalen Güteraustausch.

Gefahrübergang
Der Begriff bezeichnet den Moment der Übergabe einer Sache an den Käufer.

Geldmenge
Hier unterscheidet man die Geldmengen M1, M2 und M3. Die Geldmenge M1 enthält das umlaufende Bargeld sowie alle täglich fälligen Einlagen. Geldmenge M2 enthält zusätzlich zu M1 alle Einlagen mit einer vereinbarten Kündigungsfrist von bis zu drei Monaten sowie solche Termineinlagen, die auf maximal zwei Jahre befristet sind. Geldmenge M3 beinhaltet M2 sowie Geldmarktpapiere, Repogeschäfte und Schuldverschreibungen bis zu zwei Jahren.

Gesamtverschuldung
Unter Gesamtverschuldung versteht man den Schuldenstand, den die Gebietskörperschaften seit ihrem Bestehen angehäuft haben.

Gewerkschaften
Gewerkschaften sind Interessenverbände der Arbeitnehmer, die für höhere Löhne, sichere Arbeitsplätze und eine gerechte Vermögensverteilung eintreten.

J-Kurven-Effekt
Die J-Kurve zeigt die grafische Entwicklung des Saldos der Leistungsbilanz im Zeitverlauf, der sich einstellt, wenn ein Anstieg des Wechselkurses zunächst zu einem Sinken und erst zeitverzögert zu einem Anstieg des Leistungsbilanzsaldos führt.

Kapitalbilanz
Sie ist eine Teilbilanz der Zahlungsbilanz, in welcher die Veränderungen der Auslandsforderungen und Auslandsverbindlichkeiten einschließlich der Übertragung von Eigentumsrechten aufgezeichnet werden.

Konsumentensouveränität
Die These von der Konsumentensouveränität unterstellt, dass „alle Macht beim Verbraucher liegt“. Der Verbraucher fragt aufgrund seiner Bedürfnisse auf dem Markt Güter nach. Aus dieser Handlung ergeben sich Signale an die Produzenten, die sich daran orientieren und entsprechende Produkte und Leistungen zur Verfügung stellen.

Kontingentpolitik
Unter Kontingentpolitik versteht man alle staatlichen Maßnahmen, bei denen über wert- oder mengenmäßige Quoten das Warenangebot beeinflusst wird.

Kontrahierungszwang
Sie ist die gesetzliche Verpflichtung zum Abschluss eines Vertrages, besonders für gewisse Monopolgesellschaften (z. B. Energieversorgungsunternehmen).

Kosteneffekt
Er wird von den Arbeitgebern vertreten und besagt, dass Lohnerhöhungen zu Kostenerhöhungen führen, die wiederum sinkende Gewinne und rückläufige Investitionen zur Folge haben und damit Arbeitsplätze zerstören.

Längerfristige Refinanzierungsgeschäfte
Den Geschäftsbanken werden gegen Hinterlegung entsprechender Sicherheiten von der EZB Kredite für eine Laufzeit von drei Monaten gewährt.

Leiharbeit
Leiharbeit (auch Zeitarbeit) bedeutet, dass ein fest angestellter Mitarbeiter eines Zeitarbeitsunternehmens gegen Entgelt und in der Regel befristet anderen Unternehmen überlassen wird.

Leistungsbilanz
Sie ist eine Teilbilanz der Zahlungsbilanz, die die laufenden Transaktionen der Handelsbilanz, Dienstleistungsbilanz, der Bilanz der Erwerbs- und Vermögenseinkommen und der Übertragungsbilanz erfasst.

Lohnnebenkosten
Zu den Lohnnebenkosten zählen alle gesetzlich vorgeschriebenen, tariflich oder freiwillig vereinbarten Leistungen der Arbeitgeber, die zusätzlich zu den Bruttolöhnen gezahlt werden.

Lohnpolitik
Man unterscheidet hierbei:
- offensive Lohnpolitik: Sie will eine Erhöhung der Lohnquote und wird von den Gewerkschaften verfolgt.
- defensive Lohnpolitik: Sie will eine Orientierung an der Produktivität und wird von den Arbeitgeberverbänden verfolgt.
- kostenniveauneutrale Lohnpolitik: Sie will eine Orientierung am gesamtwirtschaftlichen Kostenniveau und wird durch den Sachverständigenrat verfolgt.

Mahnung
Die Mahnung ist die eindeutige Aufforderung zur Leistung.

Mengentender
Es ist das Zuteilungsverfahren, bei dem die EZB bei der Ankündigung des Geschäftes den Zinssatz vorgibt, zu dem sich die Geschäftsbanken refinanzieren können. Die Geschäftsbanken erhalten jeweils den gewünschten Betrag. Übersteigt die Summe der Gebote jedoch das bereitgestellte Geldvolumen, erhalten alle Banken eine entsprechende prozentuale Quote des Gebotenen.

Minderung
Hierunter versteht man die Herabsetzung des Kaufpreises.

Mindestreserve
Sie ist das Guthaben der Geschäftsbanken bei der Europäischen Zentralbank, die die Banken der Staaten der Wirtschafts- und Währungsunion verpflichtend halten.

Mismatch-Arbeitslosigkeit
Diese Arbeitslosigkeit entsteht durch die Unterschiede zwischen den Merkmalen der Arbeitlosen und den Anforderungen der offenen Stellen.

Monetarismus
Das Konzept des Monetarismus beruht auf der Theorie von Milton Friedman und bevorzugt den Einsatz der Geldmengensteuerung bei der Konjunkturpolitik.

Nacherfüllung
Man unterscheidet hierbei wahlweise die Reparatur oder die Neulieferung einer mangelfreien Sache.

Neuverschuldung
Die Netto(neu)verschuldung ist der Betrag, den der Staat in einem Haushaltsjahr neu aufnehmen muss, um sein Budget auszugleichen.

Nichtleistung
Der Schuldner erbringt eine Leistung nicht.

Offenmarktgeschäfte
Hierbei handelt es sich um geldpolitische Instrumente der EZB. Vier Instrumente stehen zur Auswahl:
- Hauptrefinanzierungsinstrument,
- längerfristiges Refinanzierungsgeschäft,
- Feinsteuerungsoperation,
- strukturelle Operation.

Preisniveaustabilität
Sie bedeutet, dass der Durchschnitt der Preise konstant bleibt. Hierbei können Einzelpreise schwanken.

Privatautonomie
Sie bedeutet das Recht des Menschen, die eigenen Rechtsbeziehungen eigenverantwortlich und nach dem eigenen Willen zu gestalten. Die Privatautonomie ist als Teil der in Artikel 2 des Grundgesetzes (GG) verankerten allgemeinen Handlungsfreiheit geschützt.

Protektionismus
Unter Protektionismus versteht man alle staatlichen Eingriffe, die den grenzüberschreitenden Waren- und Dienstleistungshandel behindern.

Rücktritt
Es ist die Auflösung eines Vertrages, wobei die bereits erhaltenen Werte zurückgewährt werden.

Sachmangel
Hierunter versteht man einen Fehler in der vereinbarten Beschaffenheit, in der üblichen oder erwarteten Verwendbarkeit, in der unsachgemäßen vereinbarten Montage durch den Verkäufer, in der mangelhaften Montage aufgrund unzureichender Montageanleitung oder Aliud- bzw. Mankolieferung.

Schadensersatz
Es ist die Ausgleichsleistung für entstandene Schäden.

Schwarzarbeit
Unter Schwarzarbeit versteht man Arbeitsleistungen, die für andere in erheblichem Umfang erbracht werden, wobei die gesetzliche Anmelde- und Anzeigepflicht umgangen wird.

Sittenwidrigkeit
Es ist der Verstoß gegen das Anstandsgefühl aller billig und gerecht Denkenden (Verstoß gegen die guten Sitten). Unter den guten Sitten ist eine in der Gesellschaft vorherrschende Rechts- und Sozialmoral zu verstehen.

Spitzenrefinanzierungsfazilität
Mit diesem Begriff wird der Übernachtkredit der Geschäftsbanken bei der EZB bezeichnet.

Stagflation
Unter Stagflation versteht man ein stagnierendes Wirtschaftswachstum bei hohen Inflationsraten.

Starre Wechselkurse
Es handelt sich um Wechselkurse, die sich durch Angebot und Nachfrage bilden; allerdings werden sie durch die Intervention der Zentralbanken in einer bestimmten Bandbreite gehalten.

Steuerquote
Die Steuerquote ist der Anteil der erhobenen Steuern im Verhältnis zum Bruttoinlandsprodukt in Prozent.

Stiftung Warentest
Sie ist die 1964 auf Beschluss der Bundesregierung gegründete deutsche Verbraucherschutzorganisation, die mit dem Anspruch der Unabhängigkeit Waren und Dienstleistungen verschiedener Anbieter untersucht, vergleicht und bewertet.

Transformationsländer
Hierunter versteht man die Staaten, die sich von der Zentralverwaltungswirtschaft zur Marktwirtschaft hin bewegen.

Verbraucherbildung
Sie umfasst die Vermittlung von Alltagskompetenzen, wie die Vermittlung von Finanzkompetenzen (z. B. Budgetplanung für die Bewältigung des täglichen Finanzmanagements) oder Kompetenzen in den Bereichen Ernährung, Umweltbildung sowie im Umgang mit der Werbung.

Verbraucherrecht
Hierunter versteht man alle in verschiedenen Gesetzeswerken festgehaltenen Gesetzesnormen, die dem Schutze des Verbrauchers dienen.

Verbraucherschutz
Es ist die Gesamtheit der Bestrebungen und Maßnahmen, die Menschen in ihrer Rolle als Verbraucher schützen sollen. Dazu zählen Verbraucherbildung, Verbraucherinformation und Verbraucherrecht.

Verbraucherzentralen
Die Verbraucherzentralen sind unabhängige, überwiegend mit öffentlichen Mitteln finanzierte, gemeinnützige Organisationen. Ihr Ziel ist es, die Verbraucher in Fragen des privaten Konsums zu informieren, zu beraten, zu unterstützen und rechtlichen Beistand zu leisten.

Verbrauchsgüterkauf
Nach § 474 (1) BGB sind Verbrauchsgüterkäufe Verträge, durch die ein Verbraucher von einem Unternehmer eine bewegliche Sache kauft. Um einen Verbrauchsgüterkauf handelt es sich auch bei einem Vertrag, der neben dem Verkauf einer beweglichen Sache die Erbringung einer Dienstleistung durch den Unternehmer zum Gegenstand hat.

Versendungskauf
Dies ist ein Kaufvertrag, bei dem der Verkäufer die Ware auf Verlangen des Käufers an einen anderen Ort als den Erfüllungsort versendet. Der Versand ist nur eine Nebenpflicht des Kaufvertrages.

Vertragsfreiheit
Sie ist die wichtigste Folge der Privatautonomie. Im bürgerlichen Recht meint Vertragsfreiheit den Grundsatz, dass die Vertragsparteien Abschluss, Inhalt und Form eines Vertrages frei gestalten können. Die Vertragsfreiheit findet ihre Grenzen v. a. in den Verboten der Gesetzwidrigkeit (§ 134 BGB) und der Sittenwidrigkeit (§ 138 BGB) sowie in gesetzlichen Vorschriften zum Verbraucherschutz.

Verzug
Es ist die Nichtleistung des Schuldners trotz Fälligkeit und Mahnung.

Wechselkursmechanismus II
Hierunter versteht man das System relativ starrer Wechselkurse innerhalb der Europäischen Union, in dem die Kurse im Bereich ± 15 % um den Paritätskurs schwanken dürfen.

WTO
Abkürzung für World Trade Organization. Sie verfolgt die Koordination der Wirtschaftspolitik der Mitgliedsländer über verschiedene Abkommen.

Zahlungsbilanz
Die Zahlungsbilanz eines Landes ist die systematische Aufzeichnung aller wirtschaftlichen Transaktionen zwischen Inländern und Ausländern innerhalb einer Wirtschaftsperiode.

Zeitarbeit
→ Leiharbeit

Zinstender
Die Geschäftsbanken geben Gebote mit dem gewünschten Geldbetrag und einen passenden Zinssatz an. Die Zuteilung erfolgt in absteigender Reihenfolge nach Zinsgebot, bis die zur Zuteilung angebotene Menge aufgebraucht ist.

Zollpolitik
Unter Zollpolitik versteht man alle Maßnahmen, bei denen über Zölle die außenwirtschaftlichen Beziehungen beeinflusst werden.

Abgabenquote 30
Abschöpfungen 88
AGB 138 ff.
Agentur für Arbeit 18 ff.
antizyklische Haushaltspolitik 18
Arbeitgeberverbände 16 f.
Arbeitsbeschaffungsmaßnahmen 20
Arbeitsförderung 20
Arbeitskampf 17
Arbeitslosigkeit 11 ff.
Arbeitsmarkt 10 ff., 32
Arbeitsproduktivität 16
Ausfuhrgewährleistungen 88
Ausfuhrkontingente 87
Außenhandelspolitik 86 ff.
Außenhandelsquote 70 ff.
Außenwirtschaft 70 ff.

Basistender 50 f.
Beschaffungsrisiko 105
Beschäftigung 10 ff.
Bruttoinlandsprodukt 16

Datenschutz 141
Depression 19
Devisenbilanz 76
Devisenswapgeschäfte 53
Dienstleistungsbilanz 75
Direktinvestitionen 76
Dumping 87

Einfuhrkontingente 87
Einkommen 10 ff.
Einlagefazilitäten 55
Embargo 87
Erfüllungsgehilfe 105
ESZB 42 ff.
Europäische Union (EU) 42 ff.
Europäische Zentralbank 42 ff.
europäischer Leitzins 55
Exporte 70 ff.
EZB-Rat 44 f.

Fazilitäten 55 f.
Fernabsatzverträge 145
feste Wechselkurse 63 ff.
Finanzkrise 28, 91 f.
Finanzpolitik 22
Fisher'sche Verkehrsgleichung 48
Fiskalismus 18
Fixgeschäft 106
flexible Wechselkurse 63 ff.
freie Wechselkurse 63 ff., 79 f.
Freihandel 82 ff.
Fristsetzung 106, 117

GATS 83
GATT 83
Gattungsschuld 127
Gefährdungshaftung 107
Geld 42 ff.
Geldmenge 46 f.
Geldpolitik 45 ff., 57 ff.
Geldschöpfung 49
Gewährleistungsrecht 130
Gewerkschaften 14 ff.
Global Player 73, 90
globaler Wettbewerb 82
Globalisierung 89 ff.

Handelsbilanz 75
Handelshemmnisse 88
Handelsverträge 88
Hartz-Reformen 36
Hauptpflichten 102 f.
Haupttender 50 f.
Hochkonjunktur 19
Hockeyschlägereffekt 81

Importe 70 ff.

Kapitalbilanz 74 ff.
Konjunktur 23
Kontingentpolitik 86 f.
Kontrahierungszwang 135 f.
Kosteneffekt 21
Kündigungsschutz 33

Leiharbeit 37 ff.
Leistungsbilanz 74 ff.
Leistungsstörungen 102 ff., 111
Lohnnebenkosten 32
Lohnpolitik 15 ff., 21

Mengentender 51 f.
Mindestreserve 56
Mismatch-Arbeitslosigkeit 12 f.
Monetarismus 19

Nacherfüllung 126 f.
Nebenpflichten 102 f.
Neuverschuldung 28
OECD 84
Offenmarktgeschäfte 50 f.
Offshoring 73

Pflichtverletzungen 103 ff., 111
Protektionismus 82 ff.

Refinanzierungsgeschäfte 50 ff.
Refinanzierungspolitik 58

Sachmangel 122 ff.
Schadensersatz 103 ff., 114 ff., 130
Schattenwirtschaft 10 f.
Schuldnerverzug 118 ff.
Schuldrechtsreform 126
Schuldverhältnisse 103
Schwarzarbeit 11, 31
Selbstbeschränkungsabkommen 87
soziale Marktwirtschaft 36, 133
Staatsverschuldung 22, 28 ff.
Standardtender 50 ff.
starre Wechselkurse 63 ff.
Stückschuld 127

Tarifpartner 14 ff.
Transformationsländer 84
TRIPS 83

Verbraucherrecht 140
Verbraucherschutz 133 ff., 145
Verbrauchsgüterkauf 143 ff.
Verjährungsfristen 125
Verschuldungshaftung 107
Verträge 102 ff.
Vertragsfreiheit 133 ff.
Vertretenmüssen 103 ff.

Währung 42 ff.
Wechselkurse 62 ff.
Wechselkursmechanismus II 64
Welthandel 83 ff.
Wirtschaftspolitik 18 ff.
WTO 83

Zahlungsbilanz 74 ff.
Zeitarbeit 37 ff.
Zinstender 52
Zollpolitik 86 f.

Baaske Cartoons, Müllheim: 7 M1 (B. Mohr), 14 M1 (M. Schwoerer), 29 M1 (K. Meint), 33 M1 (G. Mester), 72 M1 (D. Hanitzsch), 82 M1 (K. Meint), 86.1 (G. Mester), 88.1 (J. Tomaschoff), 91 M1 (K. Espermüller), 139.1 (E. Liebermann), 142 M1 (P. Butschkow), 154.1 (J. Tomaschoff), 158.1 (E. Hürlimann), 158.2

© Deutscher Instituts-Verlag, Köln: 153.1 + 2 (iwd-Informationsdienst des Instituts der deutschen Wirtschaft Köln, Nr. 24/2009), 154.1 (Nr. 27/2009)
dpa-Infografik, Hamburg: 11.1, 12.1, 13.1, 14.1, 15 M1, 17.1, 19 M1, 23.1, 26 M1, 28.1, 29.1, 30.1, 32.1, 37 M1, 66.1 + 2, 72.1, 73.1, 77.1, 78.1–3, 83.1 M1, 91.1, 114.1, 121.1, 156.1

Ems Dollart Region, Bunde: 93 M1

Haus der Geschichte, Bonn: 16 M1 (P. Leger)

Langner + Partner, Hannover: 34.1, 42.2

Picture Alliance, Frankfurt/M.: 5.1 (dpa/Becker & Bredel), 18 M1 (ZB/P. Endig), 42 M1 (akg-images), 43 M1 (dpa/F. Rumpenhorst), 44.1, 45 M1 (dpa/D. Klapp), 48 M1 (Bifab), 62 M1 (ZB/P. Pleul), 70 M1 (akg-images), 72 M2, 79 M1 (PHOTOPQR/NICE MATIN/E. Duliere), 82 M2 (KEYSTONE/M. Ruetschi), 89 M1 (EB-Stock), 97.1 (dpa/F. Rumpenhorst), 98 M1 (dpa/S. Pilick), 109 M1 (HELGA LADE/G. du Feu), 116 M1 (CHROMORANGE/A. Pulwey), 124 M1 (allOver/K. Thomas), 130 M1 (Tagesspiegel/T. Rückeis), 140 M1 (dpa/U. Anspach), 149 M1 (dpa/DB)

Project Photos, Augsburg: Schutzumschlag (R. Eisele)

Thönnies, U., Laatzen: 6 M1
Tomicek, J., Werl: 151.1

ullstein bild, Berlin: 11 M1 (Granger Collection), 152 M1 (Röhrbein);

Westermann Kartographie, Braunschweig: 83.1, 84.1

ZAHLENBILDER © Bergmoser + Höller Verlag, Aachen: 16.1 + 2, 46.1, 47.1, 49.1, 55.1, 64.1, 67.1, 102.1, 116.1, 125.1, 126.1, 159.1

alle übrigen Grafiken: Westermann Technische Abteilung, Braunschweig